무조건 이기는
탑다운 주식투자

홈페이지 | www.vegabooks.co.kr   **이메일** | info@vegabooks.co.kr
블로그 | http://blog.naver.com/vegabooks
인스타그램 | @vegabooks   **페이스북** | @VegaBooksCo

무조건 이기는 탑다운 주식투자

이기는 트레이더들의 사고방식과 매매 원칙

29PER 지음

베가북스
VegaBooks

오랜 기간 쌓아온 주식투자 노하우를 이렇게 쉽게 설명한 책을 찾는다는 것은 투자자에게 행복한 일이다. 독자들에게 '이기는 투자'가 '공부로 가능하다'는 희망을 심어주기에 충분한 내용이다. 이제 공부를 시작할 때다.

이정윤 세무사(『성장주에 투자하라』 저자, 유튜브 〈슈퍼개미 이세무사TV〉 운영)

험난한 주식시장에서 개인 투자자는 단순한 기업 가치나 차트, 주관적인 느낌 같은 단편 지식만으로는 결코 살아남을 수 없다. 모든 분야가 마찬가지겠지만, 특히 투자라는 정글에서 살아남기 위해서는 탄탄한 '기본기'가 가장 중요하다. 주식투자는 시장 상황뿐만 아니라 지표와 파동, 캔들과 같은 기술적 분석, 기업 가치와 재무 분석, 재료적 분석, 그리고 리스크 관리와 같은 철저한 기본기가 생명이다. 본서에는 모든 주식 투자자가 시장에서 살아남기 위해 숙지해야 할 탄탄한 기본기를 총망라하고 있다. 책에서 말하는 기본기를 탄탄히 다져 좋은 성과를 내는 투자자가 되길 진심으로 바란다.

systrader79(『돌파매매 전략』 저자)

한국 투자자들은 오랫동안 제대로 된 데이 트레이딩 전문서의 부재 속에서 실전 트레이딩을 배우기가 쉽지 않았다. 기존의 투자서들은 장기 가치투자 중심이거나, 해외 트레이딩 기법을 단순히 번역한 수준에 머무는 경우가 많았다. 하지만 이 책은 다르다.

저자는 실전 트레이딩에서 검증된 높은 수익률을 기록한 트레이더다. 그 경험을 바탕으로 '어떻게 하면 시장에서 살아남고 승리할 수 있는지' 현실적인 전략을 제공한다. 단순한 이론서가 아니라, 실전에서 효과가 입증된 기법들을 체계적으로 정리한 것이 이 책의 가장 큰 강점이다. 기술적 분석을 기반으로 한 매매 전략, 확률적 사고를 통한 시장 대응, 그리고 트레이더의 심리를 활용하는 방법까지. 데이 트레이딩과 스윙 트레이딩을 하는 투자자들을 위한 필수 내용을 모두 담고 있다.

특히 캔들 차트, 이동평균선, 거래량, 지지와 저항, 엘리어트 파동이론 등 핵심 기술적 분석을 실전에서 어떻게 활용할지 구체적으로 설명하고 있다는 점에서 강력한 실용성을 갖추고 있다. 이를 재료적 분석(뉴스, 정책 변화, 시장 심리)과 결합해 단기 트레이딩에서 높은 확률로 우위를 점하는 방법을 다루어 기존의 기술적 분석 책들과는 차별화를 두었다.

무엇보다 이 책은 "확률적으로 우위가 있는 트레이딩"을 강조한다. 트레이딩은 단순한 감각이나 운에 의존해서는 절대 지속적인 수익을 낼 수 없는 영역이다. 트레이딩을 과학적으로 접근하는 방법을 제시하며, "어떻게 하면 감정을 배제하고 냉철하게 매매할 수 있는지"에 대한 현실적인 조언을 아끼지 않는다.

한국 주식시장은 높은 변동성을 가지고 있다. 제대로 된 전략 없이 뛰어들었다가는 금방 퇴출당할 수밖에 없는 곳이다. 그러나 이 책에서 제시하는 체계적인 매매 원칙과 리스크 관리 기법을 익힌다면, 개인 투자자도 충분히 시장에서 살아남고 승리할 수 있다.

한마디로 이 책은 "국내 데이, 스윙 트레이딩 투자자들을 위한 단비 같은 책"이다. 트레이딩을 하면서도 늘 부족함을 느꼈던 투자자, 트레이딩에서 성공하는 법을 알고 싶은 투자자라면 반드시 읽어야 할 책이다.

강환국(『거인의 포트폴리오』 저자, 유튜브 〈할 수 있다! 알고 투자〉 운영)

"돈을 좇기보다, 시장과 함께 호흡하는 투자자가 되어라."

이 책은 이 한마디로 정리할 수 있는 책이다. 말은 쉽다. 하지만 이를 실제로 실천하는 투자자는 많지 않다. 흔들리기 때문이다.

흔들리는 가장 큰 이유는 자신이 없기 때문이다. 자신이 없으면 다른 사람의 이야기, 보고서, 뉴스, 정보 하나에 쉽게 흔들린다. 돈은 벌고 싶지만 스스로 판단할 능력은 부족하고 결국 나보다 뛰어난 이들에게 의지하는 것이다. 결국 그 흔들림은 돈을 좇는 행위가 될 뿐이고 그래서는 투자에 성공할 수 없다.

이 책은 수많은 유혹에 흔들리며 투자 손실을 봐온 이들을 위한 책이다. 어느 한 방향에 치우치지 않고 기본적 분석, 기술적 분석, 재료적 분석을 종합적으로 다루며 자연스럽게 스스로의 기준을 어떻게 세워야 할지 알려주는 안내서와 같은 책이다.

그동안 시장에 휘둘렸는가? 그래서 세력과 시장, 정보를 제공해준 누군가를 원망하면서 지내왔는가? 이제는 시장과 함께 호흡하는 진정한 투자자로 거듭날 때다. 이 책이 당신에게 투자자의 길을 일러줄 테니 의심하지 말고 책을 열어보길 권한다.

장우진(『전자공시 모르면 주식투자 절대로 하지마라』 저자)

주식시장에서 성공하기 위해서는 감에 의존하지 않는 철저한 분석과 전략 수립이 필수다. 『무조건 이기는 탑다운 주식투자』는 탑다운 추세 추종 전략을 바탕으로, 투자자가 시장에서 확률적 우위를 확보하여 꾸준히 우상향하는 계좌를 가꾸어가도록 돕는 체계적이고 실전적인 지침서다.

특히 이 책은 기본적 분석, 기술적 분석, 재료적 분석의 상세한 내용을 포함하고 올바른 마인드셋까지 다루고 있다. 덕분에 투자자가 흔들리지 않는 원칙을 세우고 보다 합리적인 매매 결정을 내리는 데 필요한 내용들이 빠짐없이 담겨 있다고 할 수 있다.

투자를 운에 맡기는 것이 아니라 진심으로 바라보고, 꾸준히 우상향하는 계좌를 만들기 위해 노력하는 모든 투자자에게 이 책을 자신 있게 추천한다.

치과아저씨(『차트 분석 바이블』 저자)

목차

CHAPTER 1

무조건 이기는 주식투자 마인드

CHAPTER 2

무조건 이기는 주식투자 분석

CHAPTER 3

무조건 이기는 기본적 분석

무조건 이기는 기술적 분석1 캔들

무조건 이기는 기술적 분석2 이동평균선

무조건 이기는 기술적 분석3 거래량

CHAPTER
7

무조건 이기는 기술적 분석4 지지와 저항

CHAPTER
8

무조건 이기는 기술적 분석5 추세

CHAPTER 9

무조건 이기는 기술적 분석6 엘리어트 파동이론

CHAPTER 10

무조건 이기는 재료적 분석

무조건 이기는 손절의 심리학

무조건 이기는 루틴

한국 주식시장: K-던전 공략집

한국 주식시장은 마치 'K-던전'이라는 거대한 게임과도 같다. 'K-던전 공략집'은 한국 증시를 탐험하고 도전하는 과정을 게임에 비유한 것이다. 게임에서 아이템과 무기를 준비해 몬스터를 물리치고 보물을 찾는 것처럼, 투자자도 자신만의 전략과 원칙을 무기로 삼아 한국 증시라는 던전의 도전 과제를 극복해야 한다.

게임 속 던전은 다양한 몬스터와 장애물로 가득 차 있다. 마찬가지로 주식시장에서도 투자자는 예기치 못한 경제 위기, 글로벌 사건, 기업 내부의 불확실성 등 여러 '몬스터'들을 마주하게 된다. 이러한 도전들은 투자자의 인내와 역량을 시험하는 과정이다. 그러나 게임에서 레벨을 올리고 강력한 장비를 준비하듯, 투자자도 경험을 쌓고 시장을 이해하며 점차 더 나은 결정을 내릴 수 있도록 역량을 키워야 한다.

주식시장은 복잡하고 예측하기 어려운 위험 요소가 존재하지만, 그 안에는 동시에 많은 기회도 숨어있다. 올바른 전략과 도구를 사용한다면, 누구나 한국 주식시장을 정복하고 숨겨진 보물을 찾아낼 수 있다. 이 책은 크게 세 부분(기본적 분석, 기술적 분석, 재료적 분석)으로 나뉘며 각 단계에서 필요한 도구와 전략을 체계적으로 소개한다. 그리고 독자들이 자신만의 길을 개척할 수 있도록 돕는다. 주식시장을 두려워하거나 어렵게만 보지 말고, 게임처럼 체계적이고 흥미롭게 접근해보자.

게임에서 성공하려면 단순한 운이 아니라 꾸준한 학습과 전략적인 플레이가 필요하다. 주식시장 역시 마찬가지다. 이 책은 독자들의 투자 실력을 점진적으로 높여 투자에 필요한 지식과 경험을 쌓아나갈 수 있도록 돕는 것을 목표로 한다. 체계적인 학습을 통해 시장을 분석하고 전략적으로 대응하는 능력을 키운다면, 투자자는 숱한 실패 속에서도 다시 일어서서 점차 시장에서 유리한 위치를 차지할 수 있게 될 것이다.

자신의 투자 여정을 더 흥미롭고 더 의미 있도록 한 걸음씩 바꿔나가자. 숱한 패배 속에서도 살아남는 지혜를 터득하고, 더 나은 투자자로 성장할 수 있도록. 한국 주식시장이라는 'K-던전'을 정복하기 위한 도전, 그 여정에서 이 책이 든든한 길잡이가 되기를 바란다.

무조건 이기는
주식투자 마인드

주식투자를 위한 맞춤형 사고방식

　　주식투자의 본질은 무엇인가? 단순히 말하자면 주식투자는 자산을 불리기 위한 수익 창출의 방법 중 하나다. 세계 여러 증시 중에서도 K-증시(국내 증시)는 복잡하고 어렵다고 생각하는 개인 투자자가 많은 듯하다. 유독 K-증시를 투자자가 더 어렵게 여기는 이유는 뭘까? 그 이유를 생각해보기 위해 아래의 일화를 소개한다.

일본 에도 시대, 거래의 신으로 불린 혼마 무네히사는 계속되는 투자 실패에 좌절한다. 그리고 그는 절로 들어가 심신을 수련하기에 이른다. 그러던 어느 날 꽃잎이 바람에 떨어지는 것을 보고 생각한다.

"꽃잎이 바람에 떨어지는 것일까? 아니면 꽃잎이 스스로 떨어지는 것일까?"

이 의문에 주지 스님은 한 치의 주저함 없이 이렇게 답한다.

"바람이 아니라 자네의 마음이 움직이는 것 아니겠는가?"

혼마 무네히사는 답을 얻기 위해 좌선을 계속한다. 그리고 마침내 답을 얻는다.

"바람이 불지 않았다면 꽃잎은 떨어지지 않았을 것이다. 따라서 꽃잎을 움직인 것은 바람일 수 있다. 하지만 꽃잎이 없었다면 바람은 꽃잎을 움직일 수 없었다. 따라서 꽃잎이 떨어질 수 있었던 것은 꽃잎이 존재했기 때문이다."

"그런데 아무리 바람이 불어 꽃잎이 떨어져도 누군가가 이를 보지 않으면 바람이 꽃잎을 움직였다는 사실을 알 수 없다. 그런 의미에서 꽃잎의 움직임을 지켜보는 사람이 있어야 한다. 즉, 꽃잎과 바람, 사람이 모두 존재해야 비로소 꽃잎은 떨어지는 것이다."

시세(가격)도 마찬가지다. 시세가 시장에 의해 움직였다고 생각하지만 그렇지 않다. 시세가 움직이는 것은 시세와 시장과 마음이 모두 존재해야 비로소 움직일 수 있다.

이 일화를 바탕으로 우리는 '시세(가격) - 시장(생태계) - 마음(심리)'이 서로 연관되어 있다는 것을 알 수 있다. 시장의 특성과 참여하는 투자자의 심리는 떼려야 뗄 수 없는 관계다. 우리는 경험적으로 투자자의 심리가 투자의 승패에 가장 많은 비중을 차지한다는 사실을 알고 있다. 그럼 이런 심리를 어떻게 투자에 맞게 관리해야 하는가. 단순히 감정을 배제하겠다는 다짐만으로 가능한 일일까?

▉▉ 심리는 항상 상황에 따라 변하기 쉬운 변수

심리를 다스리고 시세의 움직임을 알기 위해서는 시장의 특성을 이해하고 펼쳐지는 국면을 인지해야만 한다. 시장의 흐름을 만들어내고 돈의 흐름을 따르는 주포(세력, 고래, 스마트 머니 등)의 심리를 읽어내고, 추세적인 돈의 흐름이 패턴을 가진다는 것을 믿는다면 확률적으로 약간의 우위를 취할 수 있게 된다. 전투에서는 질 수 있겠지만 전쟁에서는 이길 수밖에 없다는 믿음은 우리의 마음을 안정시킬 수 있다.

시장의 흐름과 시세의 움직임이 나의 예측 또는 바람과 다르다고 해서 감정에 흔들리고 실패를 인정하지 않는 투자자가 되기도 한다. 이렇게 되지 않기 위해서는 원칙과 기준을 가진 매매가 필수다. 원칙과 매매를 통해 주식시장을 대할 때 감정적이거나 편향된 시각에 사로잡히지 않을 수 있다.

주식시장은 복잡한 생태계와 같기에 다양한 투자 방법이 존재한다. 이 책에서는 여러 방법론 중 효율적인 투자 전략을 세우기 위한 기본 전제로 '탑다운 추세 추종' 사고방식을 선택하였다. 탑다운 추세 추종은 시장의 전체적인 맥락과 흐름을 파악한 뒤, 세부적인 투자 결정을 내려가는 방식이다. 투자자는 개별 종목에 투자하기 전에 경제, 산업, 시장의 큰 그림을 이해하는 데 일정한 시간을 투자해야 한다. 그래야 복잡한 시장에서 투자의 명확한 방향을 찾고, 객관적인 판단을 유지할 수 있다.

탑다운 추세 추종 사고방식

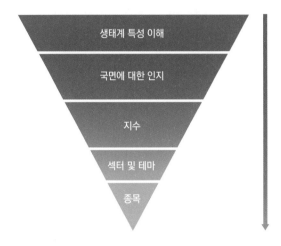

생태계 특성 이해

한국 주식시장, 미국 주식시장 등 내가 투자하려는 시장에 따라 가진 특징도 저마다 다르다. 투자 전에 해당 시장에 대한 전반적인 이해가 있어야 올바른 투자 판단이 가능하다.

국면에 대한 인지

해당 시장에 영향을 미칠 수 있는 여러 요소를 미리 파악해야 한다. 시장과 연관된 정치 상황, 국가의 정책, 기업의 주요 흐름 등을 알고 있어야 제대로 된 투자가 가능하다.

지수

글로벌 자산군(주식, 채권, 원자재 등)의 흐름과 매크로(거시 경제)에 대한 이해를 바탕으로 기술적 분석을 통해 현재 흐름을 이해하고 미래 흐름을 예측하는 데 기본적인 정보를 제공한다.

섹터 및 테마

추세와 국면에 의해 돈의 흐름이 달라지며, 파동의 구간별로 순환의 주기와 순환매가 일어나는 종목군이 달라진다. 추세는 '장기 추세, 중기 추세, 단기 추세'로 구분할 수 있다.

종목

최종적으로 종목을 선택할 시에는 해당 섹터 및 테마의 대장주 혹은 부대장주를 선택해야 한다. 대장주의 정의는 해당 종목의 추세가 섹터 및 테마의 추세에 전체적으로 영향을 주는 종목을 뜻한다. 단순히 주가 탄력성으로 인해 높은 상승률만 의미하는 것은 아님을 이해해야 한다.

ᴵᴵᴵᴵ 시장에서 살아남기 위한 나만의 투자 철학

주식시장에는 상반되거나 모순된 주장들이 끊임없이 공존한다. 지수와 개별 종목의 관계, 산업 사이클의 변화 등. 상황에 따라 적용해야 하는 이론이 달라지지만, 많은 투자자들은 단편적인 지식을 절대적인 진리로 받아들이곤 한다. 이러한 접근 방식으로는 실패할 확률이 높다. 그렇다 보니 결국 시장은 예측할 수 없고 개인이 이길 수 없는 곳이라는 결론에 이르는 것이다. 가끔 운이 좋은 경우는 공부 없이도 성공할 수 있다는 오해를 불러일으키기도 한다.

그러나 시장에서 살아남기 위해서는 이러한 수동적인 태도에서 벗어나 자신만의 투자 철학을 확립해야 한다. 지금 제시하는 투자 철학은 하나의 예시지만, 이 책을 관통하는 핵심이기도 하다.

트레이딩은 곧 자신을 알아가는 과정이다. 그렇기에 운에 기대거나, 남들의 의견에 휩쓸리는 것은 위험하다. 불확실한 미래에 대한 불안감을 줄이기 위해서는 스스로 데이터를 분석하고, 경험을 쌓아가며 방향성을 찾아야 한다. 중요한 것은 단기적인 수익이 아니라 꾸준한 성장이다.

"돈을 좇기보다, 시장과 함께 호흡하는 투자자가 되어라."

하루하루 시장을 관찰하고, 배우고, 개선하는 과정이 곧 실력을 만든다. "걷는 것을 사랑하는 사람이 목적지를 사랑하는 사람보다 더 멀리 나아간다."라는 말처럼, 목표 수익률에 집착하기보다는 트레이딩 자체를 삶의 일부로 받아들이고 지속하는 것이 장기적인 성공으로 가는 길이다.

주식투자의 기본 마인드

주식시장에서 개인 투자자와 스마트 머니(기관 투자자, 헤지 펀드, 대형 투자은행 등)의 차이는 단순히 자본력에서 비롯되지 않는다. 스마트 머니는 시장을 바라보는 관점, 정보 활용 능력, 그리고 심리적 안정성에서 개인 투자자를 압도한다. 이 차이를 이해하는 것이 곧 성공적인 투자로 가는 첫걸음이다.

가장 두드러지는 차이는 정보의 질과 해석 방식이다. 개인 투자자는 뉴스, 유튜브, 커뮤니티 등을 통해 정보를 얻지만, 이 정보는 검증되지 않은 경우가 많고 대중심리에 의해 왜곡될 가능성이 높다. 반면 스마트 머니는 정교한 데이터 분석, 기업 내부 정보, 업계 네트워크 등을 활용해 차별화된 인사이트를 확보한다.

또한, 스마트 머니는 시장을 장기적인 관점에서 바라보며, 기업의 재무제표, 경제 지표, 글로벌 시장 동향까지 종합적으로 분석한다. 반면, 개인 투자자는 단기적인 수익에 집착하며 시장 변동에 민감하게 반응하는 경향이 있다. 이러한 차이는 결국 투자 성과의 격차로 이어진다.

이런 격언이 있다. "주식투자는 심리게임이다." 개인 투자자가 가장 취약한 부분이 바로 심리적 요소다. 욕심과 조바심을 통제하기 어려운 상황이 자주 발생하며, 이는 쉽게 뇌동매매(투자자 자신의 의견이 아닌 다른 투자자의 의견이나 시장 인기에 편승해서 주식을 거래하는 행위)로 이어진다. 그 결과, 개인 투자자는 투자 결정을 내릴 때 다양한 인지적 편향에 노출된다.

대표적인 예로 손실 회피 편향은 손실을 피하려다 오히려 더 큰 손실을 초래하는 경우를 의미한다. 또한, 확증 편향으로 인해 자신이 보고 싶은 정보만 선택적으로 받아들이고, 군중 심리에 휩쓸려 고점에서 매수하는 실수를 저지르기도 한다. 트레이더의 관점에서, 시장에서 성공하기 위해서는 자금력과 투자 시스템이 필수다. 특히, 개인 투자자와 스마트 머니의 차이는 이 두 요소에서 명확하게 드러난다.

개인 투자자는 제한된 자본으로 인해 변동성이 큰 종목에 집중하거나 단기 투자에 의존하는 경우가 많다. 감정이 개입되기 쉬운 환경 속에서 손실을 부정하고, 불리한 포지션을 장기간 유지하는 실수를 범하기도 한다. 반면, 스마트 머니는 대규모 자금을 운용하며, 체계적인 투자 시스템을 기반으로 장기적인 수익을 추구한다.

스마트 머니는 감정적인 판단을 배제하기 위해 정교한 시스템을 구축하고, 데이터와 통계를 활용한 전략적 접근을 한다. 시장의 과열과 공포를 역이용해 반대 포지션을 취하는 경우도 많으며, 필요할 경우 빠르게 손실을 인정하고 전략을 수정하는 유연성을 갖춘다. 또한, 공매도, 차익거래, 파생상품 등의 전략을 적극 활용하며, 포트폴리오를 다각화해 리스크를 효과적으로 관리한다.

결국, 자금력과 체계적인 시스템이 투자 성과를 결정짓는 핵심 요소다. 스마트 머니는 시장을 주도하는 반면, 개인 투자자는 자본과 시스템의 한계로 인해 불리한 위치에 놓이기 쉽다. 따라서 트레이더로서 성공하려면 감정을 배제한 투자 시스템을 구축하고, 자금 관리를 철저히 하는 것이 필수다.

개인 투자자가 스마트 머니의 자금력과 정보력을 뛰어넘기는 어렵다. 그러나 몇 가지 원칙을 따른다면 시장에서 살아남고 좋은 성과를 거둘 수 있다. 스마트 머니를 이기려 하기보다는 그들의 움직임을 파악하고 추종하는 것이 탑다운(Top-down) 추세 추종 전략의 본질이다. 이를 위해 투자 결정을 내릴 때 감정과 편향을 점검하고, 논리적 근거에 기반한 전략을 수립해야 한다. 또한, 군중심리에 휩쓸리지 않고 시장의 과열과 공포를 객관적으로 판단하는 것이 중요하다.

① 사고력 강화

트레이더에게 가장 중요한 것은 독립적인 사고다. 시간을 내 편으로 만들려면 단순한 정보 소비가 아니라, 스스로 판단할 수 있는 능력을 길러야 한다.

② 인지적 편향 극복

시장은 감정이 개입될 때 위험해진다. 투자 결정을 내릴 때 자신의 편향을 점검하고, 논리적 근거에 기반한 전략을 세워야 한다. 스마트 머니는 감정이 아니라 데이터로 움직인다.

③ 시장 심리 분석

대중심리는 종종 극단으로 흐른다. 과열된 낙관과 공포가 지배하는 순간을 포착하고, 객관적인 시각으로 시장을 바라볼 줄 알아야 한다.

④ 리스크 관리

트레이딩의 본질은 리스크를 통제하는 것이다. 포트폴리오를 분산하고, 손절매 원칙을 철저히 지켜야 한다. 손실을 제한하는 전략 없이는 시장에서 오래 살아남을 수 없다.

⑤ 철저한 분석과 준비

스마트 머니는 항상 준비되어 있다. 기업의 펀더멘털(얼마나 건강하고 튼튼한지를 나타내는 경제의 기초 요건)을 면밀히 분석하고, 투자 전략을 지속적으로 점검하며 변화하는 시장 환경에 유연하게 대응해야 한다.

스마트 머니는 철저한 분석과 전략적 사고로 움직인다. 개인 투자자가 시장에서 살아남으려면, 이들과의 차이를 인식하고 대비해야 한다. 단기적인 수익보다 중요한 것은 지속 가능한 투자 원칙을 세우는 것이다.

트레이더로서 성공하기 위해서는 감정을 배제하고 시장의 본질을 꿰뚫어 보는 능력이 필수다. 대중의 흐름을 따르는 것이 아니라, 반대로 움직일 때 기회가 열린다. 원칙을 지키는 것이야말로 변동성이 큰 시장에서 꾸준한 수익을 창출하는 유일한 길이다.

주식투자, 사고의 틀을 넓혀야 살아남는다

사고의 확장은 트레이더가 시간을 내 편으로 만드는 가장 강력한 도구다. 시장에서는 끊임없는 변화가 일어나며, 고정된 사고방식만으로는 생존할 수 없다. 트레이더는 정보를 분석하고 미래를 예측하는 과정에서 다양한 사고 체계를 활용해야 한다. 그중에서도 핵심이 되는 것이 연역적 사고와 귀납적 사고의 융합이다.

연역적 사고는 보편적인 시장 원칙에서 출발해 특정한 투자 결정을 도출하는 방식이다. 경제 흐름, 금리정책, 거시적 트렌드 등을 바탕으로 종목을 선정하고 트레이딩 전략을 수립하는 것이 대표적인 예다. 이는 시장의 큰 그림을 이해하고 방향성을 설정하는 데 유용하다. 반면, 귀납적 사고는 개별 사례를 통해 시장의 움직임을 파악하는 방식이다. 특정 종목의 가격 변동, 기술적 패턴, 수급 흐름 등을 분석하여 반복되는 규칙성을 찾아낸다. 이는 실전에서의 매매 타이밍을 포착하는 데 강력한 도구로 쓰인다.

연역적 사고와 귀납적 사고는 단순히 선택의 문제가 아니다. 트레이더는 두 사고방식을 끊임없이 반전시키고 융합하는 과정을 거쳐야 한다. 예를 들어, 거시적 경제 흐름(연역적 사고)을 기반으로 특정 섹터를 선정한 후, 해당 섹터 내에서 강한 개별 종목을 찾기 위해 데이터를 분석(귀납적 사고)할 수 있다. 반대로, 개별 종목의 움직임(귀납적 사고)을 면밀히 연구한 후, 이를 바탕으로 시장의 큰 흐름(연역적 사고)을 다시 검토할 수도 있다. 겉보기에는 상반된 개념이지만, 투자에서는 두 사고방식이 서로 보완하며 작용한다.

연역적 사고는 트레이더가 시장을 구조적으로 분석하는 핵심 도구다. 이는 명제를 세우고 논리적인 흐름에 따라 투자를 결정하는 방식이다. 트레이딩에서 연역적 사고를 활용하면 명확한 목표를 설정하고, 다양한 가능성을 체계적으로 검토하며, 예측 가능한 결과를 도출할 수 있다.

연역적 사고의 핵심은 가설을 세우고, 이를 논리적으로 확장해 투자 결정을 내리는 것이다. 예를 들어, 금리 인상이 주식시장에 미치는 영향을 연역적으로 분석하면 다음과 같은 흐름이 도출된다.

- 금리가 인상되면 기업의 자금 조달 비용이 증가한다.
  → 자금 조달 비용이 증가하면 기업의 이윤이 감소할 가능성이 크다.
  → 기업 이윤이 감소하면 주가는 하락할 확률이 높아진다.

이처럼 연역적 사고를 활용하면 특정 변수가 시장에 미칠 영향을 논리적으로 예측할 수 있다.

그러나 시장은 단순한 논리만으로 움직이지 않는다. 금리 인상이 모든 기업에 부정적인 영향을 주는 것은 아니다. 금융업이나 일부 자산 기반 기업들은 오히려 수익성이 증가할 수도 있다.

따라서 트레이더는 연역적 사고를 기초로 하되, 실증적 데이터와 시장의 미세한 변화를 고려해야 한다. 논리적 예측과 실제 시장 움직임을 비교하고, 새로운 변수들을 지속적으로 반영하는 과정이 필요하다. 연역적 사고는 시장을 바라보는 강력한 틀을 제공하지만, 그 자체만으로는 한계가 있다. 유연한 사고와 결합되어서야 비로소 그 가치를 극대화할 수 있다.

귀납적 사고는 트레이더가 실제 시장 데이터를 분석하고 패턴을 발견하는 데 활용하는 핵심 도구다. 이는 과거의 시장 움직임을 관찰하고 일정한 규칙성을 찾아 투자 전략에 적용하는 방식이다. 데이터에 기반한 접근법은 감정적 판단을 배제하고, 보다 객관적인 트레이딩 결정을 내리는 데 도움을 준다.

트레이더는 역사적 데이터를 분석하여 반복적으로 나타나는 시장 흐름을 포착할 수 있다. 예를 들어 금리 인하 시기의 시장 반응을 귀납적으로 분석하면 다음과 같은 패턴을 발견할 수 있다.

- 금리 인하로 인해 유동성이 증가하면서 주식시장이 상승했다.
    - → 유동성이 풍부해지면 자금이 성장주로 몰리고, 해당 업종은 두드러진 성과를 보였다.
    - → 따라서 금리 인하 때는 전체 시장보다 성장 업종이 더 높은 수익률을 기록할 가능성이 높다.

이처럼 시장의 과거 움직임에서 일정한 규칙성을 도출하고, 이를 투자 전략에 반영하는 것이 귀납적 사고의 핵심이다.

그러나 과거 패턴이 미래에도 동일하게 반복된다는 보장은 없다. 시장 환경은 끊임없이 변화하며, 이전과 다른 변수가 개입할 수 있기 때문이다. 금리 인하가 과거에는 강세장을 이끌었더라도, 경제 구조나 투자 심리에 따라 전혀 다른 반응이 나타날 수도 있다.

따라서 트레이더는 귀납적 사고를 활용하되, 연역적 사고와 결합하여 보다 정교한 전략을 구축해야 한다. 데이터에서 패턴을 발견하되, 이를 검증하고 논리적으로 해석하는 과정이 필요하다.

귀납적 사고는 트레이딩에서 중요한 도구지만, 시장은 고정된 패턴이 아닌 끊임없이 변화하는 생명체다. 패턴을 읽되, 그 이면을 분석하는 태도가 성공적인 트레이딩을 결정 짓는다.

이처럼 주식투자에서 중요한 것은 연역적 사고와 귀납적 사고를 적절히 조합하는 것이다. 하지만 더 중요한 것은 기존의 사고를 의심하고 확장하는 태도다. 우리는 질문을 통해 사고를 확장해나갈 수 있다. 예를 들어, "금리 인하가 주식시장에 긍정적인 영향을 미친다"는 가설이 있다면, 정말 그 가설이 시장과 맞는지 질문을 던져야 한다.

- 과거와 현재의 경제 구조는 어떻게 다른가?
- 특정 산업은 금리 인하 때 성장할 수 있는가?
- 현재 시장의 주요 변수는 무엇인가?

이처럼 기존의 논리를 뒤집어보고, 예상과 다른 가능성을 탐색하는 것이 사고의 확장이다. 투자자는 끊임없이 질문을 던지며, 기존의 사고방식을 넘어서야 한다. 주식시장은 단순한 법칙으로 움직이지 않는다. 연역적 사고로 원칙을 세우고, 귀납적 사고로 현실을 분석하며, 이를 조합해 유연한 투자 전략을 구축해야 한다. 그러나 그보다 중요한 것은 끊임없는 질문을 통해 사고를 확장하는 것이다. 투자에 성공하는 사람은 단순한 패턴을 따르는 것이 아니라, 사고의 틀을 넓히고 예상치 못한 변수를 고려하며 새로운 가능성을 탐색하는 사람이다.

결국, 연역적 사고와 귀납적 사고의 융합은 투자에서 일관성과 유연성을 동시에 추구하는 핵심 원칙이다. 연역적 사고는 투자의 방향성을 설정하고, 귀납적 사고는 이를 실증적인 데이터로 뒷받침하여 현실에 맞는 전략을 수립하게 한다. 두 가지 사고방식을 균형 있게 활용할 때, 변동성이 큰 주식시장에서도 보다 안정적이고 효과적인 투자 성과를 기대할 수 있다. 사고를 확장하고 유연한 시각을 유지하는 것이야말로 성공적인 투자자의 가장 중요한 자산이다.

트레이더에게 중요한 것은 사고의 유연성이다. 익숙한 틀에 갇히지 않고 연역과 귀납을 자유롭게 오가며 사고를 확장할 때, 시장을 보다 깊이 있게 이해할 수 있다. 성공적인 트레이딩은 단순한 분석을 넘어, 사고를 확장하는 과정에서 만들어진다.

시장의 변동성과 투자자의 대응: 확률적 사고의 중요성

시장의 변동성이란 설명 가능한 변동성과 예측할 수 없는 무작위성이 뒤섞인 상태를 의미한다. 이는 투자자가 통제할 수 있는 요소와 통제할 수 없는 요소가 동시에 작용함을 뜻한다. 설명 가능한 변동성은 경제 지표, 기업 실적, 정책 변화와 같은 명확한 변수에서 비롯된다. 예를 들어, 금리 인상은 일반적으로 주식시장에 하락 압력을 가하며, 기업 실적 개선은 주가 상승을 견인하는 요인이 된다. 이러한 요소들은 분석과 데이터 해석을 통해 어느 정도 예측할 수 있다.

반면, 예측 불가능한 변동성은 예상치 못한 외부 충격이나 시장 심리에 의해 발생한다. 금융 위기, 전쟁, 자연재해와 같은 돌발적인 사건은 시장을 급격히 흔들 수 있으며, 투자자의 감정적 반응 또한 가격 변동을 더욱 확대시킨다. 동일한 뉴스에도 시장이 다르게 반응하는 이유는 이러한 무작위성이 개입하기 때문이다.

트레이더는 변동성의 특성을 이해하고 이에 맞는 대응 전략을 마련해야 한다. 설명할 수 있는 변동성에는 철저한 분석과 계획이 필요하며, 예측할 수 없는 변동성은 리스크 관리가 중요하다. 분산투자, 손절매 전략, 장기 투자 원칙을 준수하면 무작위성에 따른 손실을 최소화할 수 있다. 시장의 변동성은 피할 수 없는 현실이다. 그러나 그 본질을 정확히 이해하고 합리적으로 대응한다면, 변동성은 위기가 아닌 기회가 될 수 있다.

불확실성으로 가득한 투자 세계에서 단 하나 확실한 것이 있다면, 확실한 것이 있다고 믿는 사람은 반드시 손실을 본다는 사실이다. 시장은 예측할 수 없는 변수로 가득 차 있으며, 오만과 확신은 치명적인 대가를 초래한다. 따라서 트레이더는 확신이 아니라 확률을 기반으로 움직여야 한다. '이번에는 다르다'는 생각에 빠져 시장을 단정 짓는 순간, 계좌는 빠르게 줄어들기 마련이다. 과거 데이터와 패턴을 참고하되, 현재 시장의 변화를 끊임없이 반영해야 한다.

시장은 논리가 아닌 심리에 의해 움직이는 경우가 많다. 가격은 종종 경제 논리와 무관하게 변동하며, 군중 심리가 만들어내는 비합리적인 움직임이야말로 시장의 본질이다. 트레이더는 이를 이해하고, 대중이 공포와 탐욕에 휩쓸릴 때 한발 물러서 이를 활용할 줄 알아야 한다.

손실을 완전히 피할 수는 없지만, 감당할 수 있는 범위 내에서 제한하는 것은 가능하다. 성공적인 트레이더는 감정보다 시스템을 신뢰하며, 손실 제한 원칙을 철저히 지킨다. 시장은 언제든 예측할 수 없는 방향으로 움직일 수 있기에, 포지션을 설정할 때마다 '만약 틀렸다면 어떻게 대응할 것인가?'를 먼저 고민해야 한다. 시장은 끊임없이 변화한다. 한때 유효했던 전략도 시간이 지나면 무용지물이 될 수 있다. 살아남는 트레이더는 지속적으로 배우고, 실패에서 교훈을 얻으며, 변화하는 환경에 유연하게 적응한다. 자신의 실수를 인정하고 개선할 줄 아는 능력이야말로 가장 큰 자산이다. 결국, 확실한 것은 단 하나뿐이다. 시장에는 절대란 존재하지 않으며, 살아남는 것은 오직 유연한 트레이더뿐이라는 사실이다.

트레이딩은 불확실성이 지배하는 영역이다. 시장은 끊임없이 변하며, 미래를 정확히 예측하는 것은 불가능하다. 성공적인 트레이더는 예단보다는 확률적 사고를 기반으로 거래 전략을 수립한다. 이는 직관에 의존하는 것이 아니라, 데이터와 논리를 바탕으로 리스크를 관리하는 접근 방식이다. 많은 사람들이 미래를 예측하고 싶어 하지만, 불확실성의 벽을 넘는 것은 쉽지 않다. 따라서 트레이딩에서는 확률적 사고가 필수다. 여러 시나리오를 고려하고 각 시나리오의 발생 확률과 기대 수익률을 분석함으로써 최적의 결정을 내린다. 이러한 방식은 감정적 판단을 배제하고, 장기적으로 일관된 수익을 추구하는 데 큰 도움이 된다.

트레이더는 단기적인 이익보다 장기적인 수익을 중요하게 생각해야 한다. 대수의 법칙에 따르면 개별 트레이드의 결과는 우연에 좌우될 수 있지만, 충분한 거래 횟수를 확보하면 확률적 이점이 현실화된다. 따라서 손실을 제한하고 기대 수익을 극대화하는 것이 트레이더의 핵심 전략이다. 시장에서 살아남으려면 철저한 리스크 관리가 필수라는 점을 명심해야 한다.

트레이딩과 카지노는 모두 확률을 기반으로 하지만, 근본적인 차이가 있다. 카지노는 장기적으로 플레이어가 손해를 보도록 설계되어 있는 반면, 트레이딩에서는 적절한 전략과 리스크 관리만 있다면 기대값을 양수로 만들 수 있다. 그러니 무작정 시장에 참여하는 것은 도박과 다를 바 없다. 성공적인 트레이더는 확률적으로 유리한 기회를 찾아 거래하며, 확률적 우위의 중요성을 항상 인식해야 한다. 무작정 투자한다고 성공하는 것은 아니다. 카지노에서 확률을 이해하는 사람이 더 오래 게임을 즐길 수 있듯이, 주식시장에서도 확률적 사고를 갖춘 사람이 장기적으로 살아남는다.

주식시장은 예측할 수 없는 요소로 가득하다. 많은 투자자가 특정 주식이 오를 것이라고 확신하지만, 반드시 상승할 것이라고 믿는 것은 위험한 사고방식이다. 트레이더는 시장이 본질적으로 불확실하며, 완벽한 예측이 불가능하다는 사실을 받아들여야 한다. 따라서 중요한 것은 확실성을 추구하는 것이 아니라, 확률적으로 수익을 볼 가능성이 높은 거래를 반복하고 불확실성을 효과적으로 관리하는 능력을 갖추는 것이다.

확률적 사고를 적용하는 트레이더는 감정적 거래를 피하고 철저한 계획에 따라 움직이게 된다. 손실을 두려워하는 대신, 손절과 익절 기준을 명확히 설정하고 전략적으로 시장에 대응한다. 마치 프로 포커 플레이어가 확률적으로 유리한 베팅을 하는 것처럼, 트레이더도 자신만의 우위가 있는 거래를 지속해야 한다. 트레이딩은 예측이 아니라 확률 게임이다. 불확실성을 인정하고 확률적 사고를 바탕으로 거래할 때, 시장의 변동 속에서도 흔들리지 않는 견고한 전략을 구축할 수 있다.

기록, 복기, 개선 – 성공하는 투자자의 길

주식시장은 종종 예측하기 어려운 방향으로 흘러간다. 주요 경제 지표의 급변, 글로벌 이슈, 그리고 예상치 못한 사건들은 시장의 변동성을 촉발하며, 트레이더의 판단력을 끊임없이 시험한다. 정보는 넘쳐나고, 불확실성은 상존하며, 우리는 언제나 최선의 결정을 내리려 하지만 실수를 완전히 피할 수는 없다. 그러나 성공하는 트레이더는 실수를 외면하지 않고 철저히 분석하며 교훈을 얻는다. 그들의 성공 비결은 단 세 가지 원칙으로 요약된다. 바로 기록, 복기, 개선이다.

기록은 트레이더로서 우리의 투자 여정을 체계적으로 추적하는 첫 번째 단계다. 매일의 결정과 행동을 기록함으로써, 우리는 명확한 데이터를 남긴다. 예를 들어 '특정 주식을 매수 혹은 매도한 이유'나 '시장 변동에 따른 감정적 반응'과 같은 구체적인 상황을 기록할 수 있다. 이를 통해 우리는 자신이 내린 판단과 그 결과를 명확하게 파악할 수 있다. 기록은 단순히 일지를 남기는 것이 아니라, 투자 과정을 도식화하여 성공과 실패의 요인을 분명히 알게 해준다. 기록을 통해 현재의 위치와 지나온 길을 명확히 알 수 있으며, 이를 바탕으로 향후 방향을 설정할 수 있다. 투자는 결코 일회성 결정이 아니다. 그것은 반복적이고 지속적인 학습의 여정이다. 기록은 그 여정에서 발생하는 작은 신호들까지 놓치지 않도록 돕는 중요한 도구다.

다음으로 복기는 기록을 바탕으로 자신의 행동을 분석하는 과정이다. 시장의 흐름, 자신의 결정, 그리고 그 결과를 냉철하게 되짚어보며 중요한 학습의 기회를 얻는다. 복기 없는 실수는 단순한 실패로 남는다. 하지만 복기를 한다면 우리는 실수의 원인을 정확히 분석하고, 같은 실수를 반복하지 않는 깨달음을 얻을 수 있다. 복기는 성공적인 트레이더의 거울 역할을 하며, 이 거울을 통해 우리는 자신의 판단을 객관적으로 돌아보고 성장할 수 있다. 복기 과정에서는 단순히 결과에만 집중하지 않고, 그 결과를 만들어낸 과정에 주목해야 한다.

예를 들어 특정 주식의 매도 결정을 어떤 시장 데이터를 바탕으로 했는지, 당시의 경제적 환경이나 감정적 요인이 어떻게 작용했는지를 분석하는 것이다. 이러한 구체적인 분석을 통해 우리는 의사 결정의 흐름을 명확히 이해하고, 더 나은 판단을 내리기 위한 근거를 마련할 수 있다. 의사 결정의 근거, 당시 시장 상황, 그리고 감정적 요소들이 우리의 결정에 미친 영향을 복기하는 것이 중요하다. 이를 통해 우리는 단순한 수익률 분석을 넘어서, 더 근본적인 투자 습관을 개선할 수 있다.

마지막 단계는 개선이다. 기록과 복기를 통해 얻어진 자료와 통찰을 바탕으로, 우리는 더 나은 결정을 내릴 준비를 할 수 있다. 각 실수와 성공을 통해 우리의 투자 원칙과 전략을 끊임없이 개선해나가는 것이 중요하다. 개선은 지속적인 성장을 의미하며, 이를 통해 우리는 점점 더 나은 트레이더가 될 수 있는 기회를 얻는다.

개선 과정은 끊임없는 질문을 동반한다. "왜 이 전략이 효과적이었을까?", "어떤 부분에서 실패했을까?", "다음에는 어떻게 다르게 접근할 수 있을까?" 이런 질문을 던지며 우리는 투자 접근 방식을 점점 더 정교하게 다듬어 간다. 실패한 투자 사례를 분석한 후, 같은 상황에서 다른 결정을 내리기 위해 새로운 데이터 분석 도구를 활용하거나, 시장 변동성에 대응하는 구체적인 전략을 마련하는 것이다. 이를 통해 우리는 점점 더 체계적이고 신뢰성 있는 접근 방식을 개발할 수 있다. 개선은 단순한 전략 변경이 아니라, 투자자로서 자신을 꾸준히 발전시키는 과정이다. 개선을 통해 우리는 더 많은 수익을 얻는 것을 넘어서, 더 큰 안정성과 지속 가능성을 지닌 트레이더가 될 수 있다.

무조건 이기는
주식투자 분석

기본적 분석의 기초

주식시장은 항상 불확실한 도전 과제를 우리에게 던져준다. 이런 시장에서 우리는 "어떻게 투자해야 하는가?"라는 근본적인 질문을 생각해봐야 한다. 어떻게 투자해야 하는지는 시장의 구조와 메커니즘을 제대로 이해해야만 가능하다. 이를 바탕으로 현명한 투자 결정을 내려야 생존할 수 있고 시간을 내 편으로 만들 수 있다. 그게 성공하는 투자자가 되기 위한 중요한 전제조건이다. 이런 성공적인 투자자가 되기 위한 기본적 분석, 기술적 분석, 그리고 재료적 분석이라는 세 가지 핵심 접근 방식을 '시간, 가격, 패턴'이라는 요소에 맞춰 알아보자.

⑪ 기본적 분석의 시간: 기업의 가치를 평가하는 열쇠

기본적 분석은 기업의 본질적 가치를 평가하고, 장기적 성장 가능성을 통찰하는 투자 전략이다. 이 과정에서 '시간'은 단순한 흐름을 넘어, 기업의 가치를 깊이 이해하는 핵심 열쇠로 작용한다. 기업의 수익성, 성장 가능성, 그리고 시장 내 입지는 시간의 흐름에 따라 변하기 때문에, 충분한 기간 동안 데이터를 관찰하고 분석하는 것이 필요하다. 따라서 기본적 분석에서는 시장과 산업의 흐름을 읽는 것이 중요하다. 산업은 태동, 성장, 성숙, 쇠퇴의 단계를 거치며 변화한다. 이번 목차에서는 산업 수명 주기를 활용하여, 기본적 분석에서 '시간'이라는 요소를 어떻게 해석하고 적용할 수 있을지를 다룬다.

산업은 각기 다른 성장 단계를 거치며, 각 단계는 기업이 직면할 기회와 위협을 결정 짓는 중요한 시기가 된다. 산업 수명주기 모델은 기업이 현재 위치한 단계를 파악하고 최적의 전략을 수립하는 데 도움을 주는 유용한 분석 도구다.

산업 수명 주기

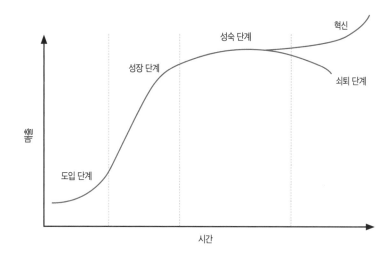

도입 단계

새로운 산업이 태동하는 시기로, 수요는 낮고 초기 투자 비용이 높은 시기다. 대표적인 사례로 양자 기술을 들 수 있다. 이 단계에서는 장기적인 성장 가능성이 높은 기업을 발굴하는 것이 핵심이다. 또한, 수익 창출 이전의 생존 가능성을 평가하며, 기업이 지속적인 매출을 확보할 수 있는지 면밀히 검토해야 한다.

성장 단계

산업이 본격적으로 확장되며 경쟁이 치열해지는 시기다. AI 산업이 이에 해당한다. 이 단계에서는 시장점유율을 빠르게 확대하는 선두 기업에 주목해야 한다. 또한, 산업이 플랫폼 형태로 확장되거나, 폼 팩터(Form Factor, 제품이나 장비의 물리적 형태, 구조적 디자인을 결정하는 표준)의 변화로 인해 다른 산업에도 파급 효과를 미칠 수 있는지를 분석하며 추적해야 한다.

성숙 단계

산업의 성장률이 둔화하고 경쟁이 심해지는 단계다. 대표적인 사례로 패스트푸드 산업이 있다. 이 시기의 기업들은 외연 확장보다는 내실을 다지며, 주주 가치를 극대화하는 방향으로 움직인다. 이 단계의 산업은 안정적인 배당 수익을 제공하는 기업을 선택하는 것이 주요 전략이 될 수 있다.

쇠퇴 단계

산업 수명이 다하며 수요가 감소하고 축소되는 시기다. 대표적인 사례로 타자기 산업이 있다. 이 단계에서는 산업 내 일부 기업들이 혁신적 전환을 시도하며 새로운 성장 동력을 찾는다. 또한, 특정 산업이 쇠퇴한다는 것은 동시에 새로운 산업이 도입 혹은 성장 단계로 진입하고 있다는 것을 의미하기도 한다. 이는 산업 간의 흐름이 서로 유기적으로 연결되어 있다는 사실을 보여준다.

산업 사이클로 보는 기본적 분석

이러한 산업 사이클을 바탕으로 기본적 분석에서 중점적으로 다루는 성장성, 안정성, 수익성을 단기적인 변동이 아닌 장기적인 흐름을 중심으로 평가한다. 기업의 재무제표, 수익성 지표, 성장 잠재력을 정확히 분석하려면 여러 해에 걸친 데이터를 살펴볼 필요가 있다. 이를 위해 재무상태표, 손익계산서, 현금흐름표 등을 활용한 정량적 분석이 필수이며, 동시에 산업 사이클을 이해해야만 기업과 산업을 아우르는 정성적 분석(기초적인 원인이나 동기에 대한 질적인 이해를 얻기 위해 사용하는 분석 방법)이 더해져 초과 수익을 창출할 수 있는 경쟁력을 갖출 수 있다.

기업 가치는 절대가치평가와 상대가치평가로 나뉜다. 이 구분을 정확히 이해하는 것이 중요하다. 절대가치평가는 기업의 내재 가치를 기반으로 장기적인 성장성과 재무 안정성을 분석하는 데 초점을 맞춘다. 상대가치평가는 시장 내 유사 기업과의 비교를 통해 현재 가격이 적정한지를 판단하는 데 활용된다. 트레이딩 전략을 수립하려면 시간이 지남에 따라 기업 가치가 어떻게 변화해왔는지 면밀히 분석하고, 이를 바탕으로 최적의 매매 타이밍을 포착하는 것이 중요하다.

기본적 분석에서 '시간'은 단순히 기업의 현재 상태를 파악하는 것에 그치지 않는다. 기업이 지나온 길을 조망하고, 현재의 위치를 정확히 이해하며, 미래의 방향성을 예측하는 작업이다. 시간의 흐름은 기업의 내재 가치를 더욱 명확히 드러내며, 투자자가 장기적인 시각에서 보다 현명한 결정을 내릴 수 있도록 돕는다. 기업의 본질과 성장 잠재력을 깊이 이해하고, 시장에서 최적의 투자 기회를 포착하기 위한 핵심 기준이라 할 수 있다.

▟ 기본적 분석의 가격: 내재 가치와 시장가격 비교

기본적 분석은 내재 가치와 시장가격의 차이를 분석하여 매매 기회를 포착하는 핵심 도구다. 내재 가치는 기업의 재무제표, 수익성, 성장 가능성 등을 종합적으로 평가해 산출되며, 시장가격은 투자자들의 심리와 수급에 따라 형성된다. 중요한 것은, 시장가격이 내재 가치 대비 과대평가되었는지 혹은 저평가되었는지를 판단하는 것이다. 가격은 단순한 숫자가 아니라 시장 참여자들의 기대와 기업의 실제 가치가 반영된 결과물이다. 결국, 가격과 가치의 괴리를 읽어낼 때 수익 창출의 기회가 열린다.

예를 들어 한 기업의 내재 가치가 주당 10만 원으로 평가되었지만, 현재 주가가 8만 원이라면 이는 저평가된 상태로 간주할 수 있다. 많은 투자자들은 이를 '매수의 기회'로 해석한다. 반대로 현재 주가가 내재 가치보다 높다면 고평가로 판단되며, 투자자는 매수를 피하거나 매도 전략을 고려하게 된다. 기본적 분석에서 가격은 기업 가치에 대한 시장의 평가를 반영하며, 이는 투자자가 장기적인 투자 결정을 내리는 데 중요한 참고 자료가 된다. 이처럼 가격과 내재 가치의 차이가 투자 기회를 판단하는 핵심이다. 시장가격의 변화 시점을 예측하기보다는 기업의 가치가 높아져 시장가격과의 괴리가 커질수록 장기적인 투자 매력도 높아진다.

결국 기본적 분석은 가격과 내재 가치 간의 괴리를 포착하고, 장기적으로 내재 가치에 수렴할 가능성이 높은 기업을 찾아내는 데 초점을 맞춘다. 주가가 내재 가치보다 낮다면, 이는 투자자들이 기업의 잠재력을 간과했거나, 단기적인 부정적 요인에 의해 과소평가되었을 가능성이 있다. 반대로 주가가 내재 가치보다 높다면, 이는 시장의 과열이나 과도한 낙관론이 반영된 결과일 수 있다. 기본적 분석의 핵심 목표는 이러한 시장 심리와 단기적 변동 속에서도 기업의 본질적 가치를 정확히 찾아내는 것이다.

이러한 접근 방식은 단기적인 시장 변동에 휘둘리지 않고, 기업의 본질적 가치를 기반으로 장기적인 성과를 추구하는 방식이다. 투자자는 가격과 내재 가치의 차이를 분석하고, 시간이 지남에 따라 내재 가치가 가격에 반영될 것이라는 신념 아래 전략을 수립한다.

ⅲ 기본적 분석의 패턴: 지속 가능한 성장 가능성 평가

기본적 분석에서 패턴이란 기업의 재무제표나 실적 보고서에서 반복적으로 나타나는 특징을 의미한다. 분기마다 꾸준한 수익을 올리는 패턴은 기업의 경영 안정성과 신뢰성을 보여주는 중요한 지표가 된다. 투자자들은 이러한 수익 패턴을 통해 기업의 지속 가능성과 안정적인 성장 잠재력을 평가하며, 이는 장기적인 투자 결정을 내리는 데 중요한 근거가 된다. 특히 매 분기 안정적으로 영업이익을 창출하는 기업은 예측할 수 있는 경영 성과를 제공하며, 이는 투자자들에게 안정적인 배당과 주가 상승에 대한 기대를 높이는 요인으로 작용한다.

기본적 분석에서 패턴은 개별 기업을 넘어 산업과 시장 전체의 흐름을 파악하는 데도 중요한 역할을 한다. 같은 산업 내 여러 기업이 유사한 매출 성장 패턴을 보인다면, 이는 해당 산업의 성장 가능성을 시사하는 신호가 될 수 있다. 예를 들어 기술 산업에서 클라우드 컴퓨팅이나 AI 관련 기업들이 지속적으로 매출과 수익성을 확대하고 있다면, 이는 업계 전반에 긍정적인 성장 흐름이 형성되고 있다는 것을 의미한다. 산업의 성장 패턴을 분석함으로써 투자자들은 개별 기업뿐만 아니라 산업 전반의 경쟁력을 평가하고, 더 넓은 범위의 시장 변화를 예측할 수 있다. 이는 또 다른 투자 기회를 잡을 수 있다는 말이기도 하다.

반복적인 패턴은 기업의 지속 가능한 성장 가능성을 평가하는 데 중요한 역할을 한다. 수익성 패턴으로는 주당순이익(EPS)의 꾸준한 증가와 영업이익률의 지속적 향상이 있다. 이는 기업의 수익 구조가 견고하다는 신호다. 매출 성장 패턴은 지속적인 매출 증가를 의미한다. 이는 시장의 수요 확대와 기업의 경쟁력을 반영하는 강력한 성장 지표다. 비용 절감 패턴을 보이는 기업도 있다. 비용 절감 패턴은 효율적인 비용 관리를 통해 경제적 불확실성 속에서도 수익성을 유지할 가능성이 높다.

이처럼 기본적 분석에서 패턴은 단순한 데이터의 반복이 아니다. 오히려 성공적인 투자를 위해 알아야 하는 핵심이다. 패턴을 해석하는 능력은 매매 전략의 정밀도를 높이는 데 반드시 필요하다. 이를 위해 기업 수준 분석과 산업 및 시장 수준 분석을 명확히 구분해야 한다.

기업 수준 분석

재무제표에서 반복적으로 나타나는 수익성과 성장 패턴은 기업의 경영 전략과 경쟁력을 보여준다. 안정적인 이익 증가율, 비용 구조 변화, 또는 특정한 주기성을 띠는 실적 흐름은 시장가격의 움직임을 예측하는 데 중요한 단서가 된다.

산업 및 시장 수준 분석

개별 기업을 넘어 여러 기업에서 나타나는 공통된 패턴을 분석하면, 특정 산업의 성장 가능성과 시장의 방향성을 보다 정확히 판단할 수 있다. 경기 순환, 정책 변화, 글로벌 트렌드와 연계된 패턴을 읽어내면 거시적인 투자 기회를 포착할 수 있다.

트레이더는 이러한 패턴을 활용해 기업의 지속 가능성과 시장 흐름을 조합하여 최적의 진입과 청산 전략을 세워야 한다.

기술적 분석의 기초

📊 기술적 분석의 시간: 투자 성과를 좌우하는 핵심 요소

주식투자에서 '시간'은 단순히 흐르는 것이 아니라, 가격을 빚어내는 본질적인 힘이다. 시간은 '과거 → 현재 → 미래'로 흐르면서 투자자들의 성과를 결정짓는 중요한 요소로 작용한다. 과거에는 가격의 흐름과 패턴이 남는다. 이를 토대로 우리는 기술적 분석을 통해 현재 차트에 담겨 있는 의미를 해석하고 미래의 가격을 추론할 수 있다.

기술적 분석으로 모든 구간의 가격을 높은 확률로 예측할 수 있는 것은 아니다. 프랙탈 이론*에 근거해 추세를 가질 수 있는 조건을 만족할 때만 확률이 높아진다. 이러한 이유로 시간을 관리할 때 단순히 기다리는 것 이상의 전략적인 접근이 필요하다. 시간의 흐

---

*프랙탈 이론은 금융시장에서 반복되는 패턴을 분석하는 데 유용한 도구로 활용된다. 브누아 망델브로(Benoît B. Mandelbrot)가 제시한 이 개념은 시장가격 변동이 자기 유사성을 가진다는 점에 주목한다. 즉, 특정 시간 프레임에서 나타나는 가격 패턴이 더 작은 혹은 더 큰 시간 프레임에서도 유사하게 반복된다는 것이다. 트레이더는 이를 활용해 시장의 변동성을 예측하거나, 특정 패턴이 반복될 가능성을 분석하여 매매 전략을 수립할 수 있다. 특히, 지지선과 저항선이 형성되는 방식, 파동의 크기와 지속 시간 등을 프랙탈 구조로 해석하면 보다 정교한 기술적 분석이 가능하다.

름 속에 돈의 흐름이 더해지면서 시장 참여자들의 컨센서스가 변화한다. 그렇기에 기술적 분석에서 말하는 시간의 의미를 아는 것이 중요하다. 시간이 바로 이런 변화를 의미하기 때문에 시장의 변화에 민첩하게 대응하거나, 특정 시간 프레임에서 발생하는 가격 변동을 신속히 포착하는 능력은 성공적인 투자를 위해 반드시 필요한 능력이다.

또 트레이더의 관점에서 시장을 분석할 때, 추세의 개념을 정확히 이해하는 것이 중요하다. 특히 장기 추세, 중기 추세, 단기 추세를 명확히 구분할 줄 알아야 한다. 왜냐면 추세는 수익률과 리스크 관리에 직접적인 영향을 미치는 영역이기 때문이다.

장기 추세를 파악하기 위해 월봉 차트를 활용하면 가격 변동의 큰 흐름을 볼 수 있다. 그만큼 기대 수익과 감수해야 할 리스크도 커진다. 반면, 단기 추세를 분석하는 데 분봉 차트를 사용하면 순간적인 가격 변동은 파악할 수 있지만, 전체적인 시장 방향성을 오인할 가능성이 높다. 많은 개인 투자자들이 분봉 차트의 가격 움직임을 더 크다고 착각하는 이유도 여기에 있다. 분봉의 국소적인 호가창 변동과 단기 변동성이 심리적 착시를 유발하기 때문이다.

특히 국내 시장은 상한가, 하한가 제한이 있어 하루 동안의 변동성은 상대적으로 제한적이다. 이를 월 단위 또는 연 단위로 보면 변동성은 훨씬 커질 수 있다. 따라서 트레이더는 단기적인 가격 움직임에 휘둘리기보다, 장기 추세 속에서 중기 추세와 단기 추세를 조화롭게 살펴보는 전략을 가져야 한다.

무엇보다 중요한 것은 추세를 형성하는 종목을 선택하는 것이다. 추세가 없는 종목에서 기술적 분석을 시도하는 것은 성공 확률을 낮출 뿐이며, 비효율적인 매매로 이어질 가능성이 크다. 결국, 효과적인 트레이딩을 위해서는 시간 프레임별 추세를 명확히 이해하고, 이에 따른 매매 전략과 리스크 관리 방안을 철저히 세우는 것이 핵심이다.

기술적 분석의 가격: 시장 심리의 거울

기술적 분석은 주식의 가격 움직임과 거래량을 바탕으로 시장의 미래 방향을 예측하는 방법이다. 여기서 핵심 요소가 바로 '가격'이다. 가격은 단순한 숫자가 아니라, 시장 참여자들의 심리와 행동이 녹아든 결과물이다. 이를 통해 추세, 패턴, 지지와 저항 같은 중요한 정보를 파악할 수 있다. 과거의 가격 흐름은 투자자들의 심리를 반영하며, 이는 미래의 시장 반응을 예측하는 데 유용한 단서로 쓰인다. 특정 가격에서 매수와 매도의 심리가 충돌하고 주가가 여러 차례 상승과 하락을 반복한다면, 해당 가격은 투자를 결정할 때 참고해야 하는 아주 중요한 단서라고 생각해야 한다.

트레이더에게 추세의 식별은 시장의 흐름을 파악하고 최적의 매매 전략을 수립하는 핵심 요소다. 가격은 항상 상승 추세, 하락 추세, 횡보 추세 중 하나의 흐름을 보이며, 이를 정확히 구분하는 것이 성공적인 트레이딩의 기반이 된다.

- 상승 추세: 가격이 지속적으로 고점과 저점을 높여가는 흐름을 보이면 상승 추세로 판단한다. 이 구간에서는 매수세가 우위를 점하며, 눌림목에서의 매수 전략이 효과적일 수 있다.

- 하락 추세: 가격이 지속적으로 고점과 저점을 낮추며 하락하는 흐름을 보인다면 하락 추세로 해석된다. 이 경우 매도세가 강하게 작용하며, 반등 시 매도 전략을 고려할 필요가 있다.

- 횡보 추세: 가격이 일정한 범위 내에서 등락을 반복하며 명확한 방향성을 보이지 않는다면 횡보 추세로 본다. 이 구간에서는 변동성이 낮고, 지지와 저항을 활용한 단기 매매 전략이 유리할 수 있다.

추세 분석을 통한 매매 전략 수립

추세를 올바르게 분석하면 매수·매도 시점을 보다 명확히 결정할 수 있다. 또 시장 흐름에 맞춘 전략적 대응도 가능해진다. 트레이더는 단순한 가격 변동이 아니라 추세의 구조를 파악하는 데 집중해야 이를 통해 지속적으로 시장에서 우위를 점할 수 있다.

또한 트레이더의 시각에서 가격의 흐름을 이해하는 것은 매매 전략의 핵심이다. 특히, 지지와 저항의 개념을 명확히 구분하는 것은 효과적인 진입과 청산을 결정하는 데 필수다. 지지선은 가격이 하락하다가 반등하는 경향이 있는 구간으로, 매수 심리가 강하게 작용하는 가격대를 의미한다. 시장에서 특정 가격대에서 반복적인 반등이 나타난다면, 이는 강력한 지지선으로 기능할 가능성이 높다. 예를 들어, 가격이 5만 원 부근에서 지속적으로 반등한다면, 이 구간은 강한 매수세가 존재하는 지지선으로 해석할 수 있다.

반대로, 저항선은 가격이 상승하다가 멈추고 하락하는 구간으로, 매도 심리가 강하게 작용하는 가격대를 뜻한다. 가격이 일정 수준을 넘어서지 못하고 지속적으로 되돌아가는 현상이 발생한다면, 이 구간은 강한 저항선이 될 수 있다. 예를 들어, 10만 원에서 가격이 지속적으로 상승을 멈추고 하락한다면, 이는 강력한 저항선이 작용한 것이다. 트레이더는 지지와 저항을 기준으로 매매 전략을 세우고, 돌파 여부에 따라 시장의 방향성을 판단해야 한다. 지지선에서의 반등 여부, 저항선 돌파 후의 가격 움직임을 면밀히 분석하는 것이 안정적인 수익을 내는 핵심 전략이 될 것이다.

투자자들은 이러한 가격을 기준으로 매매 결정을 내리며, 특히 지지선이나 저항선이 돌파될 경우를 추세 전환의 신호로 여긴다. 이때가 바로 중요한 매매 기회이기도 하다. 이처럼 가격은 단순한 숫자 이상을 보여준다. 시장 참여자들의 심리와 행동을 반영하며, 투자자들이 시장의 움직임을 이해하고 매매 시점을 포착할 수 있도록 돕는 강력한 도구다. 그렇기에 가격을 적절히 해석하는 능력은 투자 성공을 위한 핵심이라고도 할 수 있다.

📊 기술적 분석의 패턴: 시장의 방향성과 주요 변곡점

기술적 분석은 가격 차트와 다양한 지표를 통해 시장의 흐름을 읽고, 과거의 패턴 속에서 미래의 길을 찾는 투자자의 나침반이라 할 수 있다. 그 핵심은 차트에 나타나는 패턴과 지표의 변화를 관찰하여 시장의 심리와 투자자들의 행동을 읽어내고, 미래의 가격이 어떻게 변할지 흐름을 예측해내는 데 있다. 대표적인 차트 패턴에는 헤드앤숄더, 이중바닥, 삼각 수렴 등이 있으며, 각 패턴은 시장의 반전 신호 또는 지속 신호를 나타낸다. 이러한 패턴들은 시장의 주요 변곡점을 포착하는 데 유용하며, 투자자들이 단기적인 가격 변동에서 수익을 창출하는 데 도움을 준다.

트레이더에게 패턴 분석은 시장의 방향성을 파악하는 강력한 도구이며 거래량과의 상호관계를 이해하는 것이 그 신뢰도를 높이는 핵심이다. 가격 패턴이 형성될 때 거래량이 이를 뒷받침하면 패턴의 신뢰도가 높아지며, 반대로 거래량이 미미하면 패턴의 신뢰도가 낮아진다.

예를 들어, 이중바닥 패턴이 나타날 때 거래량이 점진적으로 증가하면 매수세가 강화되고 상승 전환 가능성이 높아진다. 반면, 거래량이 동반되지 않으면 단순한 일시적 반등일 가능성이 있어 신중한 접근이 필요하다. 이처럼 패턴을 분석할 때는 거래량도 반드시 함께 분석해야 한다.

패턴 분석은 귀납적 사고와 유사하다. 과거 데이터를 기반으로 시장의 반복적인 움직임을 관찰하고, 이를 통해 미래의 가격 흐름을 예측한다. 하지만 기술적 분석이 유효한 시장 환경인지 먼저 확인하는 것이 무엇보다 중요하다. 트레이더는 가격 패턴과 거래량을 함께 고려해야 최적의 매매 시점을 포착할 수 있다. 패턴 분석을 단순한 도구가 아니라 시장의 흐름을 읽는 나침반으로 활용할 때, 이는 변동성 속에서도 흔들리지 않는 전략적 무기가 될 것이다.

재료적 분석의 기초

▮▮▮ 재료적 분석의 시간: 정보의 속도와 시장의 반응

주식시장은 끊임없이 변화한다. 투자자는 단순히 정보를 습득하는 것을 넘어 시장의 흐름을 예측하는 능력을 길러야 한다. 이를 위해 중요한 것이 바로 통찰력이다. 단순히 뉴스나 데이터를 나열하는 것이 아니라, 그 속에서 본질적인 가치를 발견하는 것이 핵심이다. 이때 시간의 개념을 고려하는 것도 중요하다. 시장은 단기적 변동성과 장기적 성장성이 공존하는 구조다. 투자자는 특정 기업이 시간의 흐름에 따라 어떤 형태를 보이는지 분석하고 지속적으로 가치를 창출할 수 있는지 평가해야 한다.

재료적 분석은 단순한 기술적 분석이나 재무제표 분석을 넘어, 기업의 핵심 가치(Core Identity)를 파악하고 시장 참여자들의 심리를 읽어내는 것을 목표로 한다. 만약 어떤 기업이 신기술을 개발했다고 발표했다면, 단순히 '신기술 개발'이라는 뉴스만 보는 것이 아니라 다음과 같은 요소를 종합적으로 고려해야 한다.

- 이 기술이 회사의 핵심 사업과 얼마나 연관 있는지?
- 시장에서 얼마나 빠르게 도입될 가능성이 있는지?
- 경쟁사와 비교했을 때 어떤 차별성이 있는지?
- 시간이 지날수록 이 기술이 시장에서 차지하는 가치가 증가할 가능성이 있는지?

이처럼 단순한 정보에 그치지 않고, 보다 깊이 있는 분석을 통해 본질적인 가치를 평가하는 것이 중요하다.

시간은 시장의 재료적 변화를 감지하고 이를 대응하는 데 있어 중요한 열쇠다. 새로운 정보가 발표되면 시장은 이를 빠르게 가격에 반영하려는 경향이 있다. 이 과정에서 주가는 급격한 변동을 보인다. 투자자들은 이러한 변화를 신속히 해석하고 적절한 결정을 내려야 한다. 재료적 변화는 시간이 흐르면서 정보의 영향력은 점차 희석되고, 주가의 변동성도 점진적으로 안정화된다. 이후 새로운 정보가 나오기 전까지 비교적 차분한 흐름을 유지하는 경우가 많다. 예를 들어 정부의 새로운 정책이 발표됐을 때, 시장은 초기에 민감하게 반응하여 급격한 상승이나 하락을 보일 수 있다. 그러나 시간이 지나면서 정책의 실질적 효과가 시장에 반영됨에 따라 주가의 움직임은 점차 안정세를 찾아가는 경향을 띠게 된다.

재료적 분석에서 시간의 또 다른 중요한 역할은 정보가 소멸되는 시점을 판단하는 데 있다. 정보가 발생한 직후 시장은 대체로 강하게 반응하며, 이 과정에서 활발한 거래가 이루어진다. 투자자들은 이러한 초기 반응을 활용하여 단기적인 매매 기회를 모색할 수 있다. 시간이 지나면서 정보가 시장에 완전히 반영되면, 주가의 변동성은 점차 감소하고 비교적 안정된 흐름을 보인다. 투자자들은 이러한 시점이 언제인지를 신중히 판단하여 포지션을 조정하거나 새로운 기회를 탐색해야 한다.

이 과정에서 투자자는 정보를 과대평가하거나 과소평가하지 않도록 주의하며, 시장의 반응속도를 냉철히 분석해야 한다. 결국, 재료적 분석에서 시간은 단순히 정보가 발표되고 흘러가는 과정이 아니다. 이는 정보가 시장에 반영되고 소멸되는 과정을 이해하고, 그 안에서 적절한 투자 기회를 포착하도록 돕는 핵심 도구다. 시간을 효율적으로 활용하면 투자자는 단기적인 수익 기회는 물론, 정보의 소멸 후 시장의 안정기에서 새로운 전략을 세울 수도 있다.

▉▉ 재료적 분석의 가격: 시장 반응의 척도

주식시장은 정보와 가격이 상호작용하는 공간이다. 투자자들은 기업의 실적, 경제 지표, 글로벌 트렌드 등 다양한 정보를 바탕으로 투자 결정을 내린다. 그러나 모든 정보가 동일한 영향을 미치는 것은 아니다. 핵심 가치를 파악하고, 이를 통해 가격 변동의 원인을 분석하는 것이 중요하다. 재료적 분석이란 단순히 뉴스를 소비하는 것이 아니라, 어떤 정보가 실제로 가격에 영향을 미치는지를 분석하는 과정이다. 예를 들어, 특정 기업이 AI 사업에 진출한다는 뉴스가 발표되면 주가는 단기적으로 상승할 수 있다. 하지만 투자자는 다음과 같은 질문을 던져야 한다.

- 이 정보가 기업의 핵심 정체성(Core Identity)과 얼마나 밀접한가?
- 해당 정보가 단기적인 기대감에 불과한가, 아니면 장기적인 성장 가능성을 시사하는가?
- 현재 주가에 이 정보가 이미 반영되어 있는가, 혹은 추가 상승 여력이 있는가?

단순히 뉴스가 나왔다고 해서 주가가 반드시 움직이는 것은 아니다. 중요한 것은 정보의 본질을 파악하고, 가격과의 연관성을 면밀히 분석하는 것이다.

가격은 재료적 요인에 대한 시장의 반응을 측정하는 가장 명확한 지표다. 기업의 실적 발표, 경제 정책의 변화, 국제적 사건 등은 주가에 강한 영향을 미칠 수 있다. '호재'로 불리는 긍정적인 뉴스, 예를 들어 뛰어난 실적 발표나 긍정적인 경제 정책은 투자자들의 심리를 개선하여 주가를 급등시키는 요인이 된다. 반면, 부정적인 경제 지표나 글로벌 위기는 투자자들의 매도 심리를 자극해 주가 급락을 초래할 수 있는 '악재'다.

그러나 모든 재료가 시장의 반응을 이끌어내는 것은 아니다. 특정 시점에서 시장의 유동성이 해당 재료를 얼마나 중요하게 받아들이는지에 따라 즉각적인 반응이 나타날 수도, 그렇지 않을 수도 있다. 만약 시장을 관통하는 핵심 키워드라면, 해당 재료가 발표되는 순간 주가는 투자자들의 심리가 반영되어 빠르게 변동한다.

결론적으로, 가격은 재료적 분석에서 정보를 시장에 반영하는 과정을 측정하고, 투자 기회를 포착하는 핵심 역할이다. 이를 효과적으로 활용하면 투자자는 시장 변동 속에서도 유리한 위치를 선점할 수 있다.

▮▮▮ 재료적 분석의 패턴: 패턴은 반복된다

주식투자는 불확실성 속에서 기회를 찾는 과정이다. 그러나 이 불확실성 속에도 일정한 패턴이 존재한다. 이러한 패턴을 읽어내는 능력은 곧 투자자의 경쟁력이 된다. 특히, 재료적 분석을 기반으로 패턴을 파악하면 보다 정확한 의사 결정을 내릴 수 있다. 뉴스, 기업 실적, 업황 변화 등 다양한 요소들이 주가에 영향을 미치는데, 중요한 것은 이러한 재료들이 과거에 어떤 영향을 미쳤는지를 살펴보는 것이다. 정부 정책 발표가 특정 산업에 미친 과거 사례를 분석하면, 비슷한 상황에서 반복되는 패턴을 발견할 수 있다. 이러한 패턴을 활용하면 투자자는 유사한 뉴스가 등장했을 때 주가의 움직임을 예측할 수 있다.

뉴스는 시장의 단기 변동성을 유발하는 중요한 요인이기도 하다. 하지만 모든 뉴스가 동일한 영향을 주는 것은 아니다. 기업의 실적 발표가 예상보다 긍정적이어도 시장이 즉각 반응하지 않는 경우가 있는 반면, 부정적인 뉴스가 나왔을 때 주가가 급락하는 경우도 있다. 이러한 차이는 투자자들이 어떤 패턴을 더 신뢰하는지에 따라 달라진다. 따라서 뉴스를 해석할 때는 단순히 정보 자체를 받아들이는 것이 아니라, '과거 유사한 뉴스에 시장이 어떻게 반응했는가'를 분석하는 것이 중요하다. 이를 통해 단기적인 변동성을 넘어 장기적인 시장 흐름을 읽을 수 있다.

재료적 요인은 반복적인 패턴을 통해 시장에 영향을 미치게 되며, 성공적인 투자는 우연이 아니라 반복되는 패턴을 읽고 대응하는 과정이다. 패턴을 활용하는 투자 전략을 정리하면 다음과 같다.

① 재료 분류: 단기적, 장기적 영향을 구분하여 분석한다.

② 코어 아이덴티티 파악: 기업의 본질적인 경쟁력이 유지되는지를 확인한다.

③ 패턴 축적: 과거 데이터를 바탕으로 재료가 주가 움직임에 미치는 패턴을 정리한다.

④ 뉴스와의 연관성 분석: 뉴스가 실제 주가 흐름과 어떤 관계를 가지는지 분석한다.

⑤ 반복되는 패턴을 신뢰: 단기 변동성에 휘둘리지 않고, 패턴에 따라 대응한다.

주식시장은 일정한 법칙과 패턴이 존재하기 때문에, 이를 읽어내는 통찰력이 곧 투자 성공의 핵심이다. 정부가 매년 비슷한 시기에 금리를 인상하거나 인하하는 경향은 시장 참여자들에게 중요한 신호가 될 수 있다. 일반적으로 금리 인상은 채권 수익률 상승과 주식시장의 변동성 증가를 초래하며, 투자자들은 이를 근거로 포트폴리오를 사전에 조정할 수 있다.

자본주의를 표방하는 국가들은 '재정정책'과 '금리정책'을 통해 경제를 조율하며, 특히 금리정책은 금융시장의 흐름을 형성하는 중요한 요소다. 이로 인해 경제는 '금융 장세 → 실적 장세 → 역금융 장세 → 역실적 장세'로 순환하는 패턴을 보이는 경우가 많다. 이 과정에서 특정 경제 지표나 정책 발표가 반복적으로 시장 변화를 유도하는 현상이 관찰된다. 이는 재료적 분석이 단순히 외부 요인만을 평가하는 것이 아니라, 시장 심리와 투자자 행동을 이해하는 데도 중요한 도구임을 보여준다.

재료적 분석에서 패턴의 역할은 경제적 변화나 외부 요인의 영향 평가를 넘어, 시장 심리와 투자자 행동을 파악하는 데까지 확장된다. 이를 통해 투자자들은 다양한 경제적 변화에 능동적으로 대응할 기회를 얻고, 보다 효과적이고 전략적인 투자 결정을 내릴 수 있다. 정리하면 재료적 분석은 외부 요인과 시장 심리, 그리고 반복적인 패턴을 활용하여 미래를 예측하고 안정적인 투자 성과를 도모하는 분석법이다.

TOP DOWN

무조건 이기는
기본적 분석

트레이딩을 위한 기본적 분석 관점

트레이딩을 위한 기본적 분석 관점에 대한 설명에 앞서 우리는 투자(Investment)와 거래(Trading)에 대하여 정확한 이해를 바탕으로 시장에 투자자(Investor)로서 참여할 것인지, 거래자(Trader)로서 참여할 것인지에 대한 답을 내려야 한다. 먼저, 투자와 거래는 다음과 같이 정의할 수 있다.

- 투자(Investment): 일반적으로 자산을 얻는 것을 의미하며, 자산을 투자가치가 있는 가격으로 구매하여 그 '가치'가 높아짐에 따라 더 높은 가격에 판매하고 수익을 창출한다.

- 거래(Trading): 사고파는 행위로 '가격'의 변화에 따라 발생하는 차익으로 수익을 실현한다.

투자와 거래에 대한 단어의 의미를 이해하면 우리는 투자자와 트레이더를 구분할 수 있다. 투자자는 '가치'를, 트레이더는 '가격'에 집중한다. 이렇게 같은 현상에 대해 서로 다른 관점을 갖고 접근하지만, 이들은 '시장은 비효율적이다'라는 전제 속에서 시장 대비 '초과 수익' 달성이라는 공통된 목표를 갖는다.

트레이더는 가격 변동, 거래량 등의 정량적 데이터를 통해 객관적 가격 분석을 하여 현재 가격이 미래의 가격보다 낮다고 예측된다면 거래 행위를 통해 차익을 발생시키는 것이 목적이다. 일부 극단적 성향의 트레이더는 가격에 영향을 미칠 수 있는 내재 가치를 포함한 모든 기본적 요인들이 이미 가격에 반영되어 있다고 판단하기 때문에 기본적 분석을 소외시하는 경우도 종종 있다.

우리가 참여하고자 하는 주식시장의 근본적인 부분을 살펴보면, 우리가 거래하는 주식은 '주식회사의 자본을 이루는 단위'로 주식을 취득하는 행위는 결국 해당 기업의 일부 소유주가 된다는 말과 같다. 그럼 우리는 어떤 기업의 주식을 소유하고 싶을까? 너무나 당연하게도 재무가 건전하고, 돈을 잘 버는 기업의 주식을 갖고 싶을 것이다. 이러한 기업을 찾아내는 과정이 '기본적 분석' 과정으로 재무제표를 통해 정량적으로 분석하고, 비즈니스 모델을 살펴봄으로써 미래지향적인지를 정성적으로 분석해볼 수 있다.

그렇기 때문에 트레이더라 할지라도 기본적 분석을 통해 거래하고자 하는 기업이 매력적인지, 혹은 재무제표 등을 통해 잠재하는 유상증자, 관리 종목 지정, 오너 리스크 등의 위험 요소는 없는지를 판단해야 한다. 이런 기본적 분석으로 우리는 확률적 우위와 함께 최소한의 안전장치를 지닐 수 있다.

📊 트레이더, 시세를 예측하다

트레이더는 시세 차익을 발생시키기 위해 다양한 근거를 토대로 미래 가격이 현재 가격보다 더 높을 것이라고 예측한다. 여기에서 알 수 있듯이 '예측'이라는 단어가 트레이더를 정의하는 핵심이다. 트레이더가 시세를 예측할 때 시간의 개념을 넣어서 생각해본다면, 우리는 단기·중기·장기로 구분되는 기간(Period)에 대한 투자 방법을 떠올려볼 수 있다. 이러한 기간에 대하여 명확한 구분이 되어 있지는 않지만, 일반적으로 각각의 기간에 대하여 정의해보면 다음과 같다.

- 단기: 1일(데이 트레이딩 or 오버나잇), 1~4주(단기 스윙)
- 중기: 3개월~6개월(중기 스윙)
- 장기: 1년 이상(가치투자)

트레이더는 위와 같이 기간을 구분하고 각각의 기간에 맞게 시세 예측을 위한 분석의 범위 달리한다. 예로 단기 트레이딩으로 볼 수 있는 데이 트레이딩, 오버나잇의 경우에는 기본적 분석 과정이 생략되는 경우가 많다. 중기, 장기로 기간이 늘어남에 따라 해당 기간에 맞는 시장 흐름 분석 및 기본적 분석의 중요도가 올라간다. 한편, 트레이더의 입장에서는 예측의 범위가 좁혀진 짧은 기간에 대한 시세를 예측할수록 보다 확률 높은 매매로 이어지게 되는데, 아이러니하게도 대부분의 사람들은 이러한 매매 방식을 도박으로 취급하고 있다.

🔊 기간에 따른 기본적 분석 관점

이 책은 '탑다운 사고 과정'을 기본으로 하고 있다. 전체 큰 그림인 시장에서 시작하여 세분화하며 좁혀가면서 업종, 나아가 종목을 선정하고, 마지막으로 매매 시나리오를 세우고 접근하는 방식이다. 이 방식은 다음과 같은 흐름으로 나타난다.

기간에 맞는 종목으로 도착하기에 앞서 거시 경제(Macro)에 대한 이해를 바탕으로 지수 차트의 기술적 분석을 통하여 앞으로의 시장 흐름과 방향을 예측하고, 해당 흐름에 맞는 주도 섹터 혹은 테마를 선정한다. 이후 마지막 과정인 기간에 맞는 종목을 선택하면 된다.

당일 거래가 이루어지는 데이 트레이딩도 당연히 탑다운으로 선정된 종목으로 진행하지만, 트레이딩에 앞서 해당 종목의 내재가치, 잠재 위험 요인 등을 판단하기보다는 기술적 분석을 우선시한다. 1주~4주 정도의 기간을 보고 접근한 스윙의 경우 마찬가지로 탑다운으로 선정된 종목이지만, 기간이 늘어난 만큼 기본적 분석이 중요해진다. 해당 기

탑다운 사고 과정

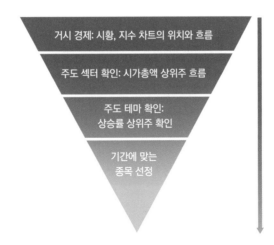

거시 경제: 시황, 지수 차트의 위치와 흐름

주도 섹터 확인: 시가총액 상위주 흐름

주도 테마 확인:
상승률 상위주 확인

기간에 맞는
종목 선정

업이 갖고 있는 잠재 위험 요인들은 없는지, 미래지향적인지 알 수 있는 성장성, 안정성, 이익성 등을 살펴봐야 한다.

다만, '짧고 강렬한 테마'로 볼 수 있는 '정치', '식량' 등과 같은 테마의 경우 스윙으로 접근할 때도, 기업의 성장성보다는 잠재 위험 요인 정도를 확인해야 한다. 이는 해당 테마를 고려하였을 때, 업종이나 기업의 성장성 측면으로 접근하기 어렵기 때문이다.

﹗ 기본적 분석의 구체화: 성장성, 안정성, 수익성

기본적 분석은 주식의 내재 가치를 평가하기 위해 경영 · 재무 · 산업 · 경제적 요인들을 분석하는 방법으로 양적 분석과 질적 분석으로 구분할 수 있다. 양적 분석을 통해 재무제표와 재무비율을 분석할 수 있고, 질적 분석을 통해 경제 지표, 산업 구조, 기업의 질적 요소들을 평가한다. 이번 장에서는 양적 분석 중 재무비율 분석인 성장성, 안정성, 수익성으로 각각의 지표가 의미하는 바와 계산 방식에 대하여 설명하도록 하겠다.

성장성을 확인할 수 있는 지표

성공적인 투자를 하기 위해서 대부분의 투자자들은 투자 대상 기업의 '성장성'에 주목할 것이다. 주식은 주식회사의 자본을 구성하는 단위이기 때문에 해당 기업이 앞으로 더 많은 돈을 벌어들일 수 있다면 주가는 이에 맞추어 상승하기 때문이다.

이처럼 성장성은 기업의 미래 잠재력을 평가하는 데 중요한 지표다. 이는 매출, 이익, 시장점유율 등의 측면에서 기업이 얼마나 더 확대될 수 있는지를 평가하는 것이다. 성장성이 높은 기업은 지속적이고 장기적으로 보다 성장할 가능성이 높기 때문에 투자자들에게 매력적인 투자처로 보이게 된다. 성장성은 매출액 증가율, 영업이익 증가율, 순이익 증가율, 총자산 증가율을 통해 파악할 수 있다.

매출액 증가율

매출액 증가율은 기업의 매출이 일정 기간 동안 얼마나 증가했는지를 나타내며 경영성과의 변화를 설명하는 대표적인 지표다. 높은 매출액 증가율은 기업이 시장에서 성공적으로 제품 혹은 서비스를 판매하고 있다는 것을 의미하며, 속한 산업 전체 매출액 증가율 대비 기업의 매출액 증가율이 높다면 시장점유율이 확대되고 있는 것을 의미한다.

$$매출액\ 증가율 = \frac{당기매출액 - 전기매출액}{전기매출액} \times 100(\%)$$

높은 매출액 증가율은 기업이 경쟁력을 가지고 있다는 말이다. 이는 시장의 위치를 강화할 수 있는 긍정적인 신호로 해석된다. 매출액 증가율이 높을수록, 경쟁우위를 유지하거나 확대할 가능성이 크다.

매출액 증가율은 기업의 성장을 평가하는 데 유용한 지표지만, 이 지표만으로 기업의 재무 상태나 미래 성장 가능성을 완전히 평가하기에는 다음과 같은 한계점이 존재한다.

매출액 증가율은 이익성을 반영하지 않는다. 매출액 증가율은 기업의 매출 변화를 나타내지만 이익성을 직접 반영하지는 않는다. 매출이 증가한다고 해서 반드시 이익이 증가하는 것은 아니다. 상황에 따라 매출이 증가하면서 동시에 비용도 비례적으로 증가하거나 오히려 더 많이 증가할 수 있다. 이는 결국 순이익의 감소로 이어질 수 있다. 따라서 매출액 증가율만으로 기업의 전체적인 재무 상태와 성장성을 판단하기는 어렵다.

또 단기적인 매출액 증가는 기업의 장기적인 성과를 반영하지 않는다. 예를 들어, 경기 상황, 계절적 요인, 또는 일회성 계약으로 인한 매출 증가일 수 있다. 이러한 일시적인 요인은 장기적인 성장으로 이어지지 않을 가능성이 크다. 지속성 없는 증가를 성장으로 착각할 경우 투자 결정에 오류를 범할 수도 있다.

이처럼 매출액 증가율은 기업의 경영 성과와 시장점유율 변화를 평가하는 중요한 지표다. 높은 매출액 증가율은 기업이 성공적으로 시장에서 경쟁하고 있다는 것을 나타내며, 투자자들에게 긍정적인 신호가 될 수 있다. 그러나 이익성과 장기적 성과를 고려하지 않고 매출액 증가율만으로 기업의 재무 상태를 판단하는 것은 위험할 수 있으므로 다른 지표와 함께 종합적으로 분석하여 기업의 성장성을 평가하는 것이 중요하다.

📊 영업이익 증가율

영업이익 증가율은 특정 기간 동안 기업의 영업이익이 얼마나 증가했는지를 나타내는 지표다. 영업이익은 기업의 주된 사업인 영업 활동에서의 성적표로, 비용을 차감하기 전인 매출액과 영업외손익까지 반영한 순이익보다 사업의 본질을 더욱 잘 파악할 수 있는 항목이다. 따라서 영업이익 증가율은 매출액이나 순이익 증가율보다 기업의 경영 효율성을 평가하는 데 유용하며, 이익성을 반영함으로써 기업의 본질적인 성장률을 확인할 수 있는 지표로 볼 수 있다.

$$영업이익\ 증가율\ =\ \frac{당기영업이익 - 전기영업이익}{전기영업이익} \times\ 100(\%)$$

영업이익은 매출에서 매출원가와 판매비와 관리비를 차감한 금액을 의미하며, 순수하게 본업에서 발생한 이익을 나타낸다.

영업이익 증가율은 경영 효율성과 주된 사업의 수익성을 평가하는 데 중요한 지표지만, 다음과 같은 한계점이 존재한다.

일시적인 수익 혹은 비용 증감 요인은 영업이익에 영향을 미칠 수 있다. 이러한 항목들은 지속 가능한 영업이익 증가를 반영하지 않으므로 영업이익 증가율이 일회성 요인에 의해 왜곡될 수 있다. 또한, 계절적 요인에 따라 변동성이 발생할 수 있으므로 단기적인 변동성보다 중·장기적인 데이터를 활용하여 평가하는 것이 중요할 수 있다.

이처럼 영업이익 증가율은 기업의 경영 효율성과 수익성을 평가하는 중요한 지표다. 그러나 이를 단독으로 활용하기보다는 매출액 증가율, 순이익 증가율 등 다른 지표들과 종합적으로 평가하여, 중장기적인 성과를 판단하는 것이 바람직하다.

ⅧⅠ 순이익 증가율

순이익 증가율이란 특정 기간 동안 기업의 순이익이 얼마나 성장했는지를 보여주는 지표다. 순이익은 총매출액에서 모든 비용과 세금을 차감한 후 남은 최종적인 이익을 의미하며, 영업이익뿐만 아니라 영업 외 손익도 포함한 종합적인 이익이다. 계산 공식은 아래와 같다.

$$순이익\ 증가율\ =\ \frac{당기순이익 - 전기순이익}{전기순이익} \times\ 100(\%)$$

주가는 '기업이익의 함수'라는 말이 있듯이 기업의 이익으로 볼 수 있는 대표적인 순이익은 자본 총계의 시장가치에 큰 영향을 미치므로 순이익 증가율이 높을수록 주가가 상승할 확률도 높을 수 있다. 다만, 일반적으로 순이익은 매출액이나 영업이익보다 변동성이 크고, 증가율 수치도 변화가 심한 편이기 때문에 단기적인 수치보다는 중장기적인 순이익 증가율 평균 수치를 감안하여 판단하는 것이 좋다.

순이익에는 세금, 환율 변동성 등 외부 요인들이 영향을 미칠 수 있다. 이러한 요인들은 단기적인 변동성을 야기할 수 있으므로, 중·장기적인 데이터를 참고하는 것이 중요하다. 또한, 기업이 매출을 증가시키는 동시에 비용을 적절히 통제하고 있는지 여부도 중요하다. 비용 관리가 잘 이루어지지 않으면 순이익 증가율에 부정적인 영향을 미칠 수 있다.

이처럼 순이익 증가율은 기업의 총괄적인 경영 성과와 종합적인 가치를 파악하는 데 중요한 지표다. 매출액 증가율, 영업이익 증가율과 함께 종합적으로 분석하고, 단기적인 변동성을 배제하기 위해 중장기적인 데이터를 활용하는 것이 바람직하다. 이를 통해 보다 정확한 기업의 성장성을 평가하고, 투자 결정을 내리는 데 도움이 될 수 있다.

총자산 증가율

총자산 증가율은 특정 기간 동안 총자산이 얼마나 증가했는지를 보여주는 성장성 지표다. 총자산은 자본과 부채를 합한 것으로, 기업이 보유하고 있는 모든 자산의 총합을 의미한다. 따라서, 총자산 증가율을 통해 기업의 규모가 얼마나 빠르게 커지고 있는지를 파악할 수 있다.

$$총자산\ 증가율 = \frac{당기말총자산 - 전기말총자산}{전기말총자산} \times 100(\%)$$

총자산 증가율은 단순한 매출액이나 순이익과는 영업자산과 비영업자산을 모두 포함하기 때문에 기업의 전체적인 성장 가능성을 평가하는 데 유용하다. 총자산이 증가하지 않는다면 기업은 성장하지 않는다. 이는 영업자산과 수익자산 등 여러 형태의 자산이 늘어나지 않는다는 것을 뜻하고, 향후 매출액 혹은 영업외수익 등 수익을 창출할 자산 자체가 증가하지 않는다는 것을 의미한다.

자산은 크게 영업자산과 비영업자산으로 구분할 수 있다.

- 영업자산: 기업의 주된 사업 활동에 필요한 자산으로, 해당 자산이 증가할 경우 매출 확대에 기여한다.
- 비영업자산: 비영업자산은 무수익자산과 수익자산으로 구분되며, 수익자산의 증가는 기업의 수익 향상에 도움이 되지만, 무수익자산의 증가는 수익과 무관하므로 바람직하지 않을 수 있다.

총자산이 증가했다고 해서 무조건 긍정적인 신호로 해석할 수 없다. 예를 들어, 부채나 무수익자산의 증가로 인해 총자산이 증가할 경우 부정적으로 볼 수 있다. 또한 총자산 증가율은 자산의 질적 구성을 고려하지 않으므로 기업의 자산 구조와 효율성을 종합적으로 판단하기 어렵다. 이러한 이유로 유형자산 증가율, 자기자본 증가율 등과 같은 다른 지표와 함께 확인하는 것이 필요하다.

총자산 증가율은 기업의 외형 성장성을 평가하는 중요한 지표로 볼 수 있다. 다만, 단순히 자산이 증가했다고 긍정적으로 보기에는 무리가 있다. 자산의 질적 구성(영업자산, 수익자산, 무수익자산)을 분석하고, 이들 자산이 기업의 수익성에 어떻게 기여하는지를 종합적으로 평가할 필요가 있으며, 특히 기업이 무수익자산을 효과적으로 활용하여 수익자산이나 영업자산으로 전환하는 등의 전략을 시도하고 있는지, 스스로 기업의 수익성을 지속적으로 개선하려 하는지를 확인해야 한다. 따라서 총자산 증가율뿐만 아니라 다양한 지표와 함께 종합적으로 분석 및 판단하는 것이 효과적이다.

📊 에코프로 사례로 보는 성장성

에코프로 일봉

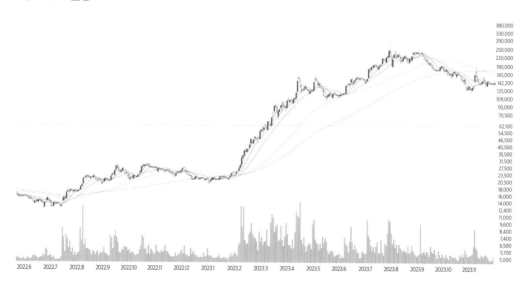

에코프로 분기 매출액

매출액

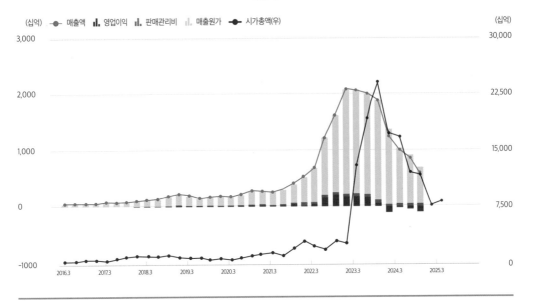

에코프로 분기 이익 성장률

이익 성장률(YOY)

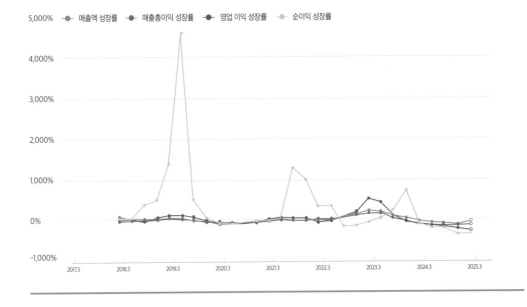

지난 2023년 1월부터 약 7개월 동안 국내 증시 상승 구간 속 강세 업종으로 2차전지 업종이 부각됐었다. 전기차 시장 확대에 따른 '성장성'과 '실적'의 키워드로 주도주는 '에코프로'로 볼 수 있었다.

에코프로 분기 매출액 성장률

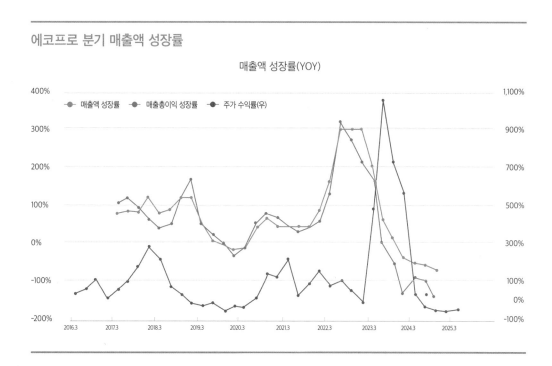

에코프로의 성장성을 확인해보면 매출액은 2023년도까지 장기적으로 우상향 추세를 이루고 있었으며, 특히 2022년에는 전년 대비 매출액 증가율 274.9%, 영업이익 증가율은 613.4%로 큰 폭으로 성장하였다. 이러한 추세는 2023년도까지 이어진 것을 확인할 수 있다.

LG에너지솔루션 분기 매출액 성장률

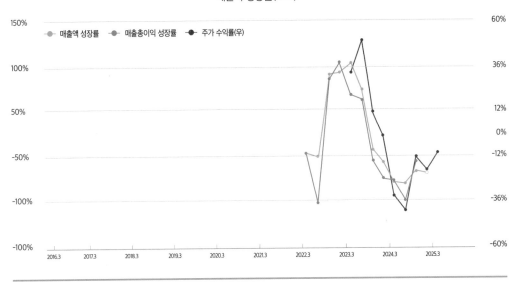

매출액 성장률(YOY)

포스코퓨처엠 분기 매출액 성장률

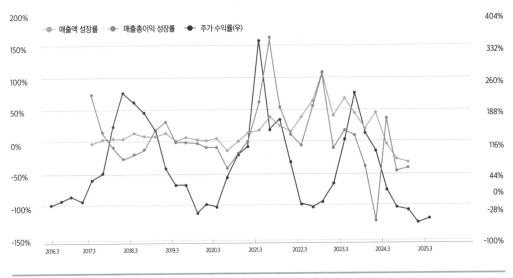

매출액 성장률(YOY)

또한, 동일 업종 내 후발주로 볼 수 있는 포스코퓨처엠과 LG에너지솔루션 등의 성장률을 함께 비교해보아도 에코프로의 성장률이 2차전지 업종 내 가장 우수한 성장성을 보여준 것을 알 수 있다. 따라서 2차전지 업종이 시장에서 부각되었을 때, 성장성이 가장 우수한 에코프로가 주도주가 될 수 있었다는 것을 알 수 있으며, 에코프로 그룹의 오너 구속과 같은 악재에도 불구하고, 2023년 1월부터 8월까지 약 7개월 동안 주가는 약 1,350% 상승하였다.

▮▮▮ 성장주 투자의 대가, 윌리엄 오닐

월스트리트의 전설적인 투자자로 알려진 윌리엄 오닐(William O'Neil)은 기본적 분석과 기술적 분석을 결합한 'CANSLIM' 투자 전략을 통해 '성장주 투자의 대가'로 알려져 있다. CANSLIM 투자 전략은 다음과 같이 일곱 가지 핵심 요소를 담고 있다.

- C: Current Quarterly Earnings (현재 주당 분기 순이익)
- A: Annual Earnings Growth (연간 순이익 증가율)
- N: New Products, New Management, New Highs (신제품, 경영혁신)
- S: Supply and Demand (수요와 공급)
- L: Leader or Laggard (주도주와 소외주 구분)
- I: Institutional Sponsorship (기관의 지원)
- M: Market Direction (시장 방향)

CANSLIM에서 알 수 있듯이 윌리엄 오닐은 기본적 분석 관점에서 특히 기업의 매출 및 이익의 성장성에 집중했고, 1962년 5,000달러로 시작한 투자금을 1963년에는 20만 달러로 불렸다. 26개월 동안 수익률은 2,000%를 달성하여 당시 증권가에서 화제를 불러일으켰다.

이처럼 성장성은 주가 상승의 주요 원동력으로 볼 수 있다. 또한, 성장성이 높은 기업은 시장에서 경쟁력을 유지하고, 수익을 창출할 가능성이 높으므로 안정적인 수익을 기대할 수 있다. 다만, 성장성을 평가할 때 특정 지표만으로 판단하기보다는 다양한 지표들을 이해한 상태에서 종합적으로 분석하고 판단해야, 성공적인 투자 결정으로 이어질 수 있다.

안정성을 확인할 수 있는 지표

안정성은 기업의 경영 지속 가능성과 재무 건전성을 평가하는 것이다. 유동비율, 부채비율 등의 안정성 지표를 통해 기업의 부도 위험과 위기 대응 능력을 파악할 수 있다. 안정성비율은 기업의 장기 지급 능력을 측정하는 비율이다. 기업은 부채를 조달하여 사업 활동을 할 수 있는데, 이때 조달한 부채를 안정적으로 상환할 수 있는지 여부를 판단하기 위한 것이 안정성비율이다.

트레이더에게 안정성 지표는 예측할 수 없는 리스크에 대한 최소한의 검토 사항이다. 안정성 지표에 따라서 트레이딩에 대한 기간 뷰를 달리 볼 수 있는데, 예를 들어 트레이딩을 하고자 하는 종목의 안정성비율이 낮을 경우 트레이딩을 하지 않거나 위험성에 대한 것을 인지한 상태에서 기간을 짧게 가져가는 것이 좋다. 반대의 경우에는 기간을 보다 길게 볼 수 있다. 이처럼 기업의 재무 상태나 건전성, 안정성 등을 확인할 수 있는 안정성 지표로는 부채비율, 유동비율, 당좌비율, 이자보상비율로 이루어져 있다.

부채비율

부채비율은 기업이 보유한 자산 중 부채가 차지하는 비율을 나타내는 지표로 기업의 재무 건전성과 타인자본에 대한 의존도를 평가하는 데 중요한 도구로 사용된다. 부채비율은 기업의 재무 구조를 이해하는 핵심으로, 기업의 안정성과 리스크를 평가할 때 필요한 자료다.

$$부채비율 = [타인자본(부채총계) / 자기자본(자본 총계)] \times 100(\%)$$

부채비율은 기업이 주로 자본을 어떻게 조달하는지, 즉 타인자본에 얼마나 의존하고 있는지를 보여준다. 높은 부채비율은 기업이 외부 자금에 많이 의존하고 있다는 뜻이며, 이는 높은 레버리지를 의미한다. 이는 이익을 극대화할 가능성이 있지만, 동시에 재무 위험도 증가한다. 반면, 낮은 부채비율은 보수적인 자본 구조를 의미하며, 이는 기업이 자금을 외부에서 빌리지 않고 자체 자금으로 운영되고 있다는 것을 나타낸다. 이런 기업은 투자 위험도가 비교적 낮다고 볼 수 있지만, 자본 활용 측면에서는 비효율적일 수 있다.

부채비율의 한계는 기업의 부채와 자본의 비율만을 나타내기 때문에 자산이 얼마나 효율적으로 사용되고 있는지, 자산의 질적 가치에 대해서 평가하기는 어렵다는 점이다. 예로 동일한 부채비율을 가진 두 기업이 있을 경우 하나는 고수익 자산을, 다른 하나는 낮은 수익성을 가진 자산을 보유할 경우 두 기업의 실제 재무 건전성은 크게 다를 수 있다.

또한, 부채를 적절히 활용하면 레버리지 효과를 통해 자기자본이익률(ROE, Return on Equity)을 높일 수 있지만, 이 효과는 기업의 수익성과 안정적인 현금 흐름에 크게 의존한다. 부채를 지나치게 많이 이용하는 경우, 수익성이 악화되거나 현금 흐름이 불안정해질 때 레버리지 효과가 오히려 기업의 재무 상태를 악화시킬 수 있다. 따라서 부채비율만으로는 레버리지의 긍정적 또는 부정적 영향을 정확히 평가하기 어렵다.

이처럼 부채비율은 단순한 숫자 이상의 의미를 가지며, 기업의 재무 상태와 자본 구조를 종합적으로 평가할 수 있는 중요한 지표다. 부채비율이 높다고 무조건 부정적인 것은 아니며, 낮다고 해서 항상 긍정적인 것도 아니다. 기업의 업종 특성과 경제 상황을 고려하여 부채비율을 종합적으로 분석하는 것이 중요하다. '이자보상비율' 등과 같은 다른 지표와 함께 부채비율을 살펴봄으로써, 기업의 재무 건전성을 보다 정확하게 평가할 수 있다.

📊 유동비율

유동비율은 기업의 지급 능력, 또는 신용 능력을 판단하기 위해 사용되는 지표다. 유동자산을 유동부채로 나누어 계산한다. 유동자산은 1년 이내에 현금화할 수 있는 자산을 의미하며, 유동부채는 1년 이내에 갚아야 하는 부채를 의미한다.

$$유동비율 = (유동자산 / 유동부채) \times 100(\%)$$

유동비율은 기업이 얼마나 잘 상환할 수 있는지를 나타낸다. 유동비율이 높을수록 기업의 재무 유동성은 크며, 일반적으로 200% 이상일 경우를 이상적으로 판단한다. 또한, 유동비율은 은행이 기업에 대한 신용을 제공할 때 중요한 역할을 하기에 '은행가비율(Banker's ratio)'이라고도 불린다. 이는 기업의 신용도를 평가하는 데 중요한 지표다.

유동비율도 한계가 있다. 유동비율 중 유동자산을 살펴보면, 반드시 1년 내 현금화할 수 있다고 볼 수 없는 재고자산과 매출채권을 포함하고 있다. 이러한 이유로 재무상 유동성과 실제 유동성 사이에서 괴리감이 발생할 수 있다. 따라서 유동비율만을 보고 기업을 판단하기보다는 당좌비율, 재고자산회전율, 매출채권 회전율과 같은 지표와 함께 분석해야 유동성에 대한 신뢰도를 높일 수 있다.

이처럼 유동비율은 기업의 단기 재무 건전성을 평가하는 데 중요한 지표다. 이를 해석할 때는 단순히 비율의 수치만을 보는 것이 아니라, 기업의 산업 특성, 자산 구성, 경제 상황 등을 종합적으로 고려하여 분석하는 것이 중요하다. 이처럼 유동비율은 기업의 단기적인 재정 상태를 파악할 수 있어 투자자가 보다 정확한 투자 결정을 내리는 데 도움이 될 수 있다.

▮▮▮ 당좌비율

당좌비율은 유동자산 중 유동성이 낮은 재고자산을 제외하고, 유동성이 높은 자산인 당좌자산(현금, 금융상품, 유가증권, 매출채권 등)만을 유동부채와 비교하여 기업의 단기 채무에 대한 즉각적인 지급 능력을 분석하는 지표다. 유동비율과는 다르게 재고자산을 제외하고 계산하는 당좌비율은 더 보수적인 관점에서 유동성을 평가한다.

당좌비율 = (당좌자산 / 유동부채) × 100(%)

통상적으로 당좌비율이 100% 이상일 경우 기업이 단기 부채를 상환하는 데 어려움이 없다고 해석할 수 있다. 이는 기업이 자산을 효율적으로 관리하고 있다는 신호로 볼 수 있다. 반면 100% 미만이라면 기업이 단기 부채 상환에 어려움을 겪을 가능성도 염두에 두어야 한다.

당좌비율도 한계가 있다. 당좌비율은 유동비율과 마찬가지로 당좌자산에 포함된 매출채권은 악성 재고나 장기간 미회수된 매출채권 등이 포함될 수 있기 때문에 무조건 신뢰하기는 어렵다. 따라서 매출채권 회전율과 같은 지표와 함께 분석함으로써 유동성에 대한 신뢰도를 높일 수 있다.

당좌비율은 기업 분석뿐만 아니라 실제 투자 결정에서도 중요한 역할을 한다. 높은 당좌비율은 해당 기업의 금융 안정성이 높고, 단기적인 경제 변동도 견딜 수 있다는 것으로 해석할 수 있다. 그러나 지나치게 높은 당좌비율은 비효율적인 자본 운용이나 불필요한 현금 보유를 의미할 수도 있다.

이처럼 당좌비율은 기업의 단기 재무 건전성을 평가하는 데 중요한 지표다. 이를 해석할 때는 단순히 비율의 숫자만을 보는 것이 아니라, 기업의 산업 특성, 추세, 경제 상황 등을 종합적으로 고려하여 분석하는 것이 중요하다. 이처럼 당좌비율은 기업의 단기적인 재정 상태를 파악하고 투자자가 투자 결정을 내리는 데 도움이 될 수 있다.

📊 이자보상비율

이자보상비율은 기업이 영업 활동을 통해 벌어들인 이익으로 이자 비용을 얼마나 감당할 수 있는지를 나타내는 지표다. 이는 기업의 채무 상환 능력과 이자 부담 능력을 평가하는 중요한 지표다. 이 비율이 높을수록 기업의 이자 지급 능력이 우수하며, 재무 건전성이 높다고 할 수 있다.

이자보상비율 = (영업이익 / 이자 비용) × 100(%)

이자보상비율은 영업이익을 주어진 기간 동안의 이자 비용으로 나누어 계산하며, 이자보상비율이 100(%)보다 낮으면 기업이 영업이익으로도 이자 비용을 충당할 수 없는 상태를 의미한다. 그때는 잠재적 부실기업으로 간주될 수 있다. 반면, 이자보상비율이 100(%)보다 클 경우 영업이익에서 이자 비용을 지불하고도 여유가 남는다는 의미로 해석된다. 일반적으로 이자보상비율이 150(%) 이상이면 기업의 이자 지급 능력이 충분하다고 판단한다.

이자보상비율의 한계는 영업이익과 이자 비용이 단기적으로 변동할 수 있다는 점이다. 따라서 장기적인 추세를 파악하는 것이 중요하다. 또한, 이자 비용 외 다른 금융 비용이나 부채 상환 능력을 고려하지 않으므로 이를 보완할 수 있는 지표와 함께 분석할 필요가 있다.

이처럼 이자보상비율은 기업의 채무 상환 능력을 평가하는 중요한 지표로, 주로 이자 및 세금 전 이익(EBIT)을 이자 비용으로 나누어 계산된다. 이 지표를 통해 기업의 채무 상환 능력과 재무 건전성을 보다 명확하게 이해할 수 있다. 한편, 이 지표만으로 기업의 전체적인 재무 안정성을 파악하기에는 한계가 있으므로 다른 재무 지표와 함께 종합적으로 분석하여 기업의 재무 상태와 투자가치를 평가하는 것이 바람직하다.

제주맥주 사례로 보는 안정성

제주맥주 일봉

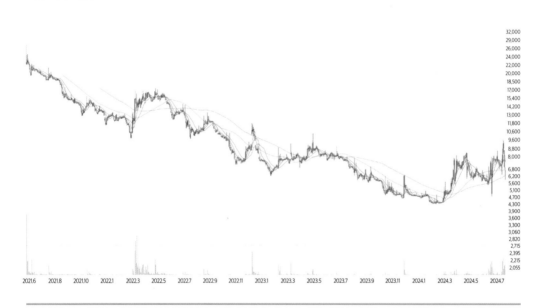

지난 2022년 한국거래소는 기업 부담 완화와 투자자 보호를 위해 주식시장 상장폐지 제도를 대폭 완화하였다. 이에 따라 실질적으로 '50% 이상의 부분 자본 잠식 2년 연속 지속'과 '100% 완전 자본 잠식' 두 가지 항목이 재무에서 상장폐지가 될 수 있는 주된 사유가 되었다. 이러한 '자본 잠식(회사의 자본 총계가 자본금보다 작아진 때)'의 가능성이 높은 기업은 트레이딩 대상에서 제외하거나, 혹은 진행해야 한다면 트레이딩 기간을 극단적으로 줄이는 것이 좋다.

제주맥주 분기 부채비율

부채비율(YOY)

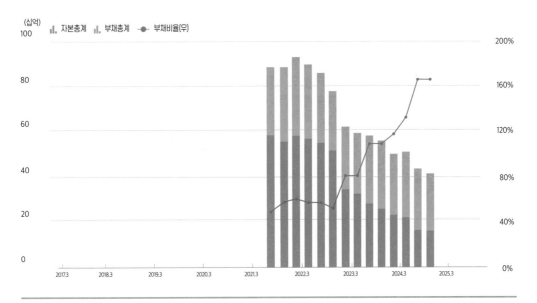

제주맥주의 안정성 지표인 부채비율을 확인해보면 ±100% 수준으로 일반적인 수준처럼 보일 수 있다. 한편, 그 외 유동비율과 유보율, 이자보상비율 등의 지표를 통해서 '자본 잠식'의 가능성을 알아차릴 수 있을 것이다. 실제로 제주맥주는 2023년 기준 '부분 자본 잠식 상태'가 되었다. 결국 제주맥주는 액면분할, 주식발행 등을 할 수밖에 없었고, 주가 역시 장기 우하향하고 있는 것을 알 수 있다.

이처럼 안정성은 투자를 결정하기 위한 핵심 도구다. 투자는 수익을 얻기 위해 일정 수준의 위험 요소를 감당해야 한다. 그런 위험 요소 중에서도 기업의 재무 불건전성으로 발생할 수 있는 유상증자, 감자 등과 같은 위험 요소는 안정성 지표를 통해 사전에 파악하거나 회피할 수 있다.

제주맥주 분기 유동비율

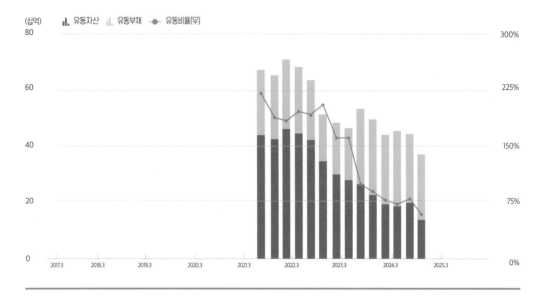

유동비율

제주맥주 분기 안정성 지표

*단위: 억 원, %, %p, 배 | *분기: 순액 기준

항목	2023/09 (IFRS연결)	2023/12 (IFRS연결)	2024/03 (IFRS연결)	2024/06 (IFRS연결)	2024/09 (IFRS연결)	전분기 대비 (QoQ)
부채비율	109.07	118.21	133.01	164.48	164.40	-0.08
유동부채비율	98.17	107.17	120.32	149.92	149.67	-0.25
비유동부채비율	10.90	11.05	12.69	14.56	14.74	0.18
순부채비율	18.05	33.54	34.20	45.59	78.59	33.00
유동비율	89.09	77.64	71.83	79.64	58.97	-20.67
당좌비율	69.86	58.98	52.70	59.85	34.05	-25.80
이자보상비율		-1.84				
금융비용부담률		16.30				
자본유보율	-29.49	-40.28	-43.27	-46.69	154.51	201.19

무엇보다 안정성 지표를 단독으로 해석하기보다는 종합적으로 분석하여 기업의 전반적인 재무 상태를 파악하는 것이 중요하다. 예를 들어 부채비율, 유동비율, 당좌비율, 이

78 무조건 이기는 탑다운 주식투자

자보상비율 등 여러 지표를 함께 고려함으로써 기업의 재무 안정성과 지속 가능성을 보다 정확하게 판단할 수 있다. 이처럼 안정성 지표는 투자 결정 및 매매 전략을 수립하는데 큰 도움을 준다.

이익성을 확인할 수 있는 지표

이익성은 기업이 자산과 자본을 얼마나 효율적으로 사용하여 수익을 창출하고 있는 지를 평가하는 지표다. 이익성 지표를 통해 기업의 수익 창출 능력과 경영 효율성을 파악할 수 있다. 이익성 비율은 단기 및 장기 성과를 종합적으로 평가하는 데 사용된다.

예를 들어 특정 종목의 이익성 비율이 높을 경우, 해당 기업의 수익 창출 능력이 우수하다고 판단할 수 있다. 이는 보다 장기적인 투자 관점을 유지하는 데 도움이 된다. 반대로 이익성 비율이 낮을 경우, 단기적인 수익 확보 전략을 고려할 수 있다. 이익성 지표로는 순이익률, 영업이익률, 자기자본이익률, 총자산이익률(ROA, return on assets) 등이 있다.

순이익률

순이익률은 당기순이익을 매출액으로 나눈 비율로, 매출액 중 순이익이 차지하는 비율을 나타낸다. 이는 기업의 최종적인 수익성을 평가하는 데 사용된다.

$$순이익률 = (순이익 / 매출액) \times 100(\%)$$

순이익률은 매출액에서 모든 비용(매출원가, 판매비와 관리비, 영업외손익, 법인세 등)을 차감한 후 남은 순이익을 매출액으로 나누어 계산한다. 순이익률이 높을수록 기업이 효과적인 영업 활동과 비용 관리를 통해 더 많은 이익을 창출하고 있다는 의미다. 일반적으로 순이익률이 10%를 초과할 경우 우수한 상태로 간주한다. 다만, 순이익률의 수치는 산업 및 비즈니스 구조에 따라 다를 수 있기 때문에 동일한 산업 내 다양한 기업들의 성과와 함께 비교하는 것이 보다 효과적일 수 있다.

순이익률의 한계는 다양한 외부 요인으로부터 영향을 받는다는 점이다. 부채가 비교적 높은 기업은 이자 비용으로 인해 순이익률이 낮아질 수 있으며, 일시적인 영업외이익이나 손실로 순이익률이 왜곡될 수 있다. 또한, 장기적으로 경쟁력을 손상시키는 비용 절감은 단기적인 순이익률을 높일 수 있다. 따라서 순이익률 역시 단기적인 관점보다는 장기적인 추세를 파악하는 것이 중요하다.

이처럼 순이익률은 기업의 총수익성 및 경영 효율성을 판단하는 중요한 지표다. 순이익률이 높은 기업은 장기간에 걸쳐 지속적으로 높은 수익성을 유지할 가능성이 크다. 반면, 순이익률이 급격하게 변동하는 기업은 주의 깊게 살펴봐야 한다. 예를 들어, 보유 자산 매각으로 인해 일시적으로 순이익률이 높아질 수 있다.

워런 버핏은 특히 순이익률의 지속성과 장기적인 상승 추세를 중요하게 여기며, 20% 이상의 순이익률을 가진 기업을 장기적인 경쟁력을 갖춘 기업으로 평가한다(단, 은행과 같은 금융회사는 예외일 수 있다).

🔛 영업이익률

영업이익률은 기업이 얼마나 효율적으로 수익을 창출하고 있는지를 보여주는 중요한 재무 지표다. 이는 매출액에서 영업이익이 차지하는 비율로, 기업의 핵심 사업 부문이 얼마나 효과적으로 비용을 관리하며 이익을 창출하는지를 나타낸다. 계산 방법은 다음과 같다.

$$영업이익률 = (영업이익 / 매출액) \times 100(\%)$$

영업이익률이 높을수록 기업의 영업 활동이 효과적임을 나타내며, 이는 매출 대비 비용 관리가 잘 이루어졌다는 의미다.

영업이익률의 한계는 비영업손익을 제외한다는 점이다. 만약 비영업손익이 기업의 이익에 큰 영향을 미치고 있다면 순이익률도 함께 고려해야 한다. 또한, 일회성 요인으로 영업이익률이 큰 폭으로 변동할 수 있기 때문에 단기적인 관점보다 장기적인 추세와 안정성을 평가하는 것이 중요하다. 마지막으로 영업이익은 발생주의에 의거한 회계적인 수익으로 실제 현금의 유출입에 대한 정보를 제공하지 않으므로 영업이익률이 높다고 하더라도 실질적인 현금이 유입되지 않을 경우 기업의 안정성 및 수익성이 훼손될 수 있다.

이처럼 영업이익률은 기업의 비용 관리와 수익 창출 능력을 평가할 수 있는 중요한 지표다. 이를 통해 기업의 본질적인 사업 수익성을 이해할 수 있으며, 매출액 증가율을 통해 매출이 꾸준히 증가하면서 영업이익률이 유지되거나 상승하고 있다면 수익성이 좋은 기업이라고 판단할 수 있다.

자기자본이익률

자기자본이익률은 기업이 주주의 자본을 얼마나 효율적으로 사용하여 이익을 창출했는지를 나타내는 중요한 이익성 지표다. 이는 기업의 경영 효율성과 주주 가치 창출 능력을 평가하는 데 사용된다.

$$자기자본이익률 = (순이익 / 자기자본) \times 100(\%)$$

자기자본이익률은 높고 낮음의 절대적인 기준은 없다. 다만, 주주가 투자한 자본에 대한 최종 수익이기 때문에 무위험 이자율(시중금리)보다 높아야 투자가치가 있다고 판단할 수 있다.

자기자본이익률의 한계는 일회성 이익으로 인해 부풀려질 수 있으며, 높은 부채비율로 인해 인위적으로 높아질 수 있다는 점이다. 때문에 일회성 요인과 부채 수준을 함께 고려해야 할 필요가 있다. 또한, 다른 지표와 마찬가지로 일시적인 요인으로 인해 왜곡될 수 있으므로 장기적인 추세를 분석하는 것이 중요하다.

이처럼 자기자본이익률은 기업의 자본 효율성과 수익성을 평가하는 중요한 지표다. 단순히 비율의 수치만을 보고 판단하기보다는, 기업의 산업 특성, 자산 구성, 경제 상황 등을 종합적으로 고려하여 분석하는 것이 중요하다. 가치투자의 대가인 워런 버핏은 일반적으로 자기자본이익률이 15% 이상을 지속적으로 유지하는 기업을 우량한 투자 대상으로 평가한다.

▮▮▮ 총자산이익률

총자산이익률은 기업이 총자산을 활용하여 얼마나 많은 이익을 창출했는지를 평가하는 이익성 지표다. 총자산은 자기자본과 타인자본(부채)을 합한 금액으로, 기업의 자산 활용 능력과 이익성을 측정하는 데 사용된다.

$$총자산이익률 = (순이익 / 총자산) \times 100(\%)$$

총자산이익률은 자기자본과 타인자본을 모두 포함한 자산 대비 수익성을 평가하므로, 총자산에 대한 주주의 최종 수익을 나타낸다. 총자산이익률이 높은 기업이 적정한 수준까지 부채를 확대하여 총자산을 늘리게 될 경우 자기자본이익률 역시 높일 수 있다.

총자산이익률의 한계는 부채를 포함하고 있으므로, 부채비율이 높을 경우 총자산이익률이 왜곡될 수 있다는 점이다. 따라서 자기자본이익률과 함께 비교를 통해 기업이 자산을 효율적으로 구성하고 운영하고 있는지를 알 수 있다.

이처럼 총자산이익률은 자산 운용 효율성을 평가하는 중요한 지표로, 주로 경영진의 자산 관리 능력을 판단하는 데 활용된다. 또한, 총자산이익률은 주주의 자본뿐만 아니라 부채를 포함한 전체 자산을 사용하여 얼마나 많은 이익을 창출했는지를 보여준다. 이는 주주가치 창출 능력을 평가하는 데 유용하며, 주가와 직접적인 연관성을 지닌다.

단순히 비율의 숫자만을 보는 것이 아니라, 산업별 기준, 자산 구성, 경제 상황 등을 종합적으로 고려하여 분석하는 것이 중요하다. 이처럼 총자산이익률은 투자 결정 및 매매 전략을 수립하는 데 있어 중요한 의미를 가진, 기업 분석에 반드시 필요한 지표다.

📊 한미반도체 사례로 보는 이익성

반도체 섹터 내 주도주로 볼 수 있는 한미반도체의 경우 대표적인 이익성 지표로 볼 수 있는 자기자본이익률과 순이익률을 확인해보면, 2021년도 이후부터 2025년 3월까지 높은 자기자본이익률과 순이익률을 유지하고 있는 것을 확인할 수 있다.

자기자본이익률(ROE) = 주가순자산비율(PBR) / 주가수익비율(PER)

특히, 위의 식을 참고해보면, 자기자본이익률은 수익가치와 자산가치를 모두 포함하고 있어 기업의 이익을 평가하는 가장 핵심적인 지표로 볼 수 있으며, 주가순자산비율(PBR)과 비례관계에 있는 것을 알 수 있다. 한미반도체는 중·장기적으로 꾸준히 높은 자

한미반도체 분기 자기자본이익률

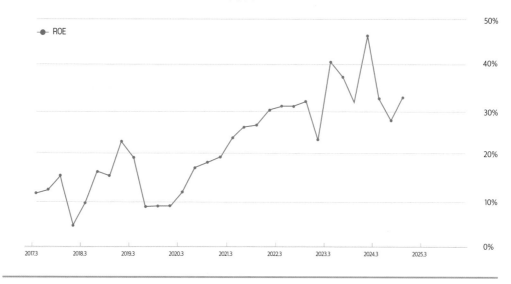

지배주주 ROE

한미반도체 분기 순이익률

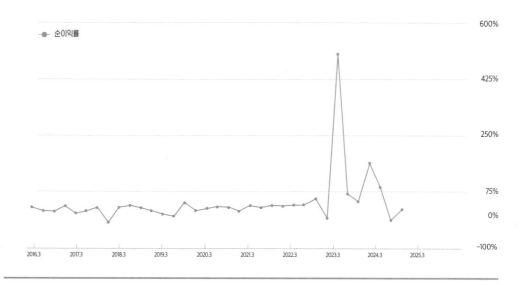

순이익

기자본이익률과 순이익률을 보여주고 있는 모습을 통해 해당 산업 및 업종에서 어느 정도의 경쟁력을 지녔는지 유추해볼 수 있다.

한미반도체 일봉

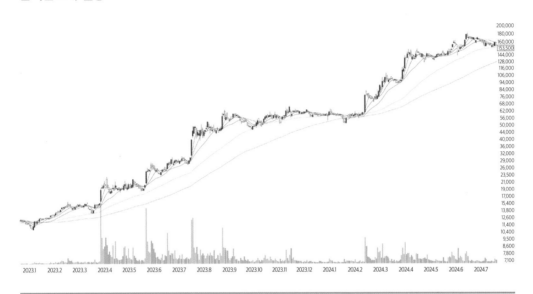

반면, 자기자본이익률은 부채비율이 높은 경우에도 높을 수 있다. 이를 보완할 수 있는 지표로 총자산이익률이 있는데, 한미반도체의 총자산이익률은 20% 이상 높게 유지되고 있기 때문에 높은 자기자본이익률에 대한 신뢰도가 있다는 것을 알 수 있다. 한미반도체의 일봉 차트를 보면 이러한 이유들이 주가로 연결되고 있다.

이익성 지표는 기업의 수익 창출 능력과 경영 효율성을 평가하는 중요한 도구다. 이를 통해 기업의 단기 및 장기 성과를 종합적으로 이해할 수 있으며, 투자자와 경영자는 이를 바탕으로 보다 현명한 의사 결정을 내릴 수 있다. 단순히 비율의 수치만을 보는 것이 아니라, 업종별 기준, 자산 구성, 경제 상황 등을 종합적으로 고려하여 분석하는 것이 중요하다. 이처럼 이익성 지표는 투자 결정 및 매매 전략을 수립하는 데 큰 도움을 주는 지표다.

▋▋ 기본적 분석은 주식투자의 기본

트레이더는 주식의 가격과 거래량과 같은 정량적 데이터를 주로 활용한다. 다만, 에코프로와 한미반도체의 사례를 통해 알 수 있듯이 탑다운 사고 과정으로 도착한 주도 섹터 및 테마 선정, 그리고 해당 섹터 및 테마 내 주도주를 선정하는 과정에서 확률적 우위를 위한 근거 중 하나로 기본적 분석을 활용할 수 있었다. 이처럼 기본적 분석은 트레이더의 리스크를 최소화하고, 더 나은 투자 결정을 내릴 수 있도록 돕는다. 기본적 분석은 기업의 내재 가치를 평가하고, 시장에서의 경쟁력을 이해하도록 돕는 유용한 도구다. 이를 잘 활용한다면 투자 수익을 높이는 데 분명 큰 도움이 될 것이다.

CHAPTER

무조건 이기는 기술적 분석1
캔들

캔들 차트의 시작

캔들의 역사는 캔들 차트의 창시자인 혼마 무네히사로 시작된다. 그는 18세기 일본의 전설적인 쌀 상인이자 무역상이었다. 그가 바로 금융시장의 기술적 분석에서 사용되는 가장 인기 있는 방법인 일본식 캔들 차트를 고안한 인물이다.

혼마 무네히사는 1717년 지금의 야마가타현인 데와에서 태어났다. 그는 가족의 쌀 무역 사업을 물려받아 성공적인 상인이 되었으며, 캔들 차트를 사용하여 쌀 시장의 가격 변동을 분석하고 예측하는 '사케다 5법'을 개발하였다. 혼마 무네히사의 통찰력은 시장 심리와 가격 패턴에 대한 주의 깊은 관찰을 바탕으로 이루어졌다. 혼마 무네히사가 개발한 캔들 차트는 특정 기간 동안의 가격 움직임, 시가, 고가, 저가, 종가를 시각적으로 나타낸다. 다양한 캔들 패턴은 시장 심리, 추세 반전, 잠재적 미래 가격 변동에 대한 정보를 전달한다. 혼마 무네히사의 유명한 말 중 이런 말이 있다.

"시장은 시장 참여자들의 집단 심리와 맞서 싸우는 전쟁터다."
– 혼마 무네히사

이는 성공적으로 거래하기 위해서는 거래자 간의 감정과 행동을 이해하는 것이 중요하다는 의미다. 혼마 무네히사의 삶과 업적은 18세기로 거슬러 올라가지만, 그의 유산은 현대의 기술적 분석에서 캔들 차트의 사용과 발전을 통해 이어지고 있다. 거래자와 투자자는 여전히 시장에 대한 통찰력을 얻기 위해 그의 원칙을 연구하는 중이다.

📊 캔들의 구조

캔들 차트의 장점은 직관적이라는 점이다. 우선 캔들의 기본 구조를 보자.

캔들의 기본 구조

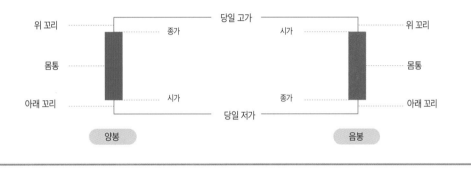

시가

시가는 당일 개장 후 처음 시작하는 가격을 의미한다. 양봉은 당일 시가보다 높은 가격으로 마감하였기 때문에 시가는 몸통 하단에 위치하고 있으며, 음봉의 경우 반대로 시가보다 낮은 가격으로 마감하였기 때문에 시가는 몸통 상단에 위치하고 있다.

종가

종가는 장 마감 시 마지막으로 거래된 가격을 의미한다. 양봉의 경우 시가보다 높은 가격으로 마감하였기 때문에 종가는 몸통의 상단에 위치한다. 음봉의 경우 시가보다 낮은 가격으로 마감하였기 때문에 몸통 하단에 위치한다.

고가

고가는 장중 가장 높았던 가격을 의미한다. 제시된 이미지의 양봉을 보면 당일 최고가 대비 장 마감 가격이 낮을 경우 위로 꼬리 형태가 남게 된다.

저가

저가는 장중 가장 낮았던 가격을 의미한다. 제시된 이미지의 음봉을 보면 장중 최저가 대비 장 마감 가격이 높을 경우 아래로 꼬리 형태가 남게 된다.

이처럼 하나의 캔들 모양으로 장중 움직임과 투자자의 심리 등 많은 정보를 직관적으로 볼 수 있다는 것을 알 수 있다. 예시와 함께 캔들의 의미를 더 자세히 알아보자.

위 꼬리 없는 양봉과 아래 꼬리 없는 음봉

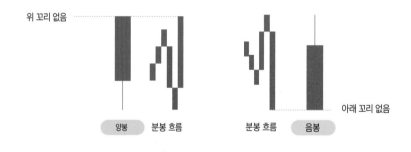

위 꼬리 없는 양봉과 아래 꼬리 없는 음봉이다. 먼저 위 꼬리 없는 양봉의 경우 장중 고가와 마감가가 동일하다는 의미이고, 반대로 아래 꼬리 없는 음봉의 경우 장중 저가와 마감가가 동일하다는 의미다. 각 캔들의 분봉 흐름을 요약한 모습도 확인하면 더 이해하기 쉽다.

아래 꼬리 없는 양봉과 위 꼬리 없는 음봉

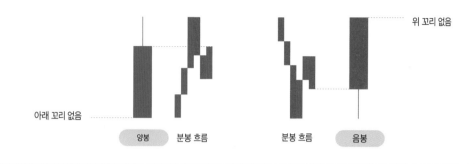

반대의 경우도 살펴보자. 아래 꼬리 없는 양봉은 장중 고가보다 낮은 가격으로 마감하였다는 의미이고, 위 꼬리 없는 음봉의 경우 장중 저가보다 높은 가격으로 마감하였다는 의미다. 마찬가지로 분봉의 흐름을 참고하길 바란다.

도지 캔들의 의미와 유형

도지 캔들의 대표적인 유형

도지 캔들은 시가와 종가 차이가 거의 없이 마감하였을 때 나타나는 캔들이다. 즉, 매수와 매도의 균형이 이루어졌을 때 나타나는 특징으로 볼 수 있다. 도지 캔들이 유의미한 이유는 추세의 변곡점에서 자주 나타나기 때문이다. 다만, 도지만 보고 판단하기보다는 상승과 하락 추세의 전체적인 길이감을 고려해야 한다. 예를 들어, 단순히 도지 패턴이 나왔으니 매수 혹은 매도의 관점이 아니라, 상승, 하락 추세의 전체적인 길이감이 충분한 위치에서 출현하였는지를 살펴보는 것이다. 또한, 언제나 근거의 중첩을 통해 신뢰도를 높이는 사고가 중요하기 때문에 다양한 관점에서 캔들을 분석해야 한다.

도지 캔들의 종류는 기본형과 잠자리형, 비석형, 일자형 등 다양한 형태가 있으며, 그중 가장 중요한 세 가지 유형인 기본, 잠자리, 비석형을 살펴보겠다.

기본형 도지

　기본형 도지는 시가와 종가가 비슷할 때 나타나며, 장중 상승, 하락의 길이감 또한 비슷한 수준을 나타낸다. 즉, 매수세와 매도세의 힘의 균형이 동일할 때 나타난다고 볼 수 있다. 해당 패턴이 나올 경우 추세의 변곡점 가능성이 높기 때문에 다양한 기술적 분석 근거를 바탕으로 해석할 필요가 있다.

기본형 도지 실전 사례(삼성전자 일봉과 1시간봉)

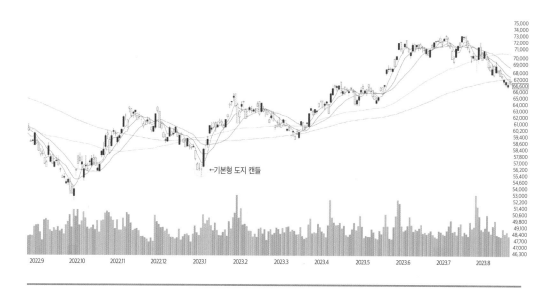

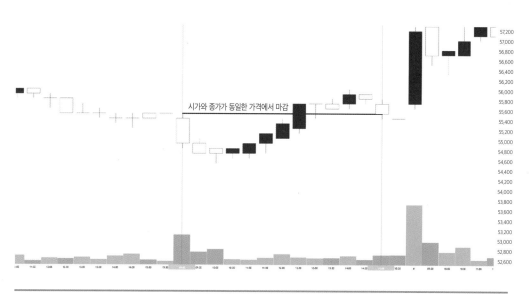

잠자리형 도지

잠자리형 도지는 시가와 고가, 종가가 거의 비슷할 때 나타나는 유형이다. 추세의 변곡점 관점에서 살펴보겠다. 만약 하락 추세 속 잠자리형 도지가 나올 경우 상승으로의 전환 가능성을 염두에 둘 수 있고, 반대로 상승 추세 속 잠자리형 도지가 나올 경우 하락으로의 전환 가능성을 염두에 둘 수 있다.

잠자리형 도지 실전 사례(SK하이닉스 일봉과 30분봉)

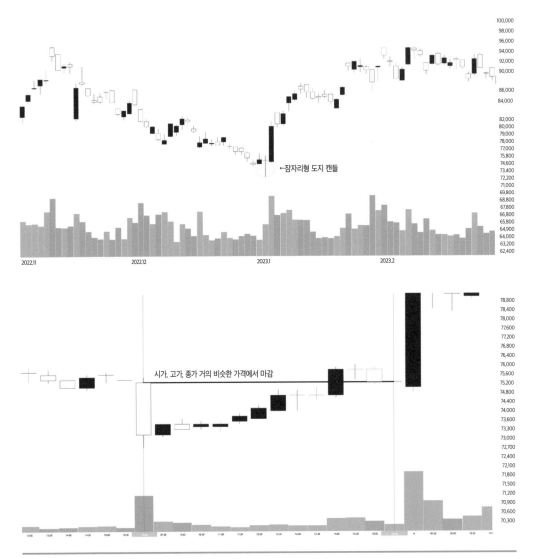

비석형 도지

　비석형 도지는 시초부터 강한 상승을 보이다가 상승세를 반납하며 시가와 비슷한 마감을 할 때 나타나는 유형이다. 비석형 도지 또한 상승 추세의 끝자락에서 나올 경우 하락 추세의 전환 가능성과 하락 추세의 끝자락에서 나올 경우 상승 추세의 전환 가능성을 염두에 둘 수 있다.

비석형 도지 실전 사례(에코프로 일봉과 30분봉)

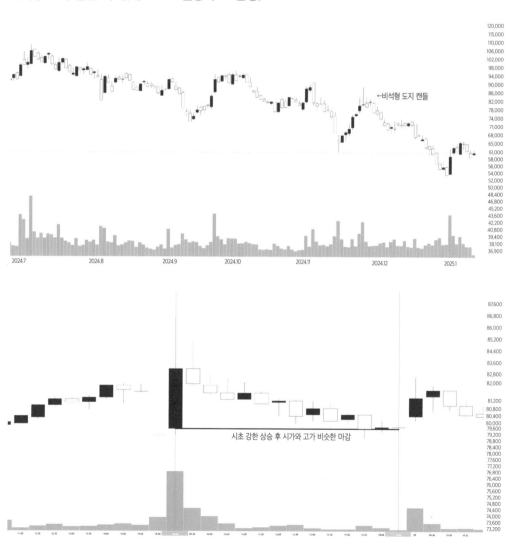

이상으로 캔들의 기본 구조와 도지 캔들을 배웠다. 다음 단락부터는 등장하는 개념은 캔들의 심화 과정이니 천천히 반복해서 읽기를 권장한다.

캔들의 기간 개념

캔들의 종류를 배우기 전 제일 먼저 이해하고 넘어가야 하는 것은 특정 기간의 개념이다. 시간과 기간은 서로 연관된 개념이지만, 그 의미와 적용은 다름에도 불구하고 시간과 기간의 개념을 혼동해서 쓰는 경우가 많다.

시간은 과거에서 현재를 거쳐 미래로 이어지는 연속적이고 불가역적인 사건의 진행을 의미한다. 이는 이벤트를 측정하고, 순서를 정하고, 비교할 수 있게 해주는 기본 개념이다.

반면 기간(지속 시간)은 특정 두 지점 또는 이벤트 사이의 시간을 의미한다. 경과된 시간의 측정값으로 초, 분, 시간, 일, 주, 월, 년 등 다양한 단위로 정량화할 수 있다. 시간은 지속적인 개념인 반면 기간은 두 시점 사이의 간격에 더 중점을 두고 있다. 요약하면, 시간은 연속적이고 되돌릴 수 없는 진행 과정인 반면, 기간은 특정 두 지점 또는 이벤트 사이의 경과 시간을 측정하는 것이다.

그렇기 때문에 고정된 특정 기간으로 캔들의 형태를 가져간다는 의미가 중요하다. 같은 형태를 가지고 있음에도 불구하고 기간(년, 월, 주, 일, 분)에 따라 의미 없는 캔들도 존재하는 것이다. 이런 캔들의 의미를 파악하는 것이 기술적 분석의 가장 기초다. 기술적 분석의 중요한 전제 조건들을 '엘리어트 파동이론'에 나와 있는 구문을 통해 파악해보자.

파동이론은 인간의 모든 활동에 자연스럽게 적용할 수 있는 현상이다. 다양한 규모의 파동이 발생할 때 다음에 제시된 요소들이 갖춰져 있을수록 패턴이 완벽해진다.

- 발생 주식 수가 많은 기업의 광범위한 상업적 활동

- 매수자와 매도자가 중개인을 통해 신속하게 거래할 수 있는 보편적인 시장

- 신뢰할 수 있는 거래 기록 및 자료

- 기업과 관련된 모든 문제에 관한 적절한 통계

- 모든 규모의 파동을 드러내는 일간 차트

위 조건을 만족하지 않는다면 신뢰도가 떨어지므로 기술적 분석은 필요가 없다. 우리는 위 조건에 부합하는 종목들을 분석함으로써 신뢰도를 확보하고 확률적 우위를 가져가도록 해야 한다.

캔들의 기간과 신뢰도 그래프

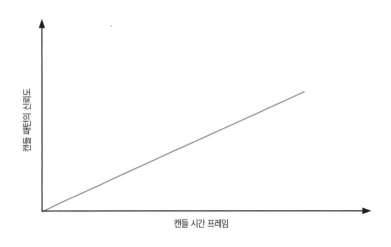

일반적으로 캔들의 기간이 길수록 신뢰도가 높아진다. 그래서 월, 주, 일, 분봉의 흐름을 함께 살펴봐야 한다. 이는 어느 한쪽에 치우치지 않고 판단하기 위한 방법이다. 해석이 불필요한 구간이 존재한다는 것과 캔들 하나하나의 해석보다는 흐름이 중요하다는 말은 일맥상통한다.

"길이 아니면 보지도 말고, 듣지도 말고, 말하지도 말라"

– 공자

하지만 때에 따라 하나의 캔들이 중요할 수도 있는 상반된 경우가 있다는 사실을 이해하고 받아들여야 한다.

"떨어지는 낙엽 하나에 가을이 왔음을 알 수 있다."

– 일본 속담

정리하자면, 기술적 분석을 하기 위해서는 엘리어트 파동의 충격파 조건에 따른 캔들의 형태를 알아야 하고 이것이 추세의 지속 흐름인지, 반전의 신호가 나오는지를 알아야 한다. 엘리어트 파동의 '길이감'에 따른 '목표가' 위치에서의 캔들 변화를 체크하는 것은 반전의 시그널을 잡아낼 수 있는 단초가 된다.

모든 것에 반응하지 말고 흐름의 지속인지 반전인지를 읽어내야 한다(일본의 캔들 차트 기법에서는 지속형 패턴보다 반전형 패턴을 더 강조하고 있다). 위 단락을 통해 캔들의 구조부터 기간의 개념까지 정확히 이해하고 받아들인 투자자라면 아래 반전형과 지속형 캔들의 패턴을 통해 매매의 확률적 우위를 점할 수 있다.

지속형 캔들 패턴: 갭의 개념과 발생

갭은 시세가 갑자기 폭등하거나 폭락할 때 주가와 주가 사이의 빈 공간을 의미한다. 주로 개장 시간에 발생하며 전날 종가보다 급격히 높거나 낮게 개장되는 상황에서 발생한다. 또한, 갭은 트레이더와 투자자들에게 시장의 변화와 잠재적인 미래 가격에 대한 움직임을 예측할 수 있는 중요한 정보를 제공한다. 이러한 갭이 발생하는 주요 원인은 다음과 같다.

- Earnings: 수익 보고서가 갭의 원인이 될 수 있다. 긍정적인 수익 성과는 상승 갭을 유발할 수 있고, 부정적인 성과는 하락 갭을 유발할 수 있다.
- M&A: 기업들의 인수합병을 발표할 때, 인수를 받는 기업의 주식은 인수 가격에 맞추기 위해 상승 갭을 형성하고 인수를 하는 기업은 주식의 하락 갭을 형성할 수 있다.
- Investigation: 기업에 대한 주요 조사 및 법적 조치로 불확실성이 발생하고 이러한 불확실성이 기업의 미래 전망에 대한 부정적인 영향을 미치면 하락 갭을 유발할 수 있다.
- Fed action: 중앙은행의 발표, 특히 긴급한 통화 정책과 관련된 발표는 주식과 기타 자산에서 갭을 발생시킬 수 있다.

이 외에도 지정학적 사건 혹은 자연재해 등으로 인한 갭이 발생할 수 있다.

❰❰❰ 갭의 종류

갭의 종류와 흐름

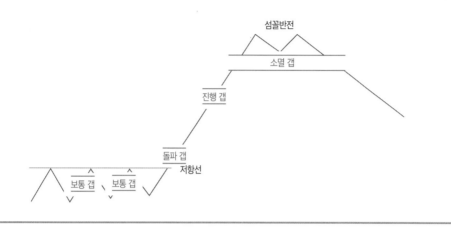

갭의 종류는 크게 상승 갭과 하락 갭으로 나뉘며, 작게는 보통 갭, 돌파 갭, 진행 갭, 소멸 갭으로 구분할 수 있다. 상승 갭은 전날 종가보다 높은 가격으로 시가가 형성되는 것을 의미하며, 하락 갭은 반대로 전날 종가보다 낮은 가격으로 시가가 형성되는 것을 의미한다. 상승 갭과 하락 갭 외에 제시된 이미지와 같이 4가지 유형의 세부 갭이 있다. 4개 유형의 갭은 보통 연속해서 발생한다.

보통 갭

보통 갭은 패턴 갭(Pattern gap)이라고도 하며, 가격이 특정 범위에서 수렴(횡보)할 때 형성된다. 보통 갭은 대부분 짧은 시간 내에 메워지는 경향이 있다.

돌파 갭

돌파 갭은 특정 저항선이나 지지선을 돌파할 때 발생한다. 여기서 특정 저항선이나 지지선은 이동평균선(이평선), 매물대, 전 저점, 전 고점 등을 의미한다. 예를 들면 주식 가격이 10,000원과 11,000원 사이에서 수렴하고 있다가 갑자기 13,000원으로 상승하는 경우다. 이러한 갭은 보통 갭과는 달리 갭이 쉽게 메워지지 않는 특성을 가지며, 발생 이후 추세가 지속되는 경향이 있다. 하락의 경우는 앞서 말한 예시의 반대 경우를 생각하면 된다.

진행 갭

진행 갭은 연속 갭이라고도 불린다. 진행 갭은 가격 패턴의 중간에서 발생한다(보통 돌파 갭 이후 가격이 상승하는 중간에 발생한다). 진행 갭은 많은 매수자 또는 매도자들이 해당 주식의 미래에 대해 공통적인 믿음을 가지고 있을 때 나타낸다. 따라서 주가가 급상승 시 조정을 기다리던 투자자들의 신규 매수로 진행 갭이 발생한다(이평선 3일선, 5일선을 깨지 않고 지속 상승하는 것과 유사하다).

소멸 갭

소멸 갭은 오랜 시간 동안의 추세 이후에 형성된다. 예를 들면 자산이 강한 상승 추세에 있으면 추세가 끝날 때 소멸 갭이 형성될 수 있다.

▮▮▮ 갭을 활용한 트레이딩 전략

투자자들은 이러한 갭을 활용하여 효과적인 트레이딩을 할 수 있다. 예를 들어 추세 초기에 갭이 발생하면 보통 돌파 갭이나 진행 갭일 확률이 높다. 따라서 가격은 더욱 상승할 가능성이 크다. 즉, 이러한 갭이 발생한 후 포지션을 진입하는 방식으로 트레이딩을 진행할 수 있다. 그렇다면 가장 대표적인 갭 트레이딩 전략에 대해서 말하겠다.

갭 상승 시 매수(Buying the gap)

갭 상승 시 매수하는 전략으로 두 가지 방식이 있다. 먼저 'Gap & go' 전략은 주식에 갭이 발생한 날에 포지션을 취하고, 갭 바의 저점 아래에 손절 주문을 둔다. 갭은 중요한 저항선 위에 발생하고 거래량이 많은 상태여야만 수익이 나는 거래일 확률이 높다. 또 다른 전략은 갭이 가격을 메우길 기다린 후 이전 거래일 종가 근처에서 주식을 사는 방식이다.

갭 하락 시 매도(Selling the gap)

이전 전략과 유사하게, 갭 하락 이후 공매도 포지션에 진입하는 방식이다.

갭 반대로 거래하기(Fading the gap)

갭이 형성된 이후에 반대 방향으로 거래를 진입하는 전략이다. 이 경우 자산이 갭 형성 후에 반전할 것을 기대한 전략이다. 이를 위해 갭이 발생한 후 거래량의 추세를 확인한다.

갭을 투자 신호로 활용하기(Gaps as investing signal)

위에서 소개한 돌파 갭, 진행 갭은 더 많은 트렌드가 남아있다는 의미기 때문에 거래 기회로 볼 수도 있다. 따라서 이러한 갭이 발생한 후에 장기적인 관점을 보는 트레이더는 갭의 방향으로 포지션을 시작한다(일반적으로 갭 상승을 찾는다). 이 방식은 소멸 갭이나 트레일링 스톱(가격이 유리한 방향으로 움직이면 손절매 가격도 일정 간격을 유지하며 따라가는 전략)이 발생하여 포지션을 청산해야 한다는 신호를 받을 때까지 포지션을 유지한다.

이 외에도 '다중 시간대 분석(Multiple timeframe analysis)' 등 갭을 활용한 다양한 투자 전략이 있다. 이처럼 보다 많은 전략을 공부할수록 다양한 상황에 응용할 수 있는 전략이 더 많아진다. 이런 전략을 끊임없이 배워나가고 실전에 적용하려 노력하는 자세가 중요하다.

🎚 갭 트레이딩 전략을 적용한 실제 투자 예시

다양한 사례가 있을 수 있지만, 2023년 상반기 가장 뜨거웠던 테마 중 하나인 AI 테마를 사례로 설명하도록 하겠다.

솔트룩스 일봉

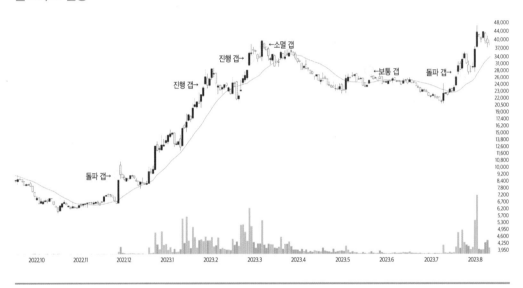

- 돌파 갭: 2022년 11월 24일 첫 돌파 갭이 발생했다.
- 진행 갭: 이후 지속 상승하다가 진행 갭이 두 차례(2023년 1월 25일, 2023년 2월 23일) 발생하며 지속적으로 주가가 상승한다.
- 소멸 갭: 이후 소멸 갭이 발생(2023년 3월 7일)하며 주가가 하락한다.
- 보통 갭: 긴 시간의 횡보 구간을 거치는 동안 보통 갭 현상이 발생한다(갭이 발생해도 주가를 금방 다시 메운다).
- 돌파 갭: 이후 다시 한번 긴 시간의 횡보 구간을 뚫고 돌파 갭이 발생한다. 이후 주가는 지속 상승한다.

이번 단락은 갭의 정의, 발생 원인, 종류 및 갭을 활용한 투자 전략에 대해 살펴보았다. 정리하면 갭은 상승하는지 아닌지에 따라 갭 상승, 갭 하락으로 나눌 수 있다. 또한, 시간에 따라 연속적으로 발생할 수 있는 4개의 갭(보통 갭 → 돌파 갭 → 진행 갭 → 소멸 갭)이 있다는 점과 이론적인 갭을 활용한 투자 전략 및 실제 예시까지 살펴보았다.

지속형 캔들 패턴 알아보기

📊 상승·하락삼법형

상승·하락삼법형의 일반적인 캔들 구조

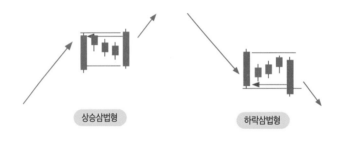

상승삼법형   하락삼법형

상승 · 하락삼법형은 추세의 지속 패턴으로 볼 수 있다. 상승삼법형 패턴은 상승 추세 구간에서 양봉 출현 이후 조정 구간에서 3개의 음봉이 출현하고, 다시 상승 추세를 이어가는 패턴이다. 이때 음봉은 좌측 첫 양봉의 몸통 내에 있어야 하며, 양봉의 저가를 이탈할 경우 무효화된다.

반대로 하락삼법형은 하락 추세의 지속 패턴으로 낙폭에 따른 기술적 반등 양봉이 3개 출현한다는 의미다. 이후 이미지와 같이 재차 하락 추세를 이어가는 것을 확인할 수 있다. 마찬가지로 3개의 양봉은 좌측 첫 음봉의 몸통 내에서 있어야 하며, 고점을 돌파할 경우 무효화된다.

▌▌▐ 상승·하락삼법형 실제 예시

상승삼법형(일승 일봉)

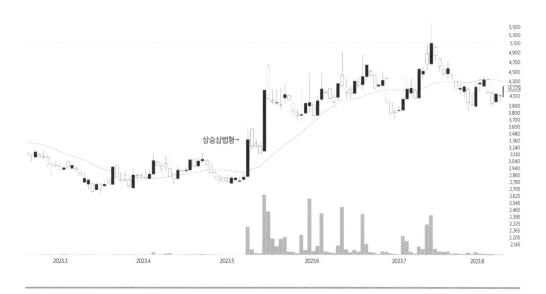

하락삼법형(로보티즈 일봉)

▋▋ 적삼병과 흑삼병

적삼병과 흑삼병의 일반적인 캔들 구조

적삼병과 흑삼병은 추세의 변곡점을 나타내는 대표적인 전환 패턴이다. 적삼병은 하락 추세의 끝자락에서 짧은 양봉 3개가 연속적으로 나타나며 상승 추세를 예고하는 패턴이다. 이때 중요한 것은 거래량이 동반되는지를 살펴보는 것과 각 양봉의 시가는 이전 봉의 몸통 안에 위치해야 하며, 종가는 이전 봉보다 높게 형성되어야 한다. 반대로 흑삼병은 상승 추세의 끝자락에서 하락 추세의 전환을 예고하는 대표적 패턴으로 적삼병과 동일하게 해석할 수 있다.

📊 적삼병과 흑삼병 실제 예시

적삼병(제룡산업 일봉)

흑삼병(폴라리스AI 일봉)

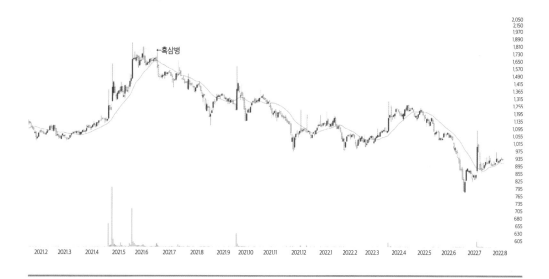

📊 상승·하락장악형

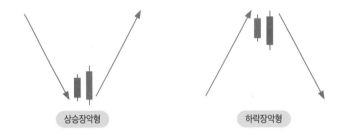

상승장악형   하락장악형

　　장악형 캔들 패턴은 상승장악형과 하락장악형이 있다. 상승장악형의 경우 하락 추세의 끝자락에서 이전 음봉을 장악하는 양봉이 출현하며 추세의 전환을 예고한다. 반대로 하락장악형의 경우 상승 추세의 끝자락에서 이전 양봉을 장악하는 음봉이 출현하며 추세의 전환을 예고한다. 상승, 하락장악형의 꼬리는 중요하지 않다. 중요한 것은 몸통이 이전 캔들을 완벽하게 장악해야 한다.

📊 상승·하락장악형 실제 예시

상승장악형(세명전기 일봉)

하락장악형(고려산업 일봉)

📊 우산형(해머형, 행잉맨형)

우산형의 일반적인 캔들 구조

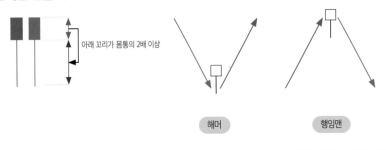

우산형 캔들은 하락 중 강한 매수세가 유입되며 아래 꼬리가 길게 나타나는 캔들이다. 이때 중요한 점은 아래 꼬리의 길이가 몸통 대비 2배 이상으로 나타나야 한다는 점이다. 우산형 캔들은 추세의 전환점에 따라 해머형과 행잉맨형으로 나뉜다.

해머형은 망치형이라고도 불리며, 하락 추세의 끝자락에서 우산형 캔들이 나타날 경우 상승 추세의 전환을 예고한다. 행잉맨형의 경우 교수형이라고도 불리며, 상승 추세의 끝자락에서 우산형 캔들이 나타날 경우 하락 추세의 전환을 예고한다.

📊 우산형 실제 예시

해머형(TCC스틸 일봉)

←해머형

행잉맨형(위메이드맥스 일봉)

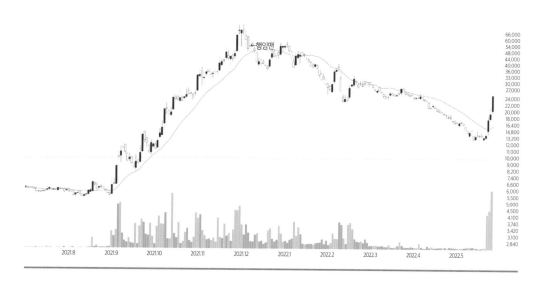

←행잉맨

🕯️ 잉태형

다양한 잉태형의 일반적인 캔들 구조

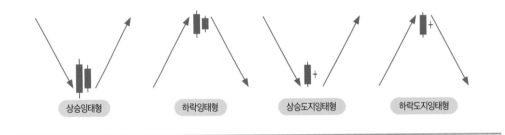

상승잉태형   하락잉태형   상승도지잉태형   하락도지잉태형

잉태형은 캔들이 임신을 한 모습과 유사하기 때문에 붙여진 이름이다. 잉태형 캔들은 첫 번째 캔들의 몸통 안에 두 번째 짧은 캔들이 포함되어 있는 형태이며, 첫 번째와 두 번째 봉은 각각 다른 색으로 나타난다. 잉태형 캔들의 종류는 상승잉태형, 하락잉태형, 상승도지잉태형, 하락도지잉태형으로 나뉜다.

상승잉태형은 하락 추세의 끝자락에서 나타나는 캔들 패턴으로 첫 번째 음봉의 몸통 내에 두 번째 짧은 양봉이 나타나는 현상이다. 이는 강한 매도세 이후 매도세가 줄어들며 매수세가 유입되는 것을 의미한다. 이후 추세 전환을 예고한다. 하락잉태형은 상승잉태형과 반대로 상승 추세의 끝자락에서 강한 매수세 이후 매수세가 줄어들며 매도세가 유입되는 것을 의미한다. 이후 추세 전환을 예고한다.

상승도지잉태형과 하락도지잉태형은 상승, 하락잉태형과 유사한 의미를 지니고 있으며, 차이점은 두 번째 봉이 도지의 형태라는 점과 해당 패턴이 나오고 추세가 전환되지 않을 경우 기존 추세가 강화될 가능성이 높다는 점이다. 일반적으로 상승, 하락잉태형보다 강한 전환 패턴이다.

🏮 잉태형 실제 예시

상승잉태형(청담글로벌 일봉)

하락잉태형(한국카본 일봉)

도지 잉태형 실제 예시

상승도지잉태형(한미약품 일봉)

상승도지잉태형→

하락도지잉태형(슈어소프트테크 일봉)

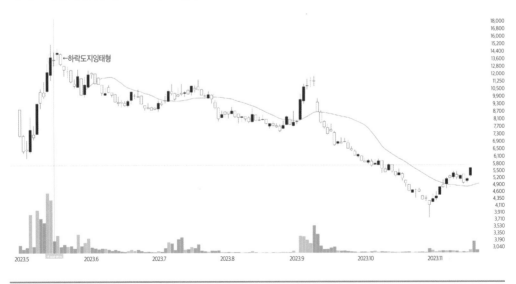

←하락도지잉태형

🔅 흑운형과 관통형

흑운형과 관통형의 일반적인 캔들 구조

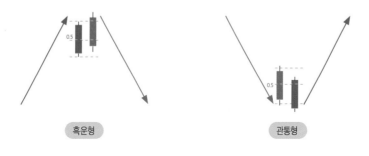

흑운형과 관통형 패턴은 추세의 전환을 예고하는 캔들 패턴이며, 두 번째 봉이 첫 번째 봉의 50%, 0.5 구간을 이탈하거나 돌파하는 모습으로 완성된다. 먼저 흑운형은 첫째 날 긴 양봉이 출현한 이후 둘째 날 음봉이 첫째 날 양봉의 0.5 아래에서 마감하는 것을 확인할 수 있다. 이후 하락 추세로 전환한다. 관통형은 흑운형의 반대로 해석하면 된다.

흑운형과 관통형 실제 예시

흑운형(대한전선 일봉)

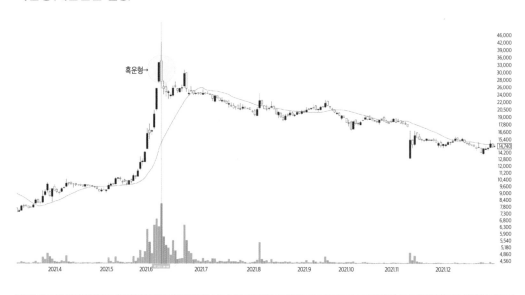

관통형(텔레칩스 일봉)

📊 샛별형과 저녁별형

샛별형과 저녁별형의 일반적인 캔들 구조

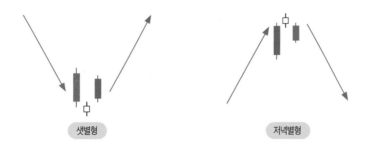

샛별형

저녁별형

샛별형과 저녁별형은 추세 전환을 예고하는 패턴이다. 샛별형은 하락 추세의 끝자락에서 긴 음봉이 출현한 뒤 이후 매수와 매도의 균형이 보이는 별 형태(몸통의 색은 중요치 않음)의 캔들이 출현하고, 이후 양봉이 나타나며 매수 우위의 모습을 나타낸다.

저녁별형은 상승 추세의 끝자락에서 긴 양봉이 출현한 뒤 이후 매수와 매도의 균형이 보이는 별 형태(몸통의 색은 중요치 않음)의 캔들이 나타난다. 이후 음봉과 함께 매도 우위의 모습을 보여준다.

샛별형과 저녁별형 패턴 내 별 모양의 캔들이 도지의 형태로 나타날 경우 이를 도지샛별형, 도지저녁별형으로 부른다. 원리는 동일하며 모양에 따라 이름만 다를 뿐이다. 일반적으로 샛별형과 저녁별형보다 도지샛별형과 도지저녁별형이 신뢰도가 높다.

📊 샛별형과 저녁별형 실제 예시

샛별형(한화엔진 일봉)

저녁별형(디앤디파마텍 일봉)

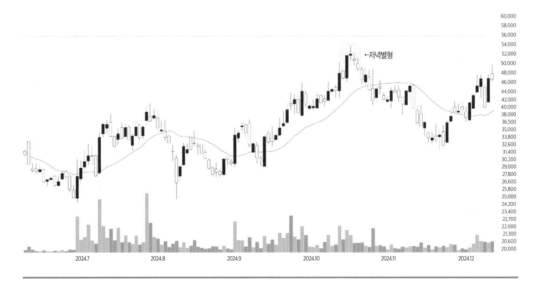

▟▞ 유성형과 반전해머형

유성형과 반전해머형의 일반적인 캔들 구조

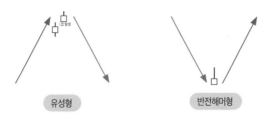

유성형과 반전해머형은 전환 패턴을 담고 있다. 먼저 유성형 패턴은 마치 유성과 같은 모양으로 상승 추세의 끝자락에서 강한 매도세로 인한 위꼬리 캔들로 마감된 캔들 패턴이다. 유성형 캔들의 특징은 두 번째 캔들에서 갭 상승과 동시에 몸통 대비 위꼬리의 길이가 3배 이상이어야 하며, 아래 꼬리는 없어야 한다. 파동의 관점으로 보면 이는 5파의 끝자락에서 분산(매도세가 강해지면서 시장에 자산이 점차 풀리는 현상)이 일어난 후 하락 추세의 전환을 예고한다고 해석할 수 있다.

반전해머형은 하락 추세의 끝자락에서 상승 전환을 예고하는 캔들로써 낙폭 이후 매수세가 유입되나 잔여 매도세의 압력이 있는 모습이다. 마지막 매도세 이후 상승 추세로 전환되는 것을 확인할 수 있다. 반전해머형은 유성형과는 다르게 갭은 없어도 되고, 몸통의 색도 중요하지 않다. 다만, 몸통 대비 위 꼬리는 두 배 이상, 아래 꼬리는 없어야 한다는 점을 기억하면 된다.

▐▐▌ 유성형과 반전해머형 실제 예시

유성형(한국첨단소재 일봉)

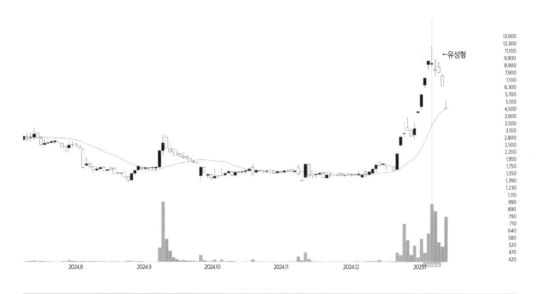

반전해머형(로보티즈 일봉)

지금까지 캔들의 기초적인 개념과 구조, 갭, 지속, 전환 패턴을 알아보았다. 여기서 잠깐 퀴즈를 내보겠다.

"캔들의 지속, 전환 단락을 읽으면서 이상하다고 느낀 부분이 있었는가?"

있었다면 다음 페이지를, 없었다면 어떤 부분이 이상한지 생각해본 뒤 다음으로 넘어가길 바란다.

흐름을 볼 줄 아는 캔들 분석

　앞의 질문에 대한 정답은 패턴이 너무 자주 보인다는 문제다. 자주 보인다는 것은 기술적 분석의 신뢰도가 낮다고 볼 수 있다. 예를 들어 무작정 패턴만 보고 추세 지속, 전환 시그널을 따를 경우 예상과는 반대의 시나리오로 갈 수 있는 확률이 높다는 말이다. 이 경우 그만큼 리스크가 큰 매매를 할 수밖에 없다.

　다시 살펴보겠다. 설명 부분에서 항상 상승 추세의 끝자락, 하락 추세의 끝자락이라는 표현을 하였다. 끝자락이 의미하는 바는 상승과 하락 추세의 충분한 길이감을 의미한다. 예를 들어 파동의 관점으로 해석하면 5파의 끝자락에서 전환 패턴이 나오는 경우와 하락의 경우 a-b-c 중 c 끝자락에서 나오는 경우 신뢰도가 높고, 유의미하게 분석할 필요가 있다는 말이다(5파 및 a-b-c 조정 패턴은 이후 엘리어트 파동이론에서 더 자세한 설명을 확인할 수 있다). 반대로 유의미한 위치가 아닌 곳에서 발생한 패턴은 신뢰도가 낮으며 노이즈일 뿐이다.

"깃발은 바람이 불지 않으면 움직이지 않는다. 그런 의미에서는 바람이 깃발을 움직이는 것이다. 그러나 바람이 아무리 강하게 불어도 깃발이 없으면 바람은 깃발을 움직일 수 없다. 바람이 부는 것과 깃발이 존재하는 것이 동시에 일어나지 않으면 깃발이 움직일 수 없다. 그런데 아무리 바람이 불어 깃발을 날려도 누군가가 이를 보지 않으면 바람이 깃발을 움직였다는 사실을 알 수 없다. 그런 의미에서 깃발의 움직임을 지켜보는 사람이 있어야 한다. 즉, 깃발과 바람, 사람이 삼위일체가 되어야 비로소 깃발은 움직이는 것이다. 시세를 움직이는 것은 가격도 아니고, 재료도 아니다. 투자하는 사람들의 마음도 아니다. 이 세 가지가 삼위일체가 되어 한 시세가 움직이는 것이다. 이런 사실을 깨닫지 못한 채 싼 가격만 바라본들, 재료만 바라본들, 투자 심리나 인기만 본들 시세를 알 순 없다."

– 『거래의 신 혼마』 중

우리는 시장에서 수익을 보려는 중이다. 그럼 시세의 움직임을 바라보는 관점, 즉 철학이란 것이 있어야 한다. 가치평가의 아버지 애스워드 다모다란(Aswath Damodaran) 교수는 투자 철학의 정의를 다음과 같이 말한다.

"시장의 작동 원리와 투자자의 실수를 바라보는 일관된 사고방식"
– 애스워드 다모다란

우리는 시세에 관해 관점을 가질 필요가 있으며, 일관된 사고방식을 통한 의사 결정을 통해 확률적 우위를 선점해나갈 수 있다. 이런 상태에서 캔들 패턴에 대한 이해는 분명 도움을 줄 것이다. 작은 변화(노이즈)에 반응하지 않고 흐름(시그널)을 볼 줄 아는 투자자가 되기를 바란다.

무조건 이기는 기술적 분석2
이동평균선

합리적 매매를 돕는 이동평균선

이동평균선(Moving Average Line)은 특정 가격 데이터, 예를 들면 종가, '고가 + 저가' / 2, '고가 + 저가 + 종가' / 3과 같은 최근 가격을 활용하여 산출된 평균을 선으로 표현한 것이다. 이 기법은 주가, 환율, 상품 가격 등 다양한 시계열 데이터의 흐름을 분석하는 데 매우 유용하다.

이동평균을 계산하는 가장 일반적인 방법은 최근 N일간의 종가를 기반으로 하는 것이다. 매일 새로운 종가가 합계에 추가되고, (N+1)일째 되는 날의 종가는 제외된다. 이 과정을 통해 과거 N일간의 종가 합계를 최신 데이터로 지속적으로 갱신하게 된다. 따라서 공식적으로는 다음과 같이 표현할 수 있다: 특정 기간 N일 동안의 주가에 대한 평균은, 이전 N일의 종가를 합산한 후 N으로 나누어 구한다.

이러한 이동평균선은 주가 또는 다른 금융자산의 가격 변동성을 줄이는 데 도움이 되는 중요한 도구다. 수식에서 볼 수 있듯이, 이동평균은 특정 기간 동안의 가격 데이터를 평활화(데이터 중 노이즈나 다른 불필요한 변동을 제거하고 더 부드러운 형태의 데이터를 얻는 기법)하여 지속적으로 업데이트되는 평균 가격을 생성한다. 이는 투자자들이 단기적인 가격 변동, 즉 '노이즈'를 제거하고 보다 명확한 추세를 파악할 수 있도록 돕는다.

이동평균의 가장 큰 장점은 새로운 가격 변동을 반영하여 실시간으로 업데이트되는 점이다. 따라서 이동평균은 근본적으로 추세 추적 장치로 볼 수 있으며, 새로운 추세가 시작되거나 기존 추세가 종료 또는 반전될 때 중요한 신호를 제공한다. 이러한 이동평균의 특성 덕분에 투자자들은 좀 더 합리적인 매매 결정을 내릴 수 있다.

📊 이동평균의 유형

이동평균에는 여러 종류가 있으며, 각기 다른 방법으로 계산되어 다양한 시장 상황에 맞춰 활용될 수 있다. 다음은 가장 일반적인 이동평균의 종류다.

단순이동평균(Simple Moving Average, SMA)

단순이동평균은 특정 기간 동안의 가격을 모두 합산한 후, 그 합계를 기간 수로 나누어 구하는 것이다. 단순이동평균은 기본적으로 정의된 기간 동안의 평균 가격을 나타내며, 계산이 간단하여 많은 거래자들에게 친숙한 방법이다. 그러나 과거 데이터에 동일한 가중치를 부여하기 때문에 최근 가격 변화에 대한 반응이 상대적으로 느릴 수 있다.

지수이동평균(Exponential Moving Average, EMA)

지수이동평균은 단순이동평균과 다르게 가장 최근의 가격에 더 많은 가중치를 부여하는 방식이다. 이로 인해 지수이동평균은 단순이동평균보다 가격 변동에 더 빠르게 반응하여, 최신 시세의 흐름을 보다 민감하게 반영한다. 이는 단기 매매를 선호하는 트레이더들이 자주 사용하는 방식이다.

가중이동평균(Weighted Moving Average, WMA)

가중이동평균은 여러 기간의 데이터에 서로 다른 가중치를 부여하여 평균을 산출하는 것이다. 가장 최근 가격에 더 큰 가중치가 할당되며, 이는 가중이동평균이 최근 가격 움직임을 보다 강조하도록 설계되었다는 뜻이다. 이를 통해 투자자들은 시장의 현재 동향을 더욱 정확하게 파악할 수 있다.

이처럼 다양한 이동평균 유형은 각기 다른 투자 전략에 따라 조합하여 활용할 수 있으며, 기술적 분석의 중요한 도구로 자리 잡고 있다.

📊 이동평균 활용 방안

이동평균선은 다양한 방법으로 활용될 수 있으며, 각각의 전략은 시장의 특성과 투자자의 목표에 따라 다르게 적용될 수 있다. 다음은 이동평균을 효과적으로 활용하는 몇 가지 방안이다.

단일 이동평균 사용

단일 이동평균을 활용하는 기법은 기본적이면서도 직관적인 매매 전략을 제공한다. 종가가 이동평균 위로 상승할 때 매수 신호가 발생하고, 반대로 가격이 이동평균 아래로 하락할 때 매도 신호가 발생한다. 이 방법의 주된 장점은 사용하기 간단하다는 점이다. 투자자는 단기 평균이나 장기 평균을 선택하여 거래를 수행할 수 있다. 하지만 단기 평균 또는 장기 평균 하나만을 기준으로 삼는 경우, 다양한 시장 상황에서 불리한 결과를 초래할 수 있다. 예를 들어 지나치게 민감한 단기 평균은 장기 추세를 무시하거나 잘못된 신호를 발생시킬 수 있으므로 주의가 필요하다.

두 개의 이동평균 사용(이중 교차법)

두 개의 이동평균을 활용하는 방법, 즉 '이중 교차법'은 보다 정교한 매매 신호를 제공한다. 단기 평균이 장기 평균을 상승 교차할 경우 매수 신호가 발생하며, 이를 '골든 크로스'라고 한다. 일반적으로 5일(단기)과 20일(장기) 이동평균, 또는 20일(단기)과 60일(장기) 이동평균의 조합이 자주 사용된다. 예를 들어, 5일 평균이 20일 평균을 상향 돌파할 때 매수 신호가 발생하며, 5일 평균이 20일 평균을 하향 돌파할 때 매도 신호가 발생한다. 또한, 20일 평균이 60일 평균을 상승 교차하면 상승 추세의 신호로 해석되며, 20일 평균이 60일 평균을 하향 돌파하면 하락 추세로 간주된다. 이러한 교차점은 값의 급격한 변화와 추세 변화를 감지하는 데 매우 유용한 도구가 된다.

세 개의 이동평균 사용(삼중 교차법)

세 개의 이동평균을 활용하는 삼중 교차법은 좀 더 복잡하지만 그만큼 더 효과적인 정보를 제공한다. 짧은 이동평균이 길면 길수록 가격 추세에 더 민감하게 반응하며, 이 이동평균선들의 배열을 통해 매매 전략을 수립할 수 있다. 이 방식에서는 횡보장이나 추세 강화 기간 동안 이동평균의 배열이 혼란스러울 수 있지만, 전반적으로 상승 추세일 때는 '단기 – 중기 – 장기'로 배열이 유지된다. 이러한 배열은 상승 추세가 하락으로 반전될 때 어떤 이동평균이 먼저 하향 돌파하는지를 감지하는 데 도움을 준다. 특히 가장 짧은 이동평균이 중기 및 장기 평균을 차례로 하향 돌파하게 되면 이는 시장의 반전 신호로 해석할 수 있다.

이렇게 다양한 이동평균 활용 방법은 투자자가 시장 상황에 맞춰 매매 결정을 최적화하는 데 도움을 준다. 더 나아가 기술적 분석의 깊이를 더할 수도 있다. 각 방식이 가진 장점과 단점들을 잘 이해하고, 이를 기반으로 본인에게 맞는 전략을 구성하는 것이 가장 중요하다.

이동평균을 활용하기 전에

　　이동평균이라는 유용한 기술적 분석 도구를 사용할 때, 많은 투자자들이 직면하는 여러 가지 고민거리가 있다. 이러한 요소들은 매매 전략의 효과성을 높이는 데 중요한 역할을 하므로, 신중한 접근이 필요하다.

▥ 평균일은 며칠로 설정해야 할까?

　　이동평균을 계산할 때 선택하는 평균일은 분석의 정확성과 유용성에 큰 영향을 미친다. 이동평균의 평균일은 분석하고자 하는 자산의 추세 사이클을 고려하는 것이 필요하다. 일반적으로 5일선을 기준으로 사용하는 경우가 많으나, 이는 각 자산의 특성이나 시장의 변동성에 따라 달라질 수 있다.

　　주기를 분석할 때 조화의 원리를 적용함으로써 보다 체계적인 접근이 가능하다. 이 원리는 각 주기에 2를 곱하거나 나누는 방식으로, 더 긴 주기와 더 짧은 주기와의 관계를 설정하는 데 도움을 준다. 이는 투자자가 분석하고자 하는 특정 자산에 적합한 평균일을 결정하는 데 유용한 가이드라인을 제공한다. 예를 들어, 특정 주식의 최근 가격 변동성이 높다면, 단기적인 이동평균을 선택하는 것이 더 나은 결과를 가져올 수 있다.

ᴵᴵᴵ 모든 시장에 맞는 최적의 이동평균이 있는가?

이동평균을 최적화할 것인지는 각 투자자의 개인적인 전략에 따라 다르다. 하지만 모든 시장이나 개별 시장에 적합한 최적의 이동평균이 존재하는지에 대해서는 깊이 고민해야 한다. 몇몇 투자자들은 최적화를 맹신하기도 하지만, 일반적으로 다양한 증거를 바탕으로 볼 때 최적화가 반드시 모든 상황에 맞는 솔루션은 아니다.

존 J. 머피(John J. Murphy)는 "거래자들에게 최적화를 검증하기 위해 소수의 시장에 집중하라"고 조언한다. 주식시장에서는 수천 가지의 종목을 다루는 경우가 많기 때문에, 최적화를 시도하는 것이 상대적으로 어렵다. 반면, 소수의 시장에 집중하는 경우 최적화를 시도해보는 것이 유리할 수 있다.

결국 여러 시장에서 거래하는 일반 거래자라면 모든 시장에 동일한 기술적 변수를 적용하지 않고, 각 시장의 특성과 이해를 바탕으로 접근하는 것이 중요하다는 점을 명심해야 한다. 그래야 다양한 시장 상황에 유연하게 대처할 수 있다.

이러한 고민들을 깊이 이해하고, 각 요소를 체계적으로 고려함으로써, 투자자는 보다 효과적인 매매 전략과 더 나은 투자 결정을 내릴 수 있을 것이다.

시장 컨센서스

종가는 특정 주식이나 자산의 당일 가치에 대한 최종 합의로 간주되며, 따라서 가장 중요한 가격 지표로 평가된다. 이는 모든 매수 및 매도 활동을 종합적으로 반영한 후, 시장이 최종적으로 결정한 가격이기 때문이다. 투자자들은 종가를 통해 그날의 시장 심리를 한눈에 파악할 수 있다. 물론 미래의 가격 예측에도 중요한 역할을 한다.

기준점

종가는 많은 기술적 분석 방법과 지표에서 기준점으로 자주 활용된다. 이동평균을 계산할 때 종가를 사용하면 다른 기술적 지표와의 호환성이 높아지고, 지표 간에 비교할 수 있게 된다. 이처럼 종가는 다양한 분석 도구와 연결되어 서로 간의 유기적인 관계를 형성하며, 이를 통해 더 깊이 있는 시장 분석이 가능하다.

추세 추적 장치

종가는 기본 추세와 밀접하게 연결되어 있다. 시장가격이 상승 추세에 있을 경우 종가는 종종 당일의 고점에 가까워지며, 하락 추세에서는 저점에 가까워지는 경향을 보인다. 이러한 특성으로 인해 종가는 이동평균과 같은 추세 추적 기법을 사용하는 데 매우 유용하다. 투자자들은 종가를 통해 현재의 시장 방향성을 파악하고, 그에 맞는 매매 전략을 세울 수 있다.

다양한 선택 기준

일부 트레이더는 이동평균을 계산할 때 '고가 + 저가' / 2 또는 '고가 + 저가 + 종가' / 3과 같은 방법으로 장중 가격의 평균을 선택하기도 한다. 이러한 접근은 다양한 시장 상황에 대한 유연한 대응을 가능하게 한다. 반면, 다른 투자자들은 계산에서 종가를 더 중요시하며 '가중 종가'를 사용하는 경우도 있다. 이처럼 가격을 선택하는 기준은 트레이더의 전략과 시장에 대한 해석에 따라 크게 달라질 수 있다. 각 트레이더는 자신의 목표와 거래 스타일에 적합한 방식으로 이동평균에 적용할 가격을 선택해야 한다.

▍▍▍ 이동평균선의 종류와 의미

이동평균선은 주식이나 자산의 가격 변동성을 분석하고 시장의 트렌드를 이해하는 데 중요한 기술적 지표다. 각각의 이동평균은 특정 기간의 가격 데이터를 기반으로 하여,

서로 다른 투자 목적과 전략에 따라 활용된다.

5일 이동평균

5일 이동평균(5 MA)은 가장 짧은 기간의 이동평균으로, 최근 5일간의 종가 평균을 나타낸다. 이 선은 단기 트렌드를 파악하는 데 유용하며, 가격이 5일 이동평균 위로 상승할 경우 매수 신호로 해석될 수 있다. 반대로 가격이 이 선 아래로 하락하면 매도 신호로 간주된다. 5일 이동평균은 특히 단기 거래를 선호하는 트레이더에게 단기간의 정보를 제공하므로, 빠른 결정이 필요한 상황에서 효과적으로 사용된다.

10일 이동평균

10일 이동평균(10 MA)은 최근 10일 동안의 종가 평균을 나타낸다. 이 이동평균은 5일 이동평균보다는 다소 부드러운 곡선을 제공하여, 단기 변동성을 줄이는 데 효과적이다. 10일 이동평균은 단기 트렌드의 확인 및 매매 신호를 더욱 확실히 포착하기 위한 좋은 지표로 작용한다. 특히, 5일 및 10일 이동평균의 교차는 단기 트렌드 전환의 강한 징후로 여겨지기 때문에 이 지표는 여러 단기 트레이딩 전략에서 자주 활용된다.

20일 이동평균

20일 이동평균(20 MA)은 중기 추세를 분석하는 데 유용한 지표다. 최근 20일간의 종가 평균을 나타내며, 한 달의 가격 흐름을 반영한다. 20일 이동평균은 매수 및 매도 신호를 더욱 강하게 확인하는 데 자주 사용되며, 시장의 중기 흐름을 이해하는 데 도움을 준다. 이 선은 가격이 위에서 아래로 하향 돌파할 때 매도 신호로 해석되는 등 여러 중요한 역할을 한다.

60일 이동평균

60일 이동평균(60 MA)은 60일간의 종가 평균으로, 장기 투자자들이 중기 경향을 이해하는 데 유용하다. 이 이동평균은 가격의 변화가 장기적인 경향에서 어떤지를 보여준다. 일반적으로 60일 이동평균이 긍정적으로 유지되고 있다면 시장에 대한 자신감을 줄 수 있으며, 하향 돌파할 경우 보수적인 접근이 필요하다는 경고를 제공하기도 한다.

120일 이동평균

120일 이동평균(120 MA)은 최근 120일간의 종가 평균으로, 중장기적인 투자 결정을 내리는 데 큰 역할을 한다. 이 기간의 데이터는 강력한 지지 및 저항 수준을 형성하며, 시장 심리를 잘 반영하고 있다. 120일 이동평균은 트렌드의 안정성을 확인하고, 투자자들이 장기적인 시각으로 시장을 파악하는 데 도움을 준다.

240일 이동평균

240일 이동평균(240 MA)은 약 1년 동안의 종가 평균으로, 가장 긴 기간 동안의 시장 추세를 보여준다. 이 이동평균은 장기적인 투자 결정을 내릴 때 아주 중요한 역할을 한다. 240일 이동평균은 가격의 단기 변동성보다 일반적인 경제적 추세를 반영하고 있다.

각 이동평균선은 특정 기간의 가격 흐름을 반영하며, 이들은 서로 보완적인 역할을 한다. 단기와 중기, 장기 이동평균을 조합하여 사용함으로써 투자자는 더 정교한 시장 상황 분석과 매매 전략 수립이 가능해진다. 이러한 이동평균의 이해와 활용은 시장에서 성공적인 투자 결정을 내리는 데 큰 도움이 될 것이다.

그랜빌의 법칙: 관성과 회귀 이론

주식시장은 다양한 요소들이 상호작용하며 움직이는 복잡한 생태계다. 투자자들은 가격 변동과 거래량 간의 관계를 해석하여 보다 나은 투자 결정을 내리기 위해 노력한다. 이때 그랜빌의 법칙은 중요한 지침서다. 그랜빌의 법칙을 관성과 회귀 이론이라는 두 개념을 통해 설명하며, 이를 통해 주식시장에서 나타나는 가격과 거래량의 관계를 보다 깊이 이해해보겠다.

▌▌▌ 그랜빌의 법칙 개요

그랜빌의 법칙은 주식 가격이 일정한 방향으로 움직일 때, 그 가치와 거래량 간의 관계를 설명하는 이론이다. 주가 상승 또는 하락은 종종 거래량의 변화에 의해 뒷받침되며, 이 법칙은 이러한 패턴을 기반으로 매매 신호를 형성한다. 특히, 가격 상승 시 거래량의 증가가 주가의 상승 가능성을 높여주고, 하락 시 거래량의 감소가 주가의 지속 하락 가능성을 낮춘다는 것이 이 법칙의 핵심이다.

관성과 그랜빌의 법칙

관성(Inertia)은 물리학에서 유래한 개념으로, 물체가 현재 상태를 유지하려는 경향을 말한다. 주식시장에서도 비슷한 관찰이 가능하다. 주가는 상승세일 때, 투자자들은 그 상승세가 이어질 것이라고 믿고 매수에 나서게 된다.

이러한 매수 행동은 가격 상승을 더욱 촉진하고 결과적으로 거래량이 증가하게 된다. 그랜빌의 법칙은 상승세에 있는 주가가 투자자들의 관성에 의해 계속해서 상승할 가능성이 크다고 주장한다. 즉, 가격 상승과 거래량 증가는 서로 긍정적인 피드백 효과를 만들어내며, 이는 주가의 추가 상승으로 이어진다고 말하는 것이다.

예를 들어 기술 주식 A가 최근 3일 연속 상승세를 보였다면, 투자자들은 이 주식의 상승세가 지속될 것이라 생각하고 추가 매수에 나설 것이다. 이러한 투자자들의 관성은 가격 상승을 더욱 강화시키고, 결과적으로 거래량의 증가를 가져온다.

회귀 이론과 그랜빌의 법칙

회귀 이론(Regression Theory)은 데이터 세트 간의 관계를 분석하여 패턴을 파악하는 통계 방법이다. 주식시장에서 이 이론은 가격과 거래량 간의 관계를 이해하고 예측하는 데 활용된다.

그랜빌의 법칙으로 주가의 과거 가격 패턴과 거래량 데이터를 통해 미래의 움직임을 예측할 수 있다. 특정 주식의 가격이 거래량과 함께 상승하는 패턴을 반복적으로 보인다면, 이는 주가가 상승할 것이라는 신뢰성 있는 요소로 볼 수 있다. 즉, 주가는 회귀하는 움직임을 보이며 과거의 가격 양상이 현재와 미래의 가격에 영향을 미칠 수 있다.

예를 들어 주식 B는 특정 거래량을 동반하여 상승한 뒤 이전 가격 수준으로 다시 돌아가는 경향을 보일 수 있다. 이 경우 투자자들은 회귀 이론을 통해 주가의 예상 움직임을 예측할 수 있다. 이때 그랜빌의 법칙을 적용하면 이를 추가 매수 기회로 포착할 수도 있다.

그랜빌의 법칙은 관성과 회귀 이론을 통해 주식시장에서 가격과 거래량 간의 관계를 이해하는 데 도움을 주는 중요한 법칙이다. 관성은 주가의 지속적인 상승세를 유지하는 원동력이 되고, 회귀 이론은 과거 데이터가 미래 가격에 미치는 영향을 분석하여 결정적인 매매 신호를 제공한다.

　이 두 가지 개념으로 투자자들은 주식시장의 복잡한 움직임을 보다 효과적으로 해석할 수 있으며, 경쟁이 치열한 시장에서 보다 나은 투자 결정을 내릴 수 있다. 이러한 관점에서 그랜빌의 법칙은 단순한 매수 및 매도의 기준을 넘어, 주식시장 이해에 반드시 필요한 이론으로 자리 잡고 있다.

그랜빌의 법칙: 매수 및 매도 신호

그랜빌의 법칙, 매수와 매도 신호에 대해 알아보겠다. 전체적인 흐름을 가볍게 살펴보고 이를 엘리어트 파동이론과 연결 지어 설명하겠다. 엘리어트 파동이론은 뒤에 후술할 장에서 더욱 상세히 설명하고 있으니 지금은 간략히 참고만 하고 지나가도록 하자.

그랜빌의 법칙 매수 및 매도 신호 흐름

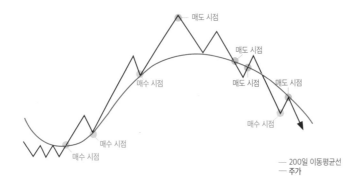

ⅲⅲ 그랜빌의 법칙 중 매수 신호

첫 번째 매수 신호

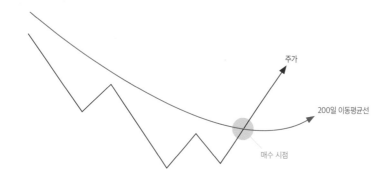

첫 번째 매수 신호는 장기 이동평균선인 200일~240일 이동평균선이 하락세에서 벗어나 횡보하거나 상승세로 전환되는 시점에 주가가 이 이동평균선을 돌파할 때 매수하는 전략이다. 이를 파동 관점에서 해석하면, 이 전략은 1파의 초입부에서 매수하는 것으로, 기민한 대응이 필요하며 리스크가 높은 전략이라고 할 수 있다.

두 번째 매수 신호

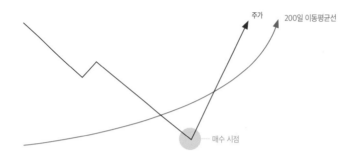

두 번째 매수 신호는, 장기 이동평균선이 뚜렷한 상승세를 보이는 동안 주가가 조정을 받으면서 장기 이동평균선을 처음으로 하향 이탈할 때 매수하는 전략이다. 이를 파동 관점에서 해석하면, 1파의 충격파를 확인한 후 2파(조정) 구간에서 매수하는 전략이다.

세 번째 매수 신호

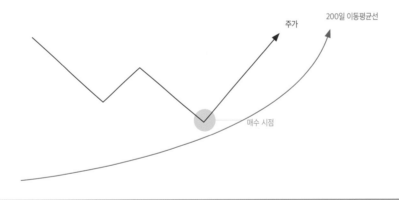

세 번째 매수 신호는 장기 이동평균선이 뚜렷한 상승세를 보이는 동안 주가가 두 번째 눌림목 구간에 진입했을 때, 장기 이동평균선과 가까운 지점에서 매수하는 전략이다. 파동이론으로 해석하면, 이는 3파 이후 4파 구간에서 매수하여 5파를 기대하는 전략이지만, 5파가 미달할 가능성이 있어 리스크가 높은 구간이다.

그랜빌의 법칙에서 첫 번째 매수 신호부터 세 번째 매수 신호까지는 추세 추종 매매자들이 참고할 수 있는 구간이다. 이후 이어지는 네 번째 신호는 지금까지의 것과 의미가 다름을 유의해야 한다.

네 번째 매수 신호

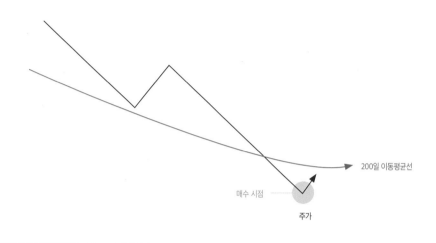

네 번째 매수 신호는 주가의 상승 추세가 종료된 후, 뚜렷한 하락 추세 속에서 주가와 이동평균선의 간격이 넓어진 상태에서 기술적 반등을 기대하는 매수 전략이다. 이는 회귀 이론에 따라 주가가 이동평균선과의 격차를 좁히는 상승을 기대하는 구간으로, 추세 추종에 적합하지 않은 전략이다. 리스크가 매우 높은 매매 전략임을 염두에 두어야 한다.

⚓ 그랜빌의 법칙 중 매도 신호

첫 번째 매도 신호

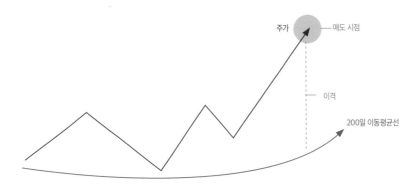

첫 번째 매도 신호는 장기 이동평균선이 급격히 상승하는 동안 주가와 이동평균선 사이의 간격이 넓을 때, 회귀 이론에 따라 주가의 조정을 예상하고 매도하는 전략이다. 파동 이론으로 해석하면, 이는 개인 투자자가 가장 많이 참여하는 5파의 끝자락에서 분산이 발생할 가능성을 염두에 둔 매도 전략이라고 볼 수 있다.

두 번째 매도 신호

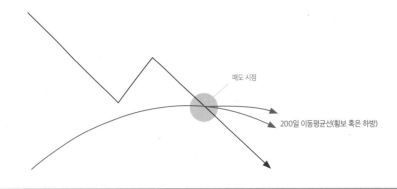

두 번째 매도 신호는 장기 이동평균선의 방향이 더 이상 상승이 아닌 횡보 또는 하락세로 전환될 때, 주가가 처음으로 장기 이동평균선을 하향 이탈할 때 발생한다. 파동이론으로 해석하면, 이는 c파가 확정되었다는 것을 의미하며, c파는 하락 충격파 중 가장 강력하므로 반드시 매도가 필요한 시점이다.

세 번째 매도 신호

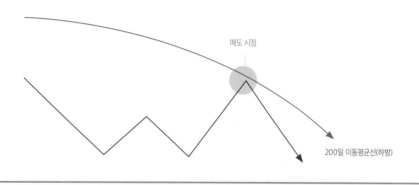

세 번째 매도 신호는 하락 추세가 지속되는 가운데, 장기 이동평균선이 뚜렷한 하락 흐름을 보이는 상황에서 주가가 반등하여 처음으로 장기 이동평균선을 돌파할 때 발생한다. 이는 기술적 반등 구간으로, 매도 신호로 받아들여야 한다. 파동이론으로 해석하면, b파(하락 추세 속 반등)일 가능성이 높으며, 5파의 고점에서 매도를 놓쳤다면 b파에서는 반드시 매도해야 한다는 점을 유의해야 한다.

네 번째 매도 신호

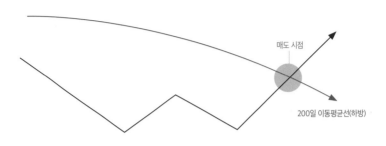

네 번째 매도 신호는 장기 이동평균선이 하락세를 유지하면서 주가가 추가 하락한 후, 다시 벌어진 이격을 좁히며 상승하는 구간에서 발생한다. 이때 주가와 장기 이동평균선 간의 간격이 좁혀지면 매도를 통해 리스크를 적극적으로 관리해야 한다.

이동평균선을 활용한 노이즈 제거

　　이동평균선을 활용한 노이즈 제거는 주가가 특정 이동평균선에서 반복적으로 지지와 저항을 받는지를 확인하여 현재의 움직임에 의미를 부여할지 판단하는 것이다. 예를 들어, 어떤 종목이 하락 추세 속에서 기술적 반등을 하거나 잠시 상승할 때, 많은 투자자들이 추세 전환을 기대하며 무리하게 매수에 참여하는 경우가 많다. 이러한 무리한 매수는 일종의 시장 반응이라고 볼 수 있다. 반면 이동평균선을 활용한 노이즈 제거로 주가의 작은 변동에 반응하지 않고 현재의 상승이 추세 전환으로 이어질 만큼 충분히 의미 있는지 판단할 수 있다. 실제 매매로 이어질 수 있는 중요한 정보를 제공한다고 볼 수 있다.

📊 이동평균선을 활용한 노이즈 제거 실제 예시

　　다음 페이지 제이앤티씨 주봉 차트의 좌측을 보면, 하락 추세 속에서 20주 이동평균선이 지속적으로 저항선 역할을 하던 중, 2022년 11월 처음으로 이를 돌파한 뒤, 과거 저항선이었던 20주 이동평균선을 지지선으로 전환하여 현재까지 상승 추세가 지속되고 있다는 것을 확인할 수 있다. 여기서 노이즈를 제거하는 것은 차트의 좌측 주황색 영역을 의미한다. 전체적인 추세는 하락세를 보이고 있지만, 주가는 오르내림을 반복한다. 이때 양봉 캔들을 보고 섣불리 추세 전환으로 해석하여 매수했다면, 상당한 손실을 입을 수도 있었

제이앤티씨 주봉

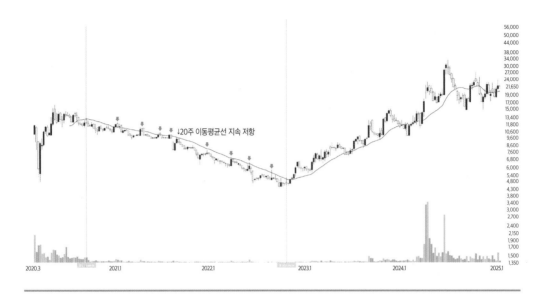

20주 이동평균선 지속 저항

다는 것을 알 수 있다.

즉, 현재의 주가가 특정 이동평균선에서 반복적으로 저항을 받는 것은 중첩을 의미하며, 중첩은 그만큼 높은 신뢰도를 나타낸다. 제이앤티씨의 추세 전환 가능성을 판단할 수 있는 근거는 20주 이동평균선을 돌파하고 지지하는 여부에 있다. 따라서 20주 이동평균선을 의미 있게 돌파하지 않는 이상, 작은 움직임에 반응할 필요가 없다는 것을 의미한다.

끝으로, 시간의 개념을 활용할 수도 있다. 앞에서도 언급했듯이, 분봉보다 일봉, 일봉보다 주봉에서의 특정 반응이 더욱 신뢰할 만하듯, 이동평균선을 통한 노이즈 제거를 고려할 때도 타임프레임이 길수록 신뢰도가 높다는 점을 참고하면 도움이 된다.

이를 엘리어트 파동이론으로 해석하면, 돌파와 지지 구간을 1파와 2파로 나눌 수 있고, 2024년의 급등을 3파로 해석할 수 있다. 또한, 주봉 기준이라는 점에서 20주 이동평균선 저항이 약 3년 동안 이어졌다는 것을 고려했을 때 이 기간 동안 주가의 작은 변동에 일일이 반응했다면 시간적, 금전적으로 큰 손실과 고통을 겪었을 것이다.

"시장은 인내심이 없는 사람으로부터

인내심이 많은 사람에게로 돈이 옮겨가는 장치다."

– 워런 버핏

대부분의 매매 실패는 욕심과 조급함에서 비롯된다. 이런 점에서 투자자들에게 이동평균선을 활용한 노이즈 제거는 실질적인 도움을 준다.

이동평균선을 활용한 지지와 저항

지지와 저항은 이동평균선, 매물대, 고점과 저점 등 이 모두를 활용할 때 반드시 알아야 하는 핵심이다. 지지와 저항을 이해하고 이동평균선을 분석하면 그 신뢰도가 높아진다. 이동평균선을 활용한 지지와 저항은 중첩과 시간 개념을 따로 알아야 한다. 또한 이동평균선 하나만으로 분석하는 것이 아니라 시장, 섹터, 키워드, 시가총액, 종목 등 다양한 관점에서 분석하는 방법을 소개하고자 한다.

▉▉ 중첩 개념

중첩은 단일 근거가 아닌 다양한 근거를 기반으로 가장 중첩된 구간을 찾는 개념이다. 필옵틱스 사례를 통해 조정 패턴과 깊이(피보나치), 이동평균선을 활용한 중첩의 개념을 알아보자.

앞서 그랜빌의 법칙을 사용하여 주가의 생애 주기, 장기 이동평균선, 주가의 움직임에 따른 8가지 매수·매도 신호를 확인하였다. 그러나 대부분의 주가는 그랜빌의 법칙대로 정직하게 움직이지 않는다는 점을 고려할 때, 더 세밀한 매수 및 매도 전략이 필요하다는 것을 알 수 있다.

이때 조정 패턴과 함께 매수 전략의 세부 사항을 완성하는 방식은 기존의 이동평균선

(단일 근거)에 조정 패턴 및 피보나치(추가 근거) 등을 추가하여 여러 각도에서 근거를 쌓는 것이다. 이때 제대로 된 추가 근거를 더해야 확률적으로 수익을 낼 확률이 높은 포지션을 구축할 수 있다. 다음 예시를 통해 구체적으로 살펴보자.

필옵틱스 일봉

과거로 돌아가 필옵틱스의 노란색 구간을 상상해보겠다. 유의미한 거래량과 함께 24% 이상 상승하는 흐름은 충격파의 가능성이 상당히 높다는 것을 시사한다. 이후의 흐름이 중요한데, 고가에서 거래량이 감소하면서 양호한 조정을 보이고, a-b-c 조정 패턴이 완성된 것을 확인할 수 있다. 추가로 피보나치 레벨과 이동평균선을 보면 0.382 레벨과 20일 이동평균선 근처에서 지지를 받은 후 재차 상승한 것을 볼 수 있다.

이를 순차적으로 살펴보면 다음과 같다.

① 추세의 전환(상승)을 예측할 수 있는 충격파 발생

② 이후 조정 패턴의 완성 여부 확인

③ 주요 피보나치 레벨 확인

④ 주요 이동평균선 확인

⑤ 중첩 구간 확인 후 매매 전략 수립

이렇게 5단계로 이동평균선과 함께 조정 패턴, 피보나치 레벨을 활용하여 중첩된 구간을 찾으면, 확률적으로 매우 높은 구간에서 안정적인 매수를 할 수 있다. 이는 근거가 명확하기 때문에 손절 라인을 설정하기에도 용이하다는 장점이 있다.

근거의 중첩이 중요한 이유는 해당 종목을 바라보는 다양한 투자자들의 관점이 가장 많이 중첩되는 구간일 수 있기 때문이다. 예를 들어 어떤 투자자는 이동평균선을 중심으로, 어떤 투자자는 조정 패턴을, 또 다른 투자자는 깊이감을 고려해 매매 전략을 수립할 수 있다. 이러한 다양한 관점이 중첩되는 구간에서 더 많은 매수가 이루어질 확률이 높기 때문에, 중첩은 매매 전략을 수립하는 데 있어 상당히 중요하다.

따라서 단순히 이동평균선 하나의 근거에 의존하기보다는 캔들, 조정 패턴, 조정 기간, 깊이감 등을 다양한 관점에서 해석하여 승률 높은 매매 전략을 수립해야 한다.

ᚑᚑ 시간 개념

이동평균선에서 시간 개념이 중요한 이유는, 이 지표가 특정 기간 동안의 주가 데이터를 기반으로 평균을 계산하기 때문이다. 이동평균선의 기간, 즉 시간 개념은 주가의 움직임과 관련된 중요한 정보를 제공한다. 시간 개념은 다음과 같은 이유로 중요하다.

신뢰성 확인

이동평균선의 신뢰성은 시간이 길수록 높아진다. 시간이 긴 이동평균선은 더 많은 투자자들의 평균가를 반영하기 때문에, 본전 심리에 따라 추가 매수나 매도를 할 가능성이 높아진다. 예를 들어 주가가 하락할 때, 5일선과 같은 단기 이동평균선보다는 120일선과 같은 장기 이동평균선에서 지지를 받을 확률이 더 높다고 볼 수 있다. 때문에 지지와 저항을 분석할 때 중요한 요소 중 하나는 시간 개념을 이해하고 이를 반영하는 것이다.

전략적 활용

이동평균선 하나만으로는 기술적 분석의 신뢰도가 높지 않기 때문에, 다양한 요소를 활용하여 근거의 중첩을 이루는 것이 중요하다. 이를 좀 더 발전시켜, 탑다운 사고 과정을 적용해보자.

▰▰ 종목에 따른 기간 선정 예시

서로 다른 형태의 두 종목을 비교하면 더 쉽게 이해할 수 있다. 첫 번째 종목은 SK하이닉스고, 두 번째 종목은 흥구석유다.

어느 정도 시장에 참여해본 사람이라면, SK하이닉스와 흥구석유의 성격과 질이 매우 다르다는 점을 잘 알 수 있다. 가장 큰 차이점 몇 가지를 살펴보자. 첫 번째는 시가총액이 차이가 난다. 두 번째는 종목의 움직임과 주가 상승을 주도할 수 있는 시장 환경이 다르다. 이제 이러한 요소를 기반으로 이동평균선 활용 방식을 살펴보겠다.

SK하이닉스는 국내 반도체 분야의 대표 기업으로, 시가총액이 약 135조 원(2025년 3월 기준)에 달하는 대형주다. 시가총액이 큰 만큼, SK하이닉스는 추세적인 상승과 하락을 보여주는 종목이다. 쉽게 말해, 주가의 움직임이 가파르지 않고, 상승과 하락의 추세가 길게 이어진다는 의미다.

반면, 홍구석유는 유가 관련주로 시가총액이 약 1,658억 원(2025년 3월 기준)인 소형 종목이다. 유가 관련주 특성상 매크로 환경이 불안정한 가운데 유가가 상승할 때 반응하며, 소형 종목인 만큼 주가의 반응이 급등과 급락을 반복하는 경향이 있다. 즉, 짧고 강렬한 움직임을 보이는 종목이다.

이렇게 종목의 키워드와 반응하는 시장 환경, 시가총액 등을 고려하고 가정해보자. 만약 SK하이닉스와 홍구석유가 강한 충격파(상승)를 보인 뒤 이동평균선을 활용한 눌림목을 공략한다면, 며칠 이동평균선을 활용하겠는가?

정답은 SK하이닉스의 경우 20일 이동평균선을 활용하고, 홍구석유의 경우 5일 이동평균선을 활용하는 것이다. 물론 이동평균선이 절대적인 기준은 아니다. 중요한 것은 왜 SK하이닉스에는 20일선, 홍구석유에는 5일선을 사용했는지에 대한 이유를 아는 것이다.

그 이유는 앞서 설명한 두 종목의 차이점에 있다. 먼저 SK하이닉스의 차트를 살펴보겠다.

SK하이닉스 일봉

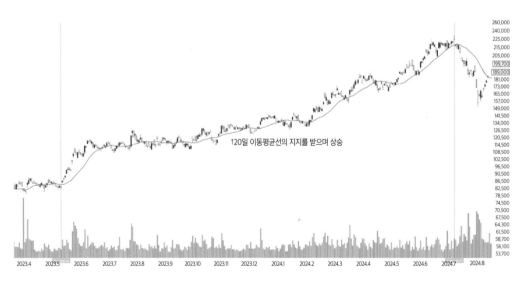

↑20일 이동평균선의 지지를 받으며 상승

차트를 보면 앞에서 설명한 주가의 움직임이 자연스럽게 나타나는 것을 확인할 수 있다. 45도 각도로 장기간 추세적인 상승을 보이며, 20일 이동평균선의 지지를 받으면서 상승 추세를 지속하는 모습이 드러난다. 따라서 SK하이닉스의 해당 추세를 공략하기 위해 매수 타점을 고려할 경우, 20일선에서의 눌림목이 유효한 전략임을 알 수 있다.

흥구석유 일봉

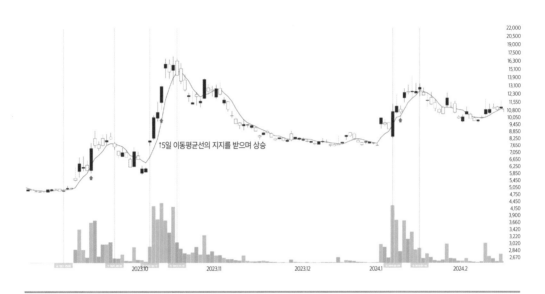

흥구석유의 차트를 보면 SK하이닉스와 비교해 상당히 가파른 상승, 조정 구간에서의 급락을 볼 수 있다. 이는 해당 종목의 특성과 시가총액을 고려했을 때, 주가의 상승과 하락이 짧고 강렬하다는 것을 의미한다. 따라서 흥구석유의 상승 후 눌림을 고려할 경우, 단기적인 움직임이 두드러지므로 20일선보다는 5일선에서의 지지 가능성을 높게 판단하고 매매 전략을 세워야 한다.

다시 한번 말하지만, 여기서 언급한 20일선과 5일선을 연역적 사고로 받아들여서는 안 된다. 예시로 사용된 이동평균선은 종목에 따라 다르게 해석해야 한다는 점을 설명하기 위한 것이다.

정리하자면, 탑다운 사고 과정을 통해 종목의 특성을 인지하지 못한 채 획일화된 이동 평균선의 지지와 저항을 사용할 경우, 올바른 이동평균선 활용이 어려워진다는 점을 인지해야 한다. 따라서 선행 사고 과정을 바탕으로 종목에 따라 시간 개념을 다르게 적용해야 한다는 점을 명심해야 한다.

시그널을 활용한 매수 및 매도 기준

이동평균선을 활용한 시그널 중 가장 대표적인 개념은 골든 크로스와 데드 크로스다. 간단한 개념은 다음과 같다.

골든 크로스(Golden Cross)

- 정의: 골든 크로스는 단기 이동평균선이 장기 이동평균선을 아래에서 위로 교차할 때 발생한다.
- 의미: 이 교차는 상승 추세의 시작을 나타내며, 시장의 강세 신호로 간주된다. 이는 매수 기회를 뜻할 수 있다.
- 시장 심리: 투자자들은 골든 크로스를 긍정적인 변화로 받아들이고, 강세장이 지속될 가능성을 높게 평가하게 된다. 따라서 많은 거래자들이 적극적으로 매수에 나설 수 있다.

데드 크로스(Dead Cross)

- 정의: 데드 크로스는 단기 이동평균선이 장기 이동평균선을 위에서 아래로 교차할 때 발생한다.
- 의미: 이 교차는 하락 추세의 시작을 나타내며, 시장의 약세 신호로 간주된다. 이는 매도 기회를 의미할 수 있다.

- 시장 심리: 투자자들은 데드 크로스를 부정적인 신호로 인식하고, 약세장이 지속될 가능성을 고려하여 보수적으로 접근할 수 있다.

지금까지 골든 크로스와 데드 크로스에 대해 알아보았다. 그러나 이 대표적인 시그널에는 한 가지 문제가 있다. 바로 후행성이다. 예시를 통해 살펴보겠다.

한농화성 일봉

한농화성 일봉 차트에서 녹색 세로줄은 각각 20일 이동평균선과 60일 이동평균선의 골든 크로스 및 데드 크로스를 나타낸다. 먼저 좌측의 골든 크로스를 확인해보겠다. 이 시점에 매수했을 경우, 며칠간 상승하긴 했지만 곧바로 -17%의 조정을 겪는 모습을 볼 수 있다. 즉, 시그널 발생 시점에 매수했다면 적어도 10% 이상의 손실을 감당해야 했던 것이다.

우측의 데드 크로스는 20일 이동평균선이 60일 이동평균선을 처음으로 이탈한 구간을 나타내며, 고점 대비 43%의 하락을 보인다. 적절한 시기에 매수했다 하더라도, 이 구간에서 매도할 경우 수익금이 상당히 줄어들거나 본전 또는 손실을 감수해야 하는 상황이 된다.

결과적으로, 우리가 통상적으로 알고 있는 골든 크로스와 데드 크로스를 기준으로 매매할 경우, 이는 이미 주가가 상당히 진행된 상태에서 후행적으로 발생하는 시그널이기 때문에 리스크가 상당히 존재한다는 점을 알 수 있다.

따라서 골든 크로스와 데드 크로스를 단순한 이동평균선으로 보기보다는, 캔들과 이동평균선을 함께 활용하는 것이 매매 리스크 관리 측면에서 더욱 효과적이다. 예를 들어, 캔들이 20일 이동평균선을 돌파하는 순간 매수하거나, 5일 이동평균선을 돌파하는 순간 매수하는 전략을 사용할 수 있다. 이렇게 캔들과 이동평균선을 활용한 매매 전략은 두 가지 장점을 제공한다.

① 후행성 리스크를 제거할 수 있다.
② 명확한 손절 라인을 설정하여 리스크 관리를 용이하게 할 수 있다.

하지만 이러한 장점 외에도 고려해야 할 사항이 있다. 단순히 캔들이 이동평균선을 돌파하는 것은 하루에 수십, 수백 종목에서 있는 일이다. 이는 그만큼 많은 노이즈가 존재한다는 뜻이다. 그렇다면 노이즈가 아닌 올바른 시그널을 어떻게 구분할 수 있을까?

그래서 바로 선행 사고 과정이 필요하다. 선행 사고 과정은 이러한 노이즈로부터 필터 역할을 하여 신호를 대폭 줄여준다. 이 과정은 언제나 강조하는 탑다운 사고방식으로 가능하다. 이를 통해 도달한 종목 내에서 해당 시그널을 해석하고 전략에 활용하는 것이다.

"왼손은 거들 뿐"

이 표현은 만화 『슬램덩크』에서 가장 유명한 대사 중 하나다. 원 핸드 점프 슛에서 오른손이 실제 힘을 주고, 왼손은 공을 받쳐주며 방향만 잡아준다는 의미다. 지금까지 배운 모든 기술적 분석은 왼손과 같다고 생각하면 된다. 그것은 단지 보조적인 역할일 뿐이며, 실제 힘을 주어야 하는 것은 탑다운 사고 과정에 의해 선택된 종목과의 연결이라는 점을 잊지 말자.

CHAPTER

6

무조건 이기는 기술적 분석3
거래량

거래량의 기본 개념

"모든 것에는 적절한 때가 있지만, 언제 그때가 올지는 모른다."

– 제시 리버모어

추세매매의 아버지라고 불리는 제시 리버모어(Jesse Livermore)는 시장에서 효과적인 거래 순간인 타이밍의 중요성을 강조한다. 그 타이밍의 신뢰성과 타당성을 더해주는 지표가 바로 '거래량'이다.

거래량은 특정 시장이나 자산에서 거래된 주식이나 계약의 수를 나타내며, 시장 참가자들의 활동 수준과 관심을 반영한 지표다. 거래량을 분석하고 이해하면 투자자들은 시장의 동향과 흐름을 더욱 명확하게 파악할 수 있다. 특히 다음과 같은 이유로 투자 결정을 하는 데 도움이 된다.

첫째, 거래량 분석으로 시장의 유효성을 평가할 수 있다. 가격이 상승하거나 하락할 때 거래량이 함께 증가한다면, 해당 가격의 움직임이 더 강력하고 지속적이며, 시장 참가자들의 확신이 높다는 것을 알 수 있다. 이는 시장 흐름을 파악하고 트렌드를 식별하는 데 유용하다.

둘째, 거래량은 각각의 거래일에 얼마나 많은 물량이 거래되었는지를 나타낸다. 이는 투자자들이 시장의 활동성과 유동성을 예측하는 데 필요한 중요한 정보다. 거래량이 증가한다는 것은 주식 가격의 변동성이 높아지고, 시장에서의 거래 활동이 활발해진다는 것을 시사한다. 이런 거래량 지표는 향후 가격의 움직임을 예측할 때 유용한 신호로 활용할 수 있다.

예를 들어, A 회사의 주식이 수개월 동안 평균 거래량으로 비교적 안정적인 가격에 거래되고 있었다고 가정해보겠다. 그런데 갑자기 급격한 가격 상승과 함께 거래량이 크게 증가했다. 이러한 거래량 급증은 시장에서 A 회사에 대한 관심이 높아졌다는 것을 의미하며, 잠재적으로 강세 추세 시그널을 의미한다.

요약하면 트레이더는 거래량 분석을 통해 특정 주식이나 시장의 거래 패턴, 그리고 행동을 더 명확하게 이해할 수 있다. 트레이더라면 거래량을 기반한 기술적 분석을 통해 잠재적인 시장 반전 또는 계속되는 추세를 식별할 수 있어야 한다. 그래야 그에 맞는 전략을 구사할 수 있다. 따라서 거래량 분석은 신뢰성 있는 투자 결정을 돕는 매우 중요한 도구로 자리 잡고 있다.

추세는 특정 기간 동안 자산 가격이 움직이는 일반적인 방향을 보여준다. 추세 분석은 트레이더가 전략적인 투자 결정을 내리는 데 큰 도움이 된다. 하지만 추세만으로 투자 결정을 내리기엔 신뢰성이 부족하다. 이때 특정 기간 동안 거래된 주식이나 계약의 수를 보여주는 '거래량'을 같이 분석해야 신뢰성 높은 분석이 된다.

▮▮▮ 뉴턴의 운동 법칙으로 보는 거래량

거래량은 일종의 '주가를 움직이는 힘'으로 볼 수 있다. 이런 거래량을 물체와 물체에 작용하는 힘, 그리고 그 힘에 반응하는 물체 간의 운동 관계를 설명해주는 '뉴턴의 운동 법칙'과 연관 지어서 다음과 같이 생각해보자.

제1법칙(관성)

정지 중인 물체는 정지 상태를 유지하고, 운동 중인 물체는 불균형한 힘에 의해 작용하지 않는 한 같은 속도와 같은 방향으로 계속 운동한다.

이 내용을 바탕으로 주가의 움직임과 연결해보자. 큰 변동성과 움직임이 없는 종목은 불균형한 힘으로 볼 수 있는, 이전에 없던 거래량이 들어오면서 한 방향으로 움직이게 된다. Up Tick 거래가 일어나면 상승 방향, Down Tick 거래가 일어나면 하락 방향으로 가게 되며, 해당 방향은 반대 방향의 힘이 들어오지 않는 한 추세를 유지하게 된다.

제2법칙(가속도)

물체에 가해지는 힘 F의 벡터 합은 해당 물체의 질량 m에 물체의 가속도 벡터 a를 곱한 값과 같다. 일반적으로 F=ma로 공식화된다. F=ma를 주식에 맞게 치환해보면 다음과 같다.

- F(힘) → 매수세 혹은 매도세(거래량(Up Tick 혹은 Down Tick))
- m(질량) → 시가총액
- a(가속도) → 주가의 각도(기울기)

F_매수세(Up Tick) 거래량이 들어오게 되면 주가의 방향은 우상향한다. 여기에서 m_시가총액(체결가×주식수)은 커지게 된다. 그럼 F_매수세(Up Tick) 거래량이 동일하다면 시가총액이 커짐에 따라 무거워진 주가는 상승의 폭이 줄어들게 된다. 즉, 추세의 방향대로 F_매수세(Up Tick) 거래량이 점점 더 커져야 하는 것이다. 우리는 주식 거래를 하면서 가격의 변화에 초점을 맞추는 것이 아니라 가격 변화에 따른 시가총액의 변화를 유념해야 한다. 트레이더라면 의미 있는 지지와 저항의 가격대, 라운드 피겨(1,000, 5,000, 10,000처럼 수의 뒷자리가 0으로 떨어져서 기준점으로 삼기 쉬운 수) 등에서의 변화를 확인하는 것도 맞지만, 궁극적으로는 가격 변화에 따른 시가총액이 변화하고 있다는 사실을 알아야 하는 것이다.

장기적으로 우상향한 종목이더라도 높아진 가격(시가총액)에 따라 차익 실현이 나온다. 우리는 이것을 조정이라고 부르는데, 조정이 F_매수세(Up Tick) 거래량보다 클 수는 없다. 그렇다는 것은 방향이 바뀌게 된다는 것을 의미하므로 조정에서는 가격이 하락하더라도 거래량이 감소해야 한다.

마지막으로 a_주가의 각도(기울기)는 시가총액의 크기에 비해 강한 F_매수세(Up Tick) 거래량이 들어오면 그 힘의 크기에 비례하여 가파르게 나타난다. 그럼 가파르게 오른 주가의 각도(기울기)가 서서히 줄어든다는 것은 곧 조정이 올 것임을 의미하며, 특히 힘(거래량)은 더 커지는데 가속도(주가 변화)가 줄어든다는 것은 질량(주가)이 지나치게 팽창된 것임(높아졌음)을 의미한다.

제3법칙(작용-반작용)

모든 작용에는 반드시 반대되는 반작용이 존재한다.

주식시장에서는 수요(Up Tick)와 공급(Down Tick)으로 바꿔 생각해볼 수 있다. 강력한 매수세(Up Tick) 거래량은 매도세(Down Tick) 거래량을 압도하며 주가를 우상향하게 만들어준다. 그러나 여기서 매수세는 잠재적 매도세가 되기도 한다. 이는 주가의 방향을 단숨에 바꿔버릴 수 있다. 매도세와 잠재적 매도세의 힘이 매수세 거래량을 압도하는 것이 아니라 거래량이 줄어든 상태에서 하락한다면 이는 조정을 의미한다. 그러나 그 힘이 주 추세를 해칠 만큼의 매도세가 된다는 것은 잠재적 매도세에 기존의 매도세가 붙으면서 반대의 힘이 작용하게 되어버린 것을 뜻한다. 주포 기준에서는 분산이 일어나게 된 것이다.

위 내용을 통해 알 수 있듯이 주가가 상승 추세를 이루기 위해서는 이전에 없던 거래량이 들어오며 상승해야 한다. F_(힘)으로 볼 수 있는 매수세(Up Tick)의 크기가 클수록 상승 각도(기울기)가 더욱 가팔라진다. 이에 따라 높은 거래량과 함께 상승 추세로 움직일 경우 현재 추세의 방향성에 대한 신뢰도와 방향성이 지속될 가능성이 높다고 판단할 수 있다. 반면에 낮은 거래량으로 큰 가격 변동이 생기면 이는 현재 추세에 대한 확신이 부족하다는 신호일 수 있으며, 시장의 반전이나 조정을 암시할 수 있다.

정리하자면 기술적 분석에서 단순히 추세만을 보면 추세의 신뢰성과 강도를 확인할 수 없고, 거래량만 볼 경우 시장의 방향성과 지속성을 알기 어렵다. 추세는 시장의 방향성을, 거래량은 그 방향성의 강도와 신뢰도를 나타내기 때문에 분석 시 반드시 두 요소를 함께 고려해야 한다.

제시된 실제 예시로 각 추세와 거래량 사이의 상관관계를 더 깊이 탐구하고, 트레이딩 전략에 어떻게 효과적으로 활용할 수 있을지 자세히 알아보겠다.

 추세와 거래량 분석 실제 예시

상승 추세의 거래량

대주전자재료 일봉

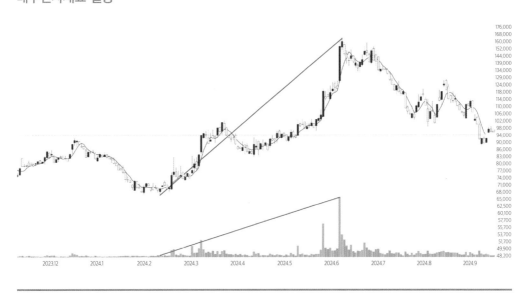

올바른 상승 추세에서는 가격 상승과 거래량 증가는 동반해야 한다. 거래량이 많을수록 추세의 강도와 지속 가능성이 확인되며, 이는 강력한 시장 참여자들의 관심과 참여를 나타낸다. 예를 들어 특정 주식의 가격이 지속적으로 높은 거래량과 함께 몇 주 동안 꾸준히 상승하는 시나리오를 생각해보겠다. 이 조합은 강세 심리를 암시하며 상승 추세가 지속될 가능성이 높음을 의미한다.

하락 추세의 거래량

딥노이드 일봉

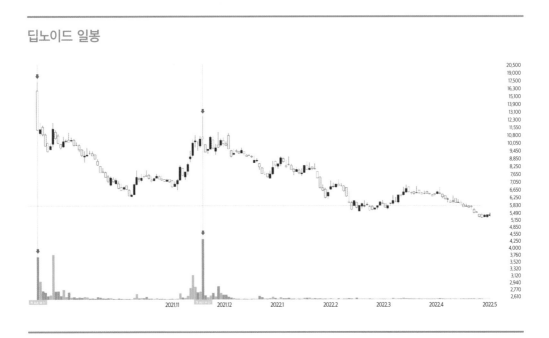

마찬가지로, 하락 추세에서도 가격 하락과 거래량 증가는 동반된다. 하락세 동안 거래량이 많아지면 약세 추세의 강도와 추가 가격 하락 가능성이 높아진다. 예를 들어 딥노이드의 차트처럼 화살표와 같이 주식의 거래량이 급증하면서 가격이 크게 하락한다면 매도 압력이 높아졌다는 뜻이다. 다만, 위 설명을 파동의 관점으로 설명하면, 5파의 끝에서 분산이 일어나는 과정을 의미하며, 이후 기간 조정 구간에서는 거래량 변화는 미미할 가능성을 염두에 두어야 한다.

횡보 추세의 거래량

횡보 추세는 주식 가격이 명확한 상승 또는 하락 추세 없이 비교적 좁은 범위 내에서 변동할 때 발생한다. 이러한 기간 동안 거래량은 특별한 변화 없이 주가의 제한적인 상, 하 변동성만 존재한다. 즉, 투자자들은 관망하는 포지션을 유지하여 참여율이 낮은 상태를 유지한다.

클래시스 일봉

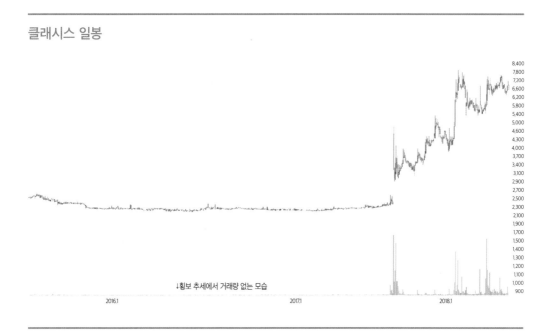

↓횡보 추세에서 거래량 없는 모습

거래량 분석과 요소들

주가가 주요 지지선이나 이동평균선을 돌파할 때 투자자들은 거래 기회를 찾는 경우가 많다. 이러한 가격 변동을 기반으로 거래량을 확인할 경우 아래와 같은 유의미한 요소를 확인할 수 있다.

돌파

주가가 주요 지지선이나 이동평균선을 강하게 돌파하는 경우 큰 규모의 거래량이 동반되어야 한다. 그래야 기존의 악성 물량을 소화하고 동시에 현재 투자자들의 심리가 어떤지 확인할 수 있기 때문이다. 즉, 돌파의 강도를 검증하고 잘못된 신호를 줄이기 위해서 주가의 상승과 더불어 거래량의 증가가 유의미한지 확인해야 한다.

반전

시장 참여자들은 이중바닥 또는 헤드앤숄더 패턴과 같이 돌파를 동반하는 반전 패턴을 분석한다. 이러한 패턴은 지지선이나 이동평균을 돌파하는 경우 잠재적인 추세 반전 시그널로 해석할 수 있다. 대표적으로 이중바닥, 헤드앤숄더의 경우 상승 반전 패턴으로 보고, 이중천장, 역헤드앤숄더의 경우 하락 반전 패턴으로 볼 수 있다. 이때 거래량이 동반되었는지 등을 함께 확인할 경우 해당 반전 시그널의 신뢰도를 평가할 수 있다.

리스크 관리

거래량 분석은 최적의 손절 라인을 결정하는 데 도움이 될 수 있다. 특정 가격 구간에서 높은 거래량은 해당 수준에서 시장 관심이 높아지고 잠재적인 가격 반응(상, 하)이 나타날 수 있다는 것을 의미한다. 투자자는 거래량을 분석한 뒤 주요 거래량 수준을 기반으로 전략적으로 손절매 주문을 설정하여 위험을 줄이고, 자산을 보호할 수 있다.

지지 및 저항

특정 가격의 거래량을 분석하면 중요한 지지 및 저항 수준을 식별하는 데 도움이 된다. 주요 지지선 또는 저항선에서 발생하는 거래량으로 어느 수준의 강도를 지녔는지 파악할 수 있다. 이는 투자자가 전략을 짜는 데 매우 유의미한 자료로 활용된다.

상대 거래량

현재 거래량을 평균 거래량과 비교하면 거래자가 현재 활동이 중요한지 여부를 판단하는 데 도움이 될 수 있다. 과거 활동에 비해 비정상적으로 높거나 낮은 거래량은 잠재적인 가격 변동에 대한 단서를 제공할 수 있다.

거래량 다이버전스

　거래량 다이버전스는 주식시장의 중요한 분석 개념이다. 다이버전스는 주가와 거래량이 서로 다른 움직임을 보일 때 발생한다. 예를 들어, 주가가 상승하고 있지만 거래량이 줄어드는 경우가 다이버전스다. 이러한 차이는 잠재적인 시장 반전이나 공급 및 수요 패턴 변화에 대한 중요한 시그널을 제공한다.

　컨버전스는 다이버전스의 반대의 개념으로, 주가와 거래량이 다시 일치하는 움직임을 의미한다. 일반적으로, 주가가 상승하면서 거래량이 증가하면 이는 강한 추세가 지속될 가능성을 나타낸다. 그러나 주가의 추세와 동일한 방향으로 거래량이 증가하지 않는다면 이는 다이버전스가 발생한 것이며, 현재의 추세가 약화되어 주가가 반전될 가능성을 내포한다.

　이처럼 거래량 다이버전스를 통해 투자자들은 주식시장의 잠재적 변화와 추세의 지속 가능성을 확인할 수 있다.

📊 강세 다이버전스

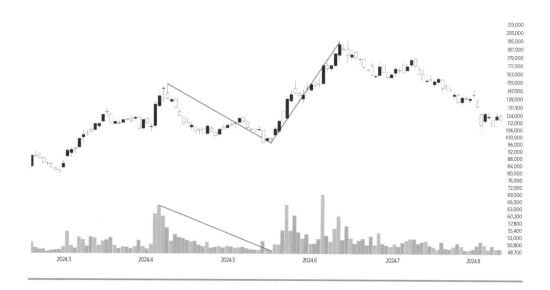

    강세 다이버전스(Bullish Divergence)는 가격이 저점을 낮추고 있지만 거래량은 감소하거나 일정하게 유지될 경우를 말한다. 가격이 하락하더라도 매도 압력이 약화되고 있어 상승 반전 가능성이 높아지고 있다는 것을 시사한다.

📊 약세 다이버전스

HL만도 일봉

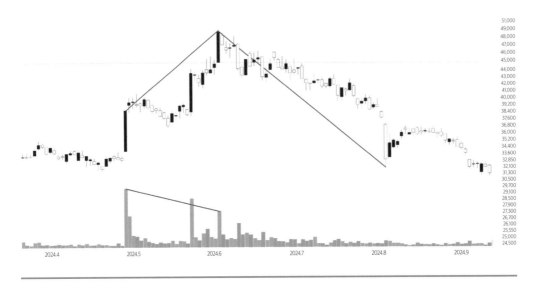

약세 다이버전스(Bearish Divergence)는 가격이 고점을 더 높이지만 거래량은 감소하거나 그대로 유지되는 경우를 말한다. 이러한 상황은 가격 상승에도 불구하고 매수 관심이 줄어들고 약세 반전이 발생할 수 있다는 것을 나타낸다.

📊 거래량 다이버전스가 중요한 이유

거래량 다이버전스(Volume Divergence)는 다음과 같은 이유로 중요하다.

조기 반전 신호

거래량 차이를 감지하면 투자자에게 시장의 잠재적 추세 반전에 대한 조기 신호를 제공할 수 있다. 이를 통해 투자자는 시장 정서 변화가 가격 변동에 반영되기 전에 이를 예측할 수 있다.

추세의 강도

거래량 차이를 통해 진행 중인 추세의 강도를 확인할 수 있다. 가격 변동이 거래량의 증가 또는 감소에 의해 뒷받침되지 않는 경우 추세가 약화되거나 모멘텀이 상실되었음을 나타낼 수 있다.

리스크 관리

거래량 차이를 인식하면 거래자가 리스크를 보다 효과적으로 관리하는 데 도움이 될 수 있다. 이는 가격 변동의 타당성을 평가하고 이에 따라 거래 전략을 조정하기 위한 추가 정보를 제공한다.

시장 심리학

거래량 다이버전스는 시장 심리학의 변화를 반영하고 트레이더가 가격 변동을 주도하는 근본적인 힘을 이해하는 데 도움이 된다. 이는 시장의 수요와 공급 역학의 균형에 대한 통찰력을 제공한다.

거래량 다이버전스 분석을 거래 전략에 참고하면 참여자는 투자 결정의 근거를 강화하고 잠재적인 거래 기회를 포착하며, 확률적 사고의 밀도를 높일 수 있다.

거래량과 다중 시간 분석

거래량을 분석할 때 월봉, 주봉, 일봉, 분봉 차트를 함께 고려하는 것은 시장 트렌드와 심리를 종합적으로 이해하는 데 매우 중요하다. 각 시간대가 주는 고유한 정보를 결합해야 트레이더들은 더 신뢰도 높은 결정을 내릴 수 있다. 정리하면, 기술적 분석 또한 탑다운의 형태로 큰 맥락을 이해한 상태에서 좁혀나가는 분석을 하는 것이 신뢰도가 높다. 거래량과 시간대를 어떻게 분석해야 할지 요소별로 살펴보겠다.

시장 트렌드의 종합적 파악 - 월봉, 주봉

월봉 차트 같은 장기 차트는 시장 혹은 종목의 장기적인 투자자들의 심리를 넓은 시각에서 확인할 수 있게 해준다. 투자자의 심리에 어떤 변화가 있었는지를 확인하고, 장기적인 지지 및 저항 수준을 식별하는 등 시장에 영향을 미치는 거시 경제적 요인들을 이해하는 데 도움이 된다.

주봉 차트는 장기 분석과 단기 분석 사이의 다리 역할을 하는 차트다. 중기 트렌드에 대한 단서를 제공한다. 월봉 차트에서는 보이지 않지만 일봉 차트보다는 더 지속적인 트렌드를 발견하는 데 도움이 된다.

시간대별 가격 움직임 파악 - 일봉, 분봉

일봉 차트는 단기 가격 움직임과 시장 심리를 확인하는 데 필수다. 즉각적인 매매 기회를 파악하고 정확한 매수 및 매도 시점을 정할 때 필요하다.

월봉, 주봉, 일봉 차트를 분석했다면, 분봉 차트를 통해 세부적인 매매 전략을 수립할 수 있다. 시총에 따라 다르지만, 통상적으로 1시간 차트를 기준으로 매매 전략을 수립한다.

시간대별 거래량 분석 - 월봉, 주봉, 일봉

월봉 차트의 거래량 변화는 주요 기관 투자자의 움직임을 나타낼 수 있다. 이때의 거래량 분석은 장기적인 트렌드 강도를 이해하는 데 도움이 된다.

주봉 및 일봉 거래량 분석으로 월봉보다 거래 활동을 더 세밀하게 관찰할 수 있다. 주로 장기 차트에서 본 트렌드를 검증하는 데 사용된다. 예를 들어 월봉 차트에서 나타난 트렌드가 주봉 및 일봉 거래량 증가로 확인된다면, 해당 추세 및 기술적 분석의 신뢰도는 더욱 높다고 평가할 수 있다.

리스크 관리 및 전략 수립

다양한 시간대의 차트를 함께 보면 더 포괄적인 리스크 관리를 할 수 있게 된다. 구체적으로 손절매 가격과 목표 이익을 더 정확하게 설정할 수 있다. 이는 트레이더가 견고한 매매 전략을 수립하는 데 도움을 준다.

요약하자면 거래량과 월봉, 주봉, 일봉, 분봉 차트를 함께 분석에 활용하면 거래량과 시장 역학에 대한 다층적인 분석이 가능하다는 것이다. 이러한 다중 시간대 접근 방식으로 트레이더는 신뢰도 높은 매매 전략을 수립하는 데 도움을 받을 수 있다.

조정 구간의 거래량 변화

앞에서 설명한 것처럼 거래량은 기술적 분석에서 매우 중요한 지표다. 시장의 다양한 단계에서 거래량 변화를 관찰하면 가격 움직임의 잠재적 향방에 대한 단초를 얻을 수 있다. 특히, 거래량 증가 이후 조정 구간에 거래량이 감소하는 것은 다음과 같은 이유로 특히 중요하다.

추세 확인 및 통합

변동성 감소

거래량이 감소하는 조정 구간은 가격 변동이 줄어드는 시점을 나타낸다. 이 기간 동안 시장은 큰 가격 움직임 이후 '숨 고르기'를 하며, 다음 주요 가격 변동 전에 새로운 균형 상태를 형성하게 된다. 낮은 변동성은 시장이 새로운 안정 상태를 확립하는 데 도움을 준다.

추세 지속 가능성

거래량이 크게 증가한 후 감소하는 경우, 이는 시장 참여자들이 일시적으로 거래를 멈춘 상태라는 것을 보여준다. 이처럼 조정 구간의 거래량은 추세의 지속 가능성을 확인하는 데 도움이 된다. 거래량이 감소한다면 초기 매수 또는 매도 압력이 줄어들었다는 것을 나타내며, 투자자들이 다음 시장 변화를 기다리고 있다는 의미이기도 하다.

📊 가격 안정화

시장 소화 과정

거래량이 급증한 이후 거래량이 줄어드는 기간은 시장이 최근의 가격 변화를 '소화'할 수 있도록 한다. 이 소화 과정은 가격 안정화에 반드시 필요하며 큰 가격 변동을 방지하고 앞으로의 가격 움직임에 보다 안정적인 환경을 제공한다.

건강한 조정

조정 구간에 일어나는 거래량 감소는 건강한 조정을 의미한다. 이는 시장이 패닉 매도나 비이성적 매수 같은 추세 반전보다는 자연스러운 되돌림을 겪고 있다는 것을 보여준다.

📊 시장 심리의 신호

매도 압력 약화

조정 구간 동안 발생하는 거래량 감소는 강력한 매수 또는 매도 압력이 약해졌다는 것을 보여준다. 이 지표를 통해 투자자들이 더 신중해진 상태로 추가적인 정보를 기다리며 더 이상 거래에 적극적으로 참여하지 않고 있다는 것을 알 수 있다.

재상승의 징후

조정 기간 동안 거래량이 낮아지는 것은 일반적으로 통합을 나타내며, 이는 추세가 계속될 가능성 역시 시사한다. 이 통합 기간은 이전 추세의 지속을 위한 준비 단계 역할을 할 수도 있다.

📊 지지 및 저항 형성

강도 확인

조정 구간 동안 거래량이 감소하면 지지 및 저항을 형성하고 강도를 검증하는 데 도움이 된다. 거래량 급증 이후 거래량이 감소하는 동안 형성된 지지 및 저항은 앞으로의 투자 전략을 세울 때 아주 중요한 정보로 활용된다.

패턴 인식

깃발형, 삼각형과 같은 여러 차트 패턴은 많은 거래량이 움직인 이후 거래량이 적은 기간 동안 형성될 때 더 신뢰할 수 있다. 이처럼 패턴의 형성 단계에서 나타나는 거래량 감소는 이를 추세 지속 신호로 판단할 수 있도록 신뢰성을 높인다.

📊 시장 균형의 지표

공급과 수요의 균형

조정 구간 동안 거래량이 줄어드는 것은 종종 공급과 수요 간의 거의 균형 상태를 반영한다. 이 균형은 시장이 과매도 또는 과매수 상태가 아님을 나타내며, 이는 시장 참여자들이 향후 움직임을 평가하는 중요한 단계다.

요약하자면, 거래량이 증가한 이후 조정 구간 동안 거래량이 감소하는 것은 시장이 잠시 쉬면서 안정화된다는 것을 의미한다. 이 감소 기간 동안 투자자들은 자신의 포지션을 재평가하고 이 과정에서 신뢰할 수 있는 지지 및 저항 수준이 형성된다. 또 이를 통해 추세의 지속 가능성을 짐작할 수 있다. 이러한 역학을 이해해야 투자자들은 더 많은 정보를 바탕으로 옳은 결정을 내리고 시장 상황에 맞는 전략을 세울 수 있다.

거래량 분석 실전 스터디

ᵢᵢᵢᵢ 딥노이드

이 책에서 제시하는 거래량을 활용한 실전 스터디 사례는 저자가 이전에 진행한 스터디 종목이다. 전체적인 사고 과정을 남기는 이유는, 투자를 거래량만으로 설명하면 오류가 발생할 가능성이 높기 때문이다. 당시 시장 상황, 종목 상승의 이유, 기본적 분석 등을 전체적으로 살펴본 후에 거래량과 연관 지어 생각하면서 읽어보자.

딥노이드는 지지 구간 상단 라인을 터치하고 바로 반등하였기 때문에 지지 구간의 첫 번째 지점에서 빠른 반등을 보여주었다. 딥노이드의 매매 복기가 필요한 이유는 다음과 같다.

5거래일 매수, 구간 대비 55% 상승

스터디 자료 공개 후 5거래일(2023.8.14.~2023.8.21.) 동안 55% 상승했다는 것은 종목 선별의 과정부터 전략이 유의미했다는 증거다.

탑다운 사고 과정으로 선별된 종목

탑다운 사고 과정으로 선별된 종목이기 때문에 시장의 흐름을 잘 읽어냈을 때 어떤 결과를 가져올 수 있는지 스터디할 수 있다. 탑다운 사고로 종목을 선별하는 것은 쉬운 일이 아니다. 이 사고의 흐름이 매끄럽게 진행되기 위해서는 장 시작 전과 마감 후의 분석을 매일 해야 하며, 이런 과정이 쌓여야 가능한 일이다.

딥노이드 1시간봉

╟╫╟ 2023년 8월 16일 딥노이드 분석 내용

1) 시장 및 섹터

코스닥 1시간봉

코스닥은 현재 조정 a-b-c-d-e 패턴이 진행 중이다. 지수 조정 및 반등 구간에서 제약바이오는 메인 섹터가 될 확률이 높다. 금일 선정한 딥노이드의 경우 제약·바이오 쪽의 기대감이 유효하다는 전제와 의료 AI의 경우 세계적으로 빅테크 기업의 관심과 투자가 활발하다는 점을 고려했을 때 추가 상승 가능성이 높다고 판단하였다.

딥노이드는 2008년 2월에 설립되었으며, 당사 자체 개발과 의료인의 플랫폼 방식 개발을 병행하는 투 트랙 사업 모델을 통해 의료 AI 서비스를 제공하고 있다.

딥노이드는 적자를 이어가고 있지만, 2022년 본격적으로 매출이 급성장하기 시작했다. 그 배경에는 투 트랙 사업 모델을 통한 국내 주요 의료기관과 의료 AI 사업 계약 체결, 건강보험심사평가원(심평원)의 영상진료 데이터 판독 시스템 실증랩 구축 등이 있다.

의료 AI 플랫폼 시장은 전 세계적으로 큰 폭의 성장을 이어가고 있다. 미국 시장 조사 기관 트랜스패런시마켓리서치에 따르면 글로벌 의료 AI 시장은 2022년 대비 2031년 약 20배 성장할 것으로 전망된다. 특히 의료영상 분야 AI 시장 규모는 2018년 2억6,000만 달러에서 2027년 74억4,000만 달러 규모로 연평균 44.8% 성장할 것으로 전망하고 있는 만큼 딥노이드의 중·장기 기대감은 지속될 것으로 예상된다.

2) 기업 정보(2023.08.10.)

- 시총 1,957억 원
- 유통비율 62.1% → 유통금액 1,215억 원
- 부채비율 44.2%, 유보율 70.5%
- 최대주주 및 특수관계인 지분
- 최우식 외 2인 35.79%
- 별도 기준 적자 지속
- 미상환 전환사채 및 신주인수권부사채 등 발행 현황 없음

3) 주요 사업 부문 및 재료

- 키워드: #의료AI #알리바바AI
- 파이프라인 방식
- DEEP: CHEST(흉부질환)
- DEEP: LUNG(폐질환)
- DEEP: PATH(대장질환)
- DEEP: SPINE(척추질환)
- DEEP: KNEE(무릎질환)
- 플랫폼 방식

- DEEP: NEURO(뇌혈관 질환)

- DEEP: SPINE(척추질환)

4) 재무

- 특이사항 없음

딥노이드 재무추이

결산년도	주가	자본총계	매출액	영업이익	당기순익	BPS	PER	EPS	부채율	영익률
23년03월(1Q)	9,830	79	2	-21	-20	848		-216	44.21	301.50
22년12월(4Q)	5,680	100	19	-7	-6	1,064		-65	45.76	-34.75
22년09월(3Q)	5,570	104	9	-12	-11	1,114		-114	45.36	128.94
22년06월(2Q)	7,640	108	2	-18	-12	1,150		-128	61.84	073.90
22년03월(1Q)	14,050	116	1	-25	-25	1,242		-262	42.34	742.19
21년12월(4Q)	18,300	137	2	-17	-22	1,468		-232	35.23	804.85
21년09월(3Q)	31,550	153	6	-18	-2	1,653		-19	37.69	287.51

딥노이드 최대주주 및 특수관계인 지분 현황

(기준일: 2023년 12월 31일) (단위 : 주, %)

성 명	관 계	주식의 종류	소유주식수 및 지분율				비고
			기 초		기 말		
			주식수	지분율	주식수	지분율	
최우식	본인	의결권있는주식	1,872,360	19.99	1,906,796	17.16	유상증자 참여
김태규	임원	의결권있는주식	1,461,616	15.61	1,488,498	13.40	유상증자 참여
장철희	동서	의결권있는주식	800	0.01	0	0	주식매도
계		의결권있는주식	3,334,776	35.61	3,395,294	30.56	-
		의결권없는주식	-	-	-	-	-

딥노이드 별도 재무추이

포괄손익계산서

제 16 기 1분기 2023.01.01 부터 2023.03.31 까지

제 15 기 1분기 2022.01.01 부터 2022.03.31 까지

(단위 : 원)

	제 16 기 1분기		제 15 기 1분기	
	3개월	누적	3개월	누적
매출액 (주30,31)	161,399,656	161,399,656	143,639,114	143,639,114
매출원가	47,052,150	47,052,150	51,493,104	51,493,104
매출총이익	114,347,506	114,347,506	92,146,010	92,146,010
판매비와관리비 (주22)	2,214,965,953	2,214,965,953	2,594,618,909	2,594,618,909
영업이익(손실)	(2,100,618,447)	(2,100,618,447)	(2,502,472,899)	(2,502,472,899)
금융수익 (주24)	88,179,312	88,179,312	53,989,595	53,989,595
금융비용 (주24)	6,983,369	6,983,369	7,511,124	7,511,124
기타수익 (주23)	54,962	54,962	665,057	665,057
기타비용 (주23)	3,504,338	3,504,338	389,792	389,792
법인세비용차감전순이익(손실)	(2,022,871,880)	(2,022,871,880)	(2,455,719,163)	(2,455,719,163)
법인세비용 (주25)				
당기순이익(손실)	(2,022,871,880)	(2,022,871,880)	(2,455,719,163)	(2,455,719,163)
기타포괄손익				
총포괄손익	(2,022,871,880)	(2,022,871,880)	(2,455,719,163)	(2,455,719,163)
주당이익(손실) (주26)				
기본주당이익(손실) (단위 : 원)	(217)	(217)	(265)	(265)
희석주당이익(손실) (단위 : 원)	(217)	(217)	(265)	(265)

딥노이드 수급 현황

315640 ▼ Q 딥노이드 | 2023/08/11 | ●금액 ○수량 ○추정평균가 | ●순매수 ○매수 ○매도 | ●천주 ○단주 | ●전일비 ○등락률 | 투자자안내 단위:백만원,천주 | 조회 다음 차트

일자	현재가	전일비	거래량	개인	외국인	기관계	금융투자	보험	투신	기타금융	은행	연기금등	사모펀드	국가	기타법인	내외국인
기간 23/07/24 ~ 23/08/11 누적순매수				-1,594	-3,474	+4,892	+349	+383	+2,857	-29	+124	+607	+600		+111	+65
23/08/11	20,500 ▼	450	684,792	+987	-457	-577	+176		-92	-34		-31	-595		+56	-9
23/08/10	20,950 ▲	1,400	789,352	+3,675	-3,205	-386	-1		-60			-325			-94	+11
23/08/09	22,350 ▲	1,150	1,282,255	+1,332	-1,893	+314	+80	+80	+167				-13		+280	-33
23/08/08	21,200 ▲	1,770	2,933,426	-5,158	+4,176	+867	+114		+747			+195	-189		+73	+42
23/08/07	19,430 ▲	280	1,642,431	+1,066	-1,425	+929	-23	+53	+9				+890		-578	+9
23/08/04	19,150 ▲	1,440	1,145,832	-2,234	+269	+1,782	+252	+212	+583			+735			+205	-22
23/08/03	17,710 ▼	510	602,408	+437	-174	-284	-1	+37	+122				-441		-34	+54
23/08/02	18,220 ▼	1,540	864,378	+1,072	-349	-904	-213		-161	-200	-208		-121		+166	+15
23/08/01	19,760 ▲	430	2,586,199	-160	-300	+541	-45		+301				+284		-61	-20
23/07/31	19,330 ▲	900	2,155,634	+474	-2,181	+1,564	-5		+913				+656		+147	-5
23/07/28	18,430 ▲	3,210	5,084,740	-1,238	+1,260	+40	+18		+20	-118	-124		+244		-26	-36
23/07/27	15,220 ▼	620	1,094,028	+2,085	-2,290	-25	-1		-24						+205	+15
23/07/26	15,840 ▼	710	1,347,635	-1,194	+756	+296	-8		+80	+61	+114		+29		+159	-17
23/07/25	16,550 ▲	2,100	4,243,179	-2,111	+2,126	-191	-189		-2						+133	+43
23/07/24	14,450 ▼	2,460	3,139,361	-636	+212	+926	+197		+255	+242	+343	+34	-143		-520	+18
23/07/21	16,910 ▲	530	3,647,158	+2,855	-2,482	-44	+7		-51						-224	-104
23/07/20	16,380 ▼	10	3,985,132	+917	-545	-110	+109		+50				-269		-308	+46
23/07/19	16,390 ↑	3,780	6,245,369	-1,940	+2,780	-395	+8		-626				+423		-419	-26
23/07/18	12,610 ▲	320	296,394	+374	-382										+3	+5
23/07/17	12,290 ▼	440	212,352	+95	-115	-1	-1								+13	+7

딥노이드의 수급 현황은 조정 구간에서의 전형적인 차익 실현 모습을 확인할 수 있으며, 과거 매집을 고려했을 때, 매집된 물량을 전부 매도하고 나갔다고 보기는 어려워 보인다.

5) 관련 기사

- (23.07.24) 딥노이드, 178억 규모 주주배정 유증에 18%↓
- (23.07.28) 최우식 딥노이드 대표 "의료AI '딥뉴로', 3Q 비급여로 시장 진입 예상"
- (23.06.02) 물 만난 의료 AI…딥노이드, 올해 매출 100억 성과로 노 저을까
- (23.02.01) 매출 3배 증가에도 적자, 그래도 딥노이드 웃은 이유는… '노코드 플랫폼'

📊 딥노이드 기술적 분석

딥노이드를 스터디 당시인 2023년 8월 14일에 분석한 내용과 오늘날 추가된 거래량 관련 설명을 함께 보면서 기술적 분석 방법을 실전처럼 익혀보자.

딥노이드 주봉 기술적 분석(2023.8.14.)

딥노이드 주봉

위 차트는 딥노이드의 주봉이다. 딥노이드의 경우 현재 3파 진행 중으로 가장 큰 상승 구간이기도 하다. 다만 작성일(2023.8.14.)이 조금 아쉬운 이유는 3파의 진행이 상당히 된 상태라는 것이다. 현 구간에서 스터디 종목 채택 부담감이 있긴 하지만, 시장과 섹터, 종목의 재료를 고려하였을 때 추가 상승 가능성이 높다는 판단하에, 남은 상승 구간(3파-5

파)을 노리는 전략으로 접근하였다.

딥노이드의 경우 긴 하락 추세를 깨고, (1) 구간에서 '대량의 거래량을 동반한 상승 → 조정 → 이후 추가 상승(3파)'으로 이어지는 모습이다. 이전 고점 부근에서 3파의 종료를 예상하고 있다.

딥노이드 주봉 거래량 코멘트

먼저 딥노이드의 주봉상 좌측을 살펴보자. 딥노이드의 상장 당시에 상승과 동시에 일어난 분산 거래량을 확인할 수 있다. 이후 하락 구간에서 큰 거래량 없이 주가가 지속적으로 밀리는 흐름이 나타나는데, 이는 분산 이후 나타나는 하락 흐름에서는 별다른 에너지가 필요 없기 때문이다.

비유하자면 시시포스의 형벌과 같다고 보면 된다. 시시포스의 형벌은 영원한 형벌로 바위를 산꼭대기까지 밀어 올리면 산꼭대기에 닿자마자 바위가 밑으로 굴러떨어지는 형벌이다. 올라갈 때는 밀어 올리는 에너지가 필요하지만 내려갈 때는 아무 힘도 필요 없다. 주가의 흐름도 마찬가지다. 강한 매수세는 시시포스가 바위를 산꼭대기로 밀어 올리는 에너지라고 볼 수 있다. 하지만 매수세가 없어지면 매도세만 남기 때문에 별다른 힘 없이 산꼭대기에서 굴러떨어지는 바위와 같다.

이렇게 하락 추세가 지속되던 중 1파 구간에서 그동안 볼 수 없던 거래량과 동시에 일어나는 주가 변화는 추세 전환 가능성이 높다. 딥노이드의 이후 흐름을 보면 주가의 상승 구간에서 거래량도 증가하면서 주가가 상승 추세를 이어가는 모습을 확인할 수 있다. 이처럼 주가의 변화를 예측할 때 그 타당성과 신뢰성을 조금이라도 더 확보하기 위해서는 거래량 지표를 반드시 확인해야 한다. 이는 기술적 분석의 모든 요소에 해당되는 내용이기도 하다.

딥노이드 일봉 기술적 분석(2023.8.14.)

딥노이드 일봉

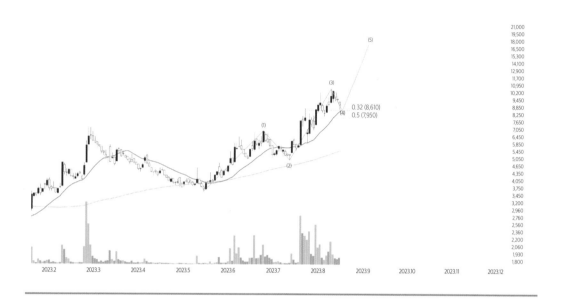

딥노이드의 일봉은 명확한 상승 추세의 모습이다. 즉, 상승할 때 거래량이 늘어나고, 조정 구간에서 거래량이 급감하며, 저점과 고점을 점점 높여가는 모습을 확인할 수 있다. 설명을 보면 간단하지만, 실제로 이런 부분을 체크하지 않고 매매하는 분들이 많다. 향후 매매에 있어 적어도 다음 세 가지 조건은 꼭 체크하는 것을 추천한다.

① 상승 추세인 종목(상승 시 – 거래량 많음 / 하락 시 – 거래량 거의 없음)

② 지지와 저항 (저항 = 매도 / 지지 = 매수)

③ 거래량의 변화 (상승 시 – 거래량 많음 / 하락 시 – 거래량 거의 없음)

최소한 이 정도는 체크하라는 의미일 뿐 절대적인 것은 아니다. 결국 본인의 실력을 쌓는 것만이 이 시장에서 살아남을 수 있는 유일한 길이라는 점을 다시 한번 강조한다.

딥노이드 일봉 거래량 코멘트

일봉에서 거래량의 변화를 보면 주가의 조정 구간에서 거래량의 변화를 명확히 알 수 있다. 조정 구간에서 변동성이 감소하며 거래량이 감소하는 것은 추세 지속 가능성이 높다는 것을 의미하며 동시에 건강한 조정을 받고 있다고 볼 수 있다. 이에 따라 해당 추세가 지속될 가능성이 높다고 판단하였고, 시나리오 오픈 당시 4파 구간임에도 불구하고 추가 상승 충격파인 5파를 기대할 수 있었다.

딥노이드 1시간봉 기술적 분석(2023.8.14.)

딥노이드 1시간봉

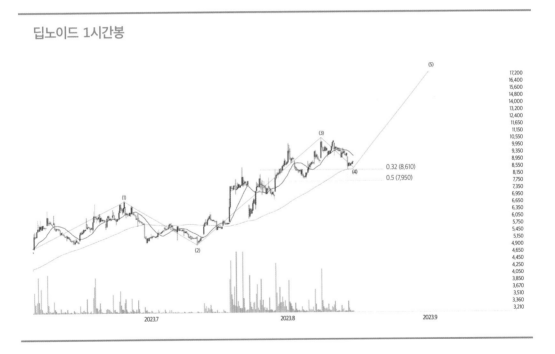

딥노이드는 현재 3파-4파 조정 중이며, 되돌림 0.382(8,610원) ~ 0.5(7,950원) 구간, 대략 10% 정도의 매수 고려 구간을 설정할 수 있다. 해당 구간에서 올바른 분할 매수 후 손절 시 -5% ~ -7% 정도를 예상할 수 있으며, 상방은 이전 고점, 혹은 3파의 끝자락까지 상승할 가능성이 높다고 판단했기에 손익비가 좋은 자리라고 볼 수 있다. 종목 선별과 매매 전략의 핵심은 다음 상승을 기대할 수 있는지, 그리고 손익비가 좋은 자리가 맞는지를 판단하는 것이다.

종목 선별과 전략 과정을 올바르게 하고도 매매를 실패하는 가장 큰 이유는 비중 실패다. 디폴트를 손절로 잡고 매매에 임할 경우 본인이 감당할 수 있는 손절 금액 내에서 분할 매수를 할 수 있다. 다만, 막연하게 오를 것이라는 확신으로 첫 매수에서 높은 비중으로 투자했을 경우, 예상과 다른 시나리오를 맞닥뜨리면 심리적인 압박감을 갖게 된다. 그 후 오를 것이라는 막연한 생각으로 안일하게 대처하다가 최악의 상황으로 치닫는 경우가 많다. 다시 말하지만, 모든 매매의 전제는 손절이다.

무조건 이기는 기술적 분석4
지지와 저항

리스크 관리의 핵심, 지지와 저항

투자에 성공하기 위해 필요한 보편적 3요소는 매매 전략, 자금 관리, 마인드 관리다. 이 세 가지 중 하나만 무너져도 투자자는 균형을 잃게 된다. 그래서 특히 지지와 저항이라는 기술적 분석 도구가 중요하다. 지지와 저항은 매수와 매도의 근거, 매매 전략 수립, 손절선과 기회비용 기준을 정하는 리스크 관리 등 실전 투자와 밀접한 관계를 맺고 있다. 이를 토대로 매매를 계획대로만 꾸준히 실행한다면 매매 전략, 자금 관리, 마인드 관리가 서로 균형을 이루며 선순환 구조가 이어질 수 있다.

우리는 손절을 싫어하기 때문에 회피하고 싶어 한다. 그래서 사람은 '처분 효과'(자신이 이익을 본 주식은 조금이라도 빨리 팔고, 손해를 본 주식은 늦게 파는 현상)라는 인지 오류를 지닌다. '처분 효과'에서 벗어나기 위해서는 기댓값을 계산할 수 있어야 하고, 기댓값이 +일 때 시간은 내 편이 된다. 시간을 내 편으로 만들고 3M 관리(Method, Money, Mind)를 해나갈 때 비로소 꾸준한 투자 소득을 만들어낼 수 있다.

대부분 기술적 분석을 공부하는 사람들은 '자본 소득'을 목적으로 삼고 투자 행위를 수단으로 삼는다. 하지만 아이러니하게도 매매든 공부든 '자본 소득'을 최우선으로 할 경우 과정과 결과가 부정적일 가능성이 높다. 이유가 뭘까?

예를 들어 '자본 소득'이라는 목적과 관점만으로 매매를 진행할 경우 진입한 순간부터 특정 '기대(수익)'를 가지고 매수했을 확률이 높다. 결과는 95%의 투자자가 잃는다는 통계에서 알 수 있듯이 대부분 실패로 이어진다고 봐도 무방하다. 하지만 대다수 투자자들은 공통적으로 매수하기 전에 주가가 상승한다는 굳은 신념을 가지고 진입할 것이다. 이 중에는 아무런 근거 없이 홀짝 같은 도박성 요소를 노리고 상승을 희망하는 경우도 있다. 만약 본인은 이런 경우가 아니라고 생각한다면 리스크 관리가 잘 되어 있는 성숙한 투자자일 것이다. 하지만 리스크 관리를 하지 않는 투자자 중에 본인은 이런 경우가 아니라고 생각하는 사람들은 스스로에게 심각한 모순이 있다는 것을 인지해야 한다.

모순의 시작은 자신이 주가의 방향성을 '안다고 착각하는 것'부터다. 마크 더글라스(Mark Douglas)의 『심리투자 불변의 법칙』에서는 이런 말이 나온다.

"100% 안다는 것은 리스크 대응이 불가능한 사고 체계로 전환된다."
– 마크 더글라스

예를 들어 1분 뒤, 1시간 뒤, 1주일 뒤의 주가 움직임을 100% 알 수 있다면 손절을 고려할 필요가 있을까? 당연히 없다. 이를 다시 해석하면 100% 안다고 확신할 수 없기 때문에 모든 매매에는 리스크 관리가 전제되어야 한다. 즉, 리스크 관리가 되지 않는데 방향성을 확신하지 않는다는 입장은 모순일 수밖에 없다.

치열한 근거를 바탕으로 매수했다면 그 후의 주가 움직임은 시장에 맡겨야 한다. 그렇다면 불확실성 속에서 내가 개입할 수 있는 유일한 구간은 손절, 즉 리스크 관리뿐이다. 따라서 모든 매매 전략의 시작은 리스크 관리(손절)로 볼 수 있으며, 지금까지 책에 나온 모든 기술적 분석 자료들은 '수익'이 목적이 아닌 '습득한 지식을 통한 리스크 관리'로 관점을 바꿔 바라봐야 한다.

공부와 매매에서 관점이 중요한 이유는 관점에 따라 보이는 것이 다르기 때문이다. 다음 철수(수익을 목적)와 영희(리스크 관리 목적)의 관점에 따라 투자를 바라보는 태도가 어떻게 다른지 살펴보자.

철수(수익)와 영희(리스크 관리)

철수는 하나라도 빨리 배워서 자신의 매매 기법과 타점을 다듬고 싶어 한다. 여러 가지 기술적 분석 중에서도 가장 관심이 있는 것은 타점과 관련된 매수, 매도 구간과 관련된 정보다. 철수에게 개념과 원리는 중요하지 않다. 복잡하게 이해하고 싶지 않고, 매매에도 도움이 되지 않는다고 생각하기 때문이다.

반면 영희는 리스크 관리를 우선시하며 기술적 분석의 다양한 개념과 원리를 이해한 상태에서 자신이 책임질 수 있는 손절 구간을 고려한다. 이후 매수와 매도 구간에 대한 이해를 바탕으로 그동안 배워왔던 다양한 근거를 연결해 매매 시나리오의 신뢰도를 높이는 데 집중한다.

철수와 영희는 같은 자료를 보지만, 서로 전혀 다른 접근을 한다. 누구나 영희가 옳다는 것을 알지만, 대부분 영희처럼 공부하지는 않는다. 인간은 언제나 조금 더 편하고, 쉬운 길을 선택하기 때문이다. 하지만 투자에서 공부든 매매든 편하고 쉬운 길에는 부정적인 결과가 따라오기 마련이다.

영희의 리스크 관리를 우선시하는 관점으로 기술적 분석의 개념과 원리를 정확히 이해할 경우, 다양한 근거들을 기반으로 신뢰성 있는 매매 전략이 수립될 가능성이 높다. 반대로 철수의 경우 개념과 원리를 이해하지 못한 상태이기 때문에 복합적인 사고가 불가능하다. 결국 단일 근거로만 매매에 임할 가능성이 높다.

성장은 본인의 관점과 태도에서 시작된다. 지금까지 기술적 분석 자료들을 '수익'을 목적으로 접근하였다면 이제는 '올바른 관점과 태도'로 접근하여 그동안 놓쳤던 중요한 요소(개념, 원리 등)를 배워 꾸준히 성공할 수 있는 투자자가 되기를 기대해본다.

지지와 저항의 개념, 특징 그리고 원리

기술적 분석의 지표를 알고리즘 복잡도 기반으로 분류하는 경우, 이렇게 말할 수 있다.

- 1단계 지표: 파라미터 개수가 한정적이고 시스템 구현이 평이한 지표

  예) 이동평균선
- 2단계 지표: 파라미터가 연속적이고 시각적인 패턴

  예) 이중바닥 패턴
- 3단계 지표: 시장 참여자들의 심리적인 컨센서스에 의해 정의되는 지표

  예) 지지와 저항

알고리즘 복잡도가 올라갈수록 엣지(시장 평균보다 우월한 성과를 낼 수 있는 차별적인 강점)가 올라가게 된다. 여기서 엣지가 올라간다는 것은 다른 사람에게 설명도 안 되고 복잡하게만 보이는 것을 의미하는 것이 아니다. 다만 누구나 쉽게 이해하고 구현 가능하다면 엣지는 사라지고 초과 수익을 보기 힘들다는 접근이 좋다.

"Simple is Best", "Keep it Simple"이라는 말의 무게와 의미를 이해했을 때 비로소 엣지가 올라가는 사고 과정을 경험할 수 있다. 그제서야 단순함에 도달하는 것이다. 이를 통찰과 통섭이라고 생각할 수 있다.

기술적 분석 지표 중 시장 참여자들의 심리적인 컨센서스를 다른 어떤 지표보다 명확

하게 보여주고 전략 수립 과정에서 중요하게 고려되는 지지와 저항에 대한 이해를 통해 추세를 읽어내는 데 도움이 되기를 바란다.

▦ 지지와 저항의 개념

지지와 저항의 개념은 다음과 같다.

- 지지: 주가의 하락 추세가 진행되는 과정 중 특정 구간에서 더 이상 하락하지 않는 가격대
- 저항: 주가의 상승 추세가 진행되는 과정 중 특정 구간에서 더 이상 상승하지 않는 가격대

즉, 지지와 저항은 상, 하방 추세에서 해당 흐름이 지속되지 않는 구간 혹은 가격대를 의미한다. 다음 예시와 함께 해당 개념을 쉽게 이해해보자.

루닛 일봉

루닛 일봉 차트를 보면 현재 상, 하 주요 지지와 저항선을 확인할 수 있다. 먼저 저항선 (위)을 살펴보면, 좌측 어깨 고점 구간이 우측 어깨에서 저항으로 작용한다. 이후 돌파 실패 후 주가가 하락하는 모습을 보인다. 반대로 지지선(아래)을 보면 좌측 지지를 받은 위치에서 우측에서도 지지를 받으며 반등하는 모습을 확인할 수 있다.

이를 심리적으로 해석하면 저항선은 해당 구간에서 차익 실현하려는 매도세가 우위에 있기 때문에 주가가 하락하는 것이고, 지지선은 해당 구간에서 앵커링 효과(Anchoring Effect, 과거 매수가격이나 특정 가격 수준을 기준점으로 삼아 합리적인 투자 판단을 하지 못하고 고착되는 인지 편향)에 따른 반등을 기대하는 매수세가 우위에 있기 때문에 주가가 상승하는 것이다.

▐▌ 지지와 저항의 특징

지지와 저항은 전환 관련하여 다음과 같은 두 가지 특징을 지니고 있다.

첫 번째 전환의 특징은 캔들 패턴에서 배운 추세 전환 패턴의 원리와 같다. 즉 기존의 단기, 중장기 주가의 방향성이 지지와 저항 구간에서 단기 또는 중장기적으로 전환될 가능성이 있다. 따라서 이 구간에서 매수와 매도 전략을 세우는 것이 꽤 유효할 수 있다. 여기에 추가로 다른 근거들이 중첩된다면 신뢰도는 더 높아진다.

두 번째 전환의 특징은 SR FLIP(지지선과 저항선의 전환)이다. 예를 들어 지지선의 가격이 만 원이라면 해당 가격에서 지지를 받지 못하고 하락할 경우 만 원은 저항선으로 전환된다. 반대로 저항선이 만 원인데 상승 돌파할 경우 해당 저항선은 지지선으로 전환된다.

▐▌ 지지와 저항의 원리

지지와 저항은 복합적인 상황(고가, 이슈, 시장 변화 등)에서 나타나는 매수세와 매도세의 변화에서 발생한다. 시장의 모든 가격 움직임은 다음 세 집단에 의해서 형성된다.

ⓐ 가격이 낮다고 생각하는 투자자
ⓑ 가격이 높다고 생각하는 투자자
ⓒ 판단을 보류하고 관망하는 투자자

예를 들어 집단의 영향력에 따라 다음과 같은 결과가 나타날 수 있다.

ⓐ 집단의 비율이 가장 높다면, 매수세가 강해지면서 주가는 상승한다.

ⓑ 집단이 강하다면 차익 실현 물량(매도세)이 나오면서 주가는 하락한다.

ⓒ 집단이 강하다면 매수와 매도는 균형을 이루면서 주가는 횡보한다.

결과적으로 지지와 저항은 당시의 복합적인 요소들에 따른 특정 집단의 공감과 행동 (매수, 매도)에 의해 결정된다고 볼 수 있다.

지지와 저항의 중첩과 시간 개념

지지와 저항의 기술적 분석에서 중요 키워드는 '중첩'과 '시간 개념'이다. 여기서 말하는 중첩에는 아래와 같은 두 가지 의미가 담겨 있다.

① 특정 가격대(고점과 저점)의 중첩
② 지지와 저항과 다른 근거들의 중첩

첫 번째 특정 가격대(고점과 저점)의 중첩은 두 가지 예시로 들 수 있다.

• 지지: 특정 가격대에서 지속적인 지지를 받으며 저점 형성
• 저항: 특정 가격대에서 지속적인 저항을 받으며 고점 형성

만약 특정 가격대에서 반복적인 지지와 저항이 있었다면 이는 신뢰도 높은 근거로 활용할 수 있다.

두 번째 지지와 저항과 다른 근거들의 중첩은 이렇게 설명할 수 있다. 단일 근거(지지와 저항)로만 기술적 분석을 진행하면 하나의 근거인 만큼 기술적 분석의 신뢰도가 낮다고 볼 수 있다. 신뢰도는 유의미한 근거들이 중첩될수록 높아지기 때문에 지지와 저항도 이동평균선, 매물대, 라운드 피겨 등 다양한 근거들과 함께 살펴보아야 한다.

예를 들어 만 원 가격대에서 강한 저항을 받은 이력이 있는 종목의 경우, 만 원이라는 상징적인 금액과 과거의 저항 구간이 중첩되기 때문에 해당 구간에서 강한 차익 실현 매물이 나올 확률이 높다. 따라서 본인이 해당 주식의 분할 매도를 계획 중이라면, 해당 가격 근처에서 일부를 차익 실현하여 수익을 확보한 상태에서 돌파 여부를 지켜보는 전략을 고려할 수 있다.

지지와 저항의 시간 개념은 장기간 형성된 지지선과 저항선일 경우 신뢰도가 높다는 것을 말한다. 이는 이동평균선에서 더욱 명확히 나타나는데, 특정 주가가 상승 이후 조정 구간에서 단기 이동평균선의 지지를 받을 가능성보다 중장기 이동평균선에서 지지를 받을 확률이 높다는 것과 동일하다. 시간이 길수록 지지와 저항의 신뢰도가 높은 이유는, 기간이 길수록 해당 구간에 누적된 참여자들이 많기 때문에 집단적 공감과 행동으로 이어질 확률이 높기 때문이다.

이상으로 지지와 저항의 개념과 특징, 원리, 그리고 중첩과 시간 개념을 알아보았다. 이후 피보나치, 이동평균선, 매물대, 고가와 저가, 추세선(Trend Line)에 대한 개념 설명과 함께 지지와 저항을 더 자세히 알아보겠다.

피보나치 되돌림

　지지와 저항을 설명하는데 매물대도 아니고, 이동평균선도 아닌, 피보나치를 가장 먼저 소개하다니. 아마 의아하신 분들이 많을 것이라 생각한다. 하지만 이 책의 복기 자료, 시장 분석 자료 등을 보면 피보나치를 메인으로 활용하는 것을 알 수 있다. 그만큼 피보나치는 지지와 저항 관련하여 활용도가 높은 도구다.

피보나치 되돌림의 기본 개념

　피보나치 되돌림은 기술적 분석에서 잠재적인 지지 및 저항 수준을 식별하는 데 사용하는 기술적 분석 도구다. 실제로 어떻게 기술적 분석에 활용하는지는 이후에 자세히 살펴보도록 하고, 먼저 피보나치수열의 기본 법칙을 알아보도록 하겠다.

피보나치 수열

$$1 \quad 1 \quad 2 \quad 3 \quad 5 \quad 8 \quad 13 \quad 21 \quad 34 \quad 55 \cdots$$

피보나치수열은 이전 두 숫자의 합이 다음 숫자가 되는 수의 배열을 의미한다. 이 수열은 꽃잎, 나무줄기, 해바라기씨의 배열 등 자연계에서도 자주 나타난다.

피보나치 비율

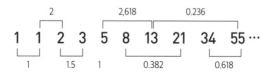

피보나치수열에 대한 이해는 쉬우니, 비율까지 살펴보겠다. 피보나치수열의 비율은 일정한 법칙이 있다. 위 이미지와 아래 내용을 참고하길 바란다.

ⓐ 각각의 수를 1개 뒤의 수로 나눴을 때

예: 1÷1=1, 1÷2=0.5, 8÷13=0.615, 13÷21=0.619, 21÷34=0.618

→ 뒤로 갈수록 0.618로 고정

ⓑ 반대로 각각의 수를 1개 앞의 수로 나눴을 때

예: 1÷1=1, 2÷1=2.0, 3÷2=1.5, 21÷13=1.615, 34÷21=1.619, 55÷34=1.618

→ 뒤로 갈수록 1.618 고정

ⓒ 각각의 수를 2개 뒤의 수로 나눴을 때

예: 5÷13=0.384, 21÷55=0.381, 34÷89=0.382

→ 뒤로 갈수록 0.382 고정

ⓓ 각각의 수를 3개 뒤의 수로 나눴을 때

예: 5÷21=0.238, 8÷34=0.235, 13÷55=0.236

→ 뒤로 갈수록 0.236 고정

이해하기 어려운 분들은 이런 규칙성이 있다고 이해만 하면 된다. 이 비율이 중요한 이유는 우리가 흔히 알고 있는 황금비(1:1.618)이기 때문이다. 이런 피보나치 비율을 기술적 분석에서 어떻게 사용하는지 알아보자.

먼저 명확한 상, 하락 추세에서 변곡점에 해당하는 저점과 고점을 긋는다. 이후 23.6%, 38.2%, 50%, 61.8%, 78.6% 구간에서 상승 추세일 경우 지지로 활용하고, 하락 추세일 경우 저항으로 활용한다고 생각하면 된다.

아래 상승 추세와 하락 추세별 '피보나치 되돌림' 설명과 함께 실제 예시도 살펴보면 이해가 더욱 쉬워진다.

╟╢╟ 상승 추세: 지지 예상 도구

앞에서 말한 것처럼 피보나치는 상승과 하락 추세에서 각 수열의 역할이 지지냐, 저항이냐로 바뀐다. 먼저 상승 추세를 살펴보겠다. 어떤 종목 혹은 지수의 상승 추세에서 한 파동의 명확한 변곡점(고점에 조정)이 발생 시 해당 파동의 눌림 구간을 예측할 수 있는 도구라고 생각하면 된다.

'피보나치와 LG전자 일봉' 이미지 중 왼쪽 이미지를 먼저 보면, 저점을 시작으로 고점까지 피보나치 선을 그었을 때 1과 0 사이의 0.786, 0.618, 0.5, 0.382, 0.236의 수열을 확인할 수 있다. 각 수열이 의미하는 핵심은 '지지'다. 보통 가장 자주 사용하는 수열은 0.382, 0.5, 0.618이고 강한 상승 추세의 경우 0.5 이상에서 반등하는 경우가 많다.

피보나치와 LG전자 일봉

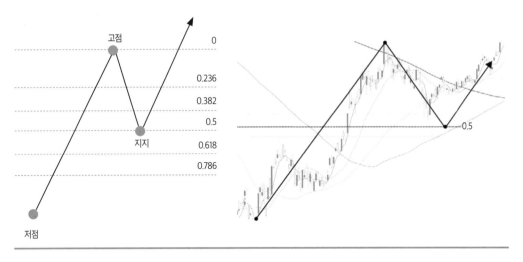

우측 이미지를 보면, 상승 추세의 한 파동을 확인할 수 있다. 저점과 고점이 명확하였고, 피보나치수열을 활용했을 때, 0.5 부근에서 지지를 받고 다시 상승하는 것을 확인할 수 있다.

이렇게 보면 마치 피보나치가 무적의 기법인 것처럼 보일 수 있지만 당연히 그렇지 않다. 피보나치 되돌림과 더불어 모든 기술적 분석 요소들은 하나의 근거를 마련하는 도구로 활용해야 한다. 여러 근거 중 하나라는 의미이며, 공식처럼 다가가면 큰 낭패를 볼 수 있다는 점이다. 다음 예시를 보자.

SK하이닉스 일봉

SK하이닉스 일봉에서 2021년 10월 13일 저점부터 12월 30일까지의 상승 파동을 피보나치로 그었을 때 0.5 구간에서 지지를 받고 반등하는 모습을 볼 수 있다. 실제 매매를 한다고 생각하고, 해당 구간에서의 반등 근거를 조금 더 살펴보자.

- 해당 구간은 갭을 메꾸는 자리로 갭을 메꾼 뒤 반등하는 경우가 높다.
- 2022년 1월 27일은 단군 이래 상장 최대어인 LG에너지솔루션 상장일로 시장 내 유동성이 LG에너지솔루션으로 쏠리는 현상이 발생하였으며, 당시 삼성전자는 2.73% 하락하였다. 따라서 유동성에 따른 일시적 충격으로 반등을 고려할 수 있다.
- RSI도 바닥에 근접한 모습이다.
- 해당 구간에서 과거부터 여러 차례의 지지를 받은 것을 확인할 수 있다.

이처럼 여러 근거들이 중첩되었을 때 해당 구간에서 매매 전략을 수립할 수 있다.

▓▓ 하락 추세: 저항 예측 도구

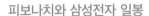

피보나치와 삼성전자 일봉

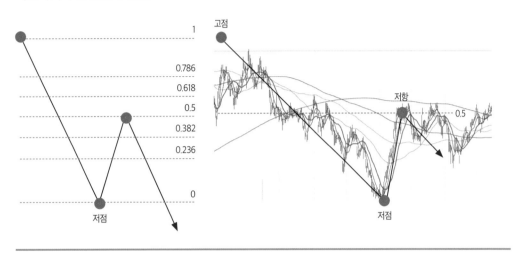

하락 추세 피보나치는 상승 추세에서 정확히 반대로 생각하면 된다. 하락 추세의 고점을 시작으로 저점의 변곡점을 그었을 때, 예상 저항 구간을 확인할 수 있다. 위에 제시된 이미지 중 우측의 삼성전자 일봉을 보면, 하나의 하락 파동이 완성되고 되돌림(반등) 0.5 구간까지 일어난 뒤 저항 이후 다시 하락하는 모습을 확인할 수 있다. 다음 예시를 보자.

다음 페이지에 있는 LG전자의 주봉 차트를 보면, 고점과 저점 이후 반등 구간에서 0.382 구간까지 반등한 후 다시 하락하는 모습을 확인할 수 있다. 이처럼 피보나치 되돌림은 상승 추세와 반대로 반등 구간의 '저항'을 예측할 수 있다.

이상으로 피보나치 되돌림을 활용한 각 추세별 지지와 저항을 알아보았다. 마지막으로 피보나치는 '지지와 저항'의 예측 도구다. 예측의 신뢰를 높일 수 있는 방법은 다른 요소(매물대, 추세선, 이평선, 고점, 저점 등)의 지지와 저항을 함께 살펴보는 것이다.

예를 들어 LG전자의 경우 0.382 구간이 과거 박스권 구간의 상단으로 추가 저항 가능

LG전자 주봉

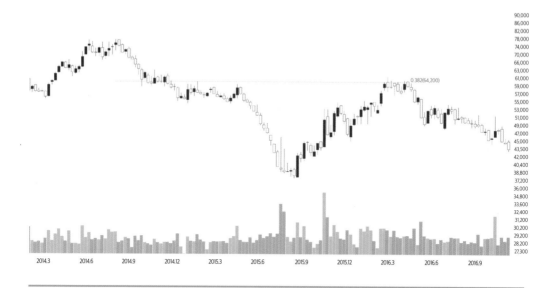

성이 생긴 것을 확인할 수 있다. 이런 식으로 피보나치 하나의 근거가 아닌 다양한 근거들을 복합적으로 사고하였을 때 매매 전략의 신뢰도가 높아지고, 그에 따른 결과들도 긍정적으로 나타날 확률이 높아진다.

- 피보나치는 명확한 상승과 하락 추세에서 정확도가 높다.
- 다시 말하지만, 맹신이 아닌 '하나의 근거'로 활용하자.
- 시간대가 더 높을수록 신뢰도가 높아진다. (예: 분→일→주→월)

이동평균선으로 보는 지지와 저항

이동평균선 파트에서 이동평균선을 활용한 지지와 저항을 이미 설명했었다. 하지만 가장 중요한 내용이므로 추가로 설명하겠다. 대부분 5일, 20일 등 주요 이평선이 지지와 저항의 역할을 한다는 것을 이미 알고 있을 것이다. 이는 앞에서 설명한 것처럼 주가의 상승은 집단의 공감(상승 기대감)과 행동(매수, 매도)에 의해서 결정된다. 그런 점을 고려했을 때, 집단이 중요하게 생각하는 이평선에 대한 고민 역시 당연히 필요하다.

예를 들어 20일 이평선은 '생명선'이라고 불린다. 많은 참여자들이 알고 있는 정보라는 점에서 단기적으로 상승 후 20일 이평선까지 조정이 올 경우 반등을 기대한 매수세가 유입되며 해당 이평선에서 강한 지지를 확인할 수 있다. 이처럼 이평선이든, 매물대든 그저 시장 참여자들의 집단적 공감과 행동에 의해 지지와 저항이 일어난다는 핵심 원리를 이해한 상태에서 유의미한 분석을 이어가는 것이 중요하다.

여기까지는 대부분 알고 있는 이동평균선의 지지와 저항이다. 그럼 이런 의문이 들 수 있다.

"이평선은 1, 2, 3, 4, 5, 6, 300, 500일 등 끝도 없는데
모든 이평선이 중요하다는 건 아무것도 중요하지 않다는 거 아냐?"

지극히 합리적인 의문이다. 그렇기 때문에 중요한 것은 통상적으로 유의미하다고 알

려진 이동평균선의 종류와 반복적인 패턴을 이용한 이동평균선을 색출하는 것이다. 통상적으로 유의미한 이동평균선의 종류에는 '5, 10, 20, 60, 120, 240' 정도가 있으며 '3, 8, 45' 등 다양한 이동평균선이 추가로 전파되고 있다. 이 정도로 통용되는 이동평균선이 있다는 정도로 넘어가되 핵심은 이동평균선의 시간 개념과 트레이딩 전략에 따라 이평선을 다르게 해석하는 것이다. 예를 들어보자.

ᴵᴵᴵᴵ 이동평균선의 시간 개념 예시

A 투자자는 주로 단기 스윙 매매를 하며, 주도주 위주로 트레이딩을 하는 사람이다. A 투자자의 트레이딩 방식을 고려했을 때 장기 이평선에 대한 고려보다는 단기 이평선을 우선순위로 고려할 것이며, 매매 전략을 이런 식으로 예상해볼 수 있다.

A 투자자의 매매 전략

① 급등 이후 5일 선과의 이격이 큰 상태이니 조정 구간을 공략한다.
② 5일 선(가격: 10,000원) 하방 이탈 시 -5% 손절 라인으로 전략을 수립한다.
③ 매도는 이전 고점 부근인 12,500원 1차 매도, 이후 5일 선 이탈 시 추세 종료라는 판단으로 매도한다.
④ 5일 선 10,000원 가격 도착 시 매수한다.
⑤ 미리 자동 손절을 설정한다.

해당 시나리오에서 A 투자자는 5일 선에서 지지 후 반등을 예상하여, 이동평균선을 기준으로 매매 전략(매수, 매도, 손절)을 수립했다. 이동평균선을 활용한 '리스크 관리'가 포함된 매매 전략이 수립되었다는 것이 중요하다.

B 투자자는 중·장기 매매를 하며, 큰 범위에서 추세가 전환되었을 때 매수하고, 추세가 종료되면 매도를 하는 추세 추종을 지향한다. 타임 프레임을 길게 보는 투자를 하기 때문에 단기 이평선의 움직임보다는 중·장기 이평선의 방향, 그리고 지지와 저항을 고려한다. B 투자자의 매매 전략은 이렇게 예상해볼 수 있다.

B 투자자의 매매 전략

① 20일 이평선과 120일 이평선의 골든 크로스 발생 후 눌림을 공략한다.

② 60일 선(가격: 100,000원) 이탈 시 손절 라인으로 전략을 수립한다.

③ 매도는 추세 종료 시점이다.

④ 20일 선(가격: 100,500원)에서 매수한다.

⑤ 미리 자동 손절을 설정한다.

A와 B의 예시를 보면 알 수 있듯이, A 투자자와 B 투자자 모두 이동평균선을 기준으로 매매 전략을 짰고 리스크 관리를 우선시했다. 원리 자체는 동일하지만, 투자의 방식에 따라 각자 의미 있게 보는 이동평균선의 종류가 다를 뿐이다.

이동평균선의 반복적인 패턴

마지막으로 이동평균선의 반복적인 패턴을 통해 유의미한 이동평균선을 활용하는 방법이다. 이 방식은 직관적으로 주요 이평선을 체크할 수 있다는 장점과 이에 따라 노이즈를 최소화할 수 있다는 장점이 있다.

카페24 주봉

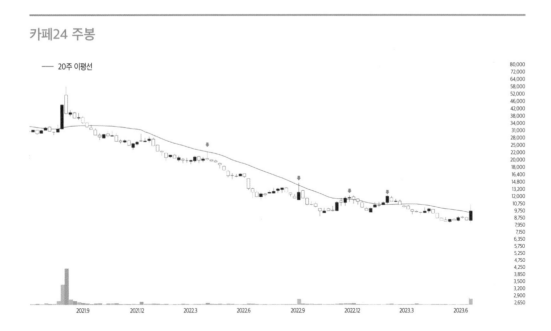

이 이미지는 카페24의 주봉이다. 보았을 때 반복적으로 저항을 받은 이평선이 20주 이 평선이라는 것을 알 수 있다. 때문에 해당 종목의 의미 있는 이평선은 20주 이평선이라고 해석할 수 있다. 추세 추종의 기본인 상승 추세에만 참여한다는 관점이라면 20주 이평선 돌파 여부를 제외한 구간은 노이즈(하락 추세의 지속)로 판단할 수 있다.

카페24는 긴 하락(기간 및 가격 조정) 이후 2023년 6월 셋째 주 처음으로 20주 선을 돌 파하였다. 여기서부터 중장기 추세의 변곡점 가능성을 확인했다는 정도로 의미 있게 관 찰할 수 있다. 이후 추세가 어떤 식으로 진행되었는지는 다음 차트를 보면 알 수 있다.

보는 바와 같이 주봉상 '1파 충격파 발생 → 조정 → 3파 진행 중'인 모습을 확인할 수 있다. 이처럼 이평선의 유의미한 저항선을 돌파하면 신뢰도가 높은 패턴으로서 추세의 변곡점으로 활용할 수 있다.

마지막으로 돌파 시점의 빨간색 화살표 표시와 우측 2파의 저점을 보면 60주 이평선이 돌파되면서 저항선이 지지선으로 전환되는 것을 확인할 수 있다. '지지선 → 돌파 → 저항선 전환', '저항선 → 돌파 → 지지선 전환'처럼 지지와 저항의 핵심 개념인 지지와 저항의 전환을 꼭 숙지하기를 바란다.

매물대 차트

매물대 차트의 역사는 캔들의 창시자로 소개했던 혼마 무네히사로부터 시작된다. 18세기 일본 쌀 선물시장에서 활동하던 상인 혼마 무네히사는 쌀 가격을 예측하기 위해 매물대 차트를 사용했다고 전해진다. 그는 쌀 가격이 특정 가격대에서 거래량이 많으면 그 가격대는 지지선이나 저항선으로 작용할 가능성이 높다는 것을 발견하였다. 다만 구체화된 것은 1970년대에 미국의 데이 트레이더 래리 R. 윌리엄스(Larry Richard Williams)가 개발한 것으로 알려져 있다. 그는 매물대 차트를 이용하여 주가의 추세를 예측하는 데 성공하여 큰 인기를 얻었다.

매물대 차트는 주가의 지지선과 저항선을 파악하는 데 유용한 도구로, 기술적 분석의 주요 지표 중 하나로 자리 잡고 있다. 한국에서는 1990년대 이후 매물대 차트가 본격적으로 소개되기 시작하였다. 현재는 한국의 많은 투자자들이 매물대 차트를 활용하여 주가를 분석하고 있다. 매물대 차트는 특정 가격대의 거래량을 수평 방향 히스토그램으로 표시한 차트다. 일반적으로 캔들 차트나 바 차트와 함께 사용되어 주가의 지지선과 저항선을 파악하는 데 사용된다. 다음 예시와 함께 살펴보자.

ᵢₗᵢ 매물대 차트 예시

삼성전자 일봉 매물대

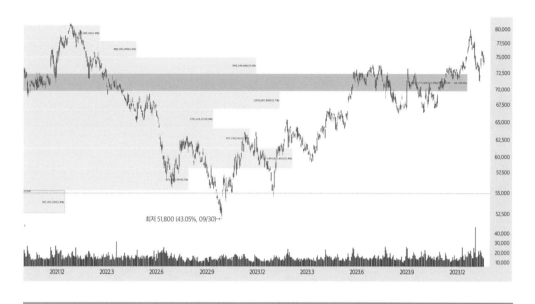

삼성전자 일봉을 보면 가장 수치가 큰 매물대와 그다음으로 큰 매물대에서 박스권 흐름을 보인다. 박스권 흐름 중 상단은 저항, 하단은 지지를 의미한다는 점에서 매물대가 지지와 저항의 역할을 하고 있다는 것을 확인할 수 있다. 이런 매물대는 구간이라는 점에서 몇 가지 주의해야 할 사항이 있다.

① 면의 개념이기 때문에 정확한 매수, 매도에 대한 기준을 갖기 어렵다.
② 시간 개념이 포함되었기 때문에 차트에서 적절한 기간을 설정해야 한다.

첫 번째로 매물대 차트는 면의 개념이기 때문에 정확한 매수, 매도에 대한 기준을 잡기 어렵다. 매매 전략 때 필요한 특정 가격을 선택하기 어렵다는 의미다. 따라서 매물대 차트로 큰 지지와 저항을 확인한 뒤, 다른 기술적 분석을 함께 고려하여 세밀한 매매 전략을 수립해야 한다.

두 번째로 매물대 차트에는 시간 개념이 포함되어 있기 때문에 내게 필요한 적정 기간을 설정해야 한다. 이런 기준을 설정하지 않을 경우 유의미한 매물대가 아닌 노이즈로 작용할 수 있다. 예를 들어 의미 있는 기간(예: 60, 120, 240 등)을 설정하거나 추세의 시작과 끝을 기준으로 삼을 수 있다. 다음 예시 이미지를 보고 시간대별 매물대의 변화를 확인해 보자.

마이크로투나노 매물대 짧은 기간 설정

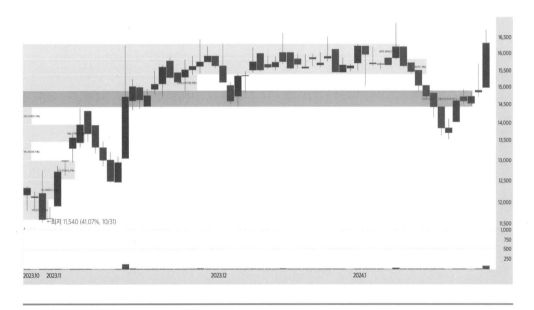

마이크로투나노 매물대 전체 기간 설정

이상으로 매물대 차트를 통해 지지와 저항을 살펴보는 방법을 배웠다. 직관적인 지표로써 활용도가 높다는 점은 장점이나 면의 개념이기 때문에 특정 가격을 기준 삼기는 어렵다는 게 단점이다. 때문에 앞서 설명한 것처럼 구체적인 매매 전략을 세우려면 다른 기술적 분석의 근거들을 반드시 함께 살펴야 한다. 또 시간 개념이 있기 때문에 적절한 기간 혹은 추세를 기준으로 삼아야 한다.

고점과 저점

고점과 저점에서 지지와 저항이 일어나는 이유는 가장 활발하게 거래가 이루어진 매물대이기 때문이다. 지지와 저항의 핵심은 집단적 공감과 행동이라고 말한 것처럼 사람들의 군중 심리가 발생할 수 있을 만한 가격 혹은 구간일 때 더 명확히 나타난다. 조금 더 자세한 설명을 위해 실제 예시와 함께 각각의 요소를 살펴보자.

저항(고점)

한미글로벌 주봉(네 번의 저항)

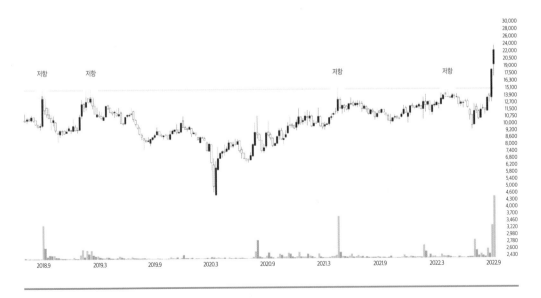

한미글로벌 주봉의 상단 노란색 선을 보면 해당 가격 구간에서 총 네 번의 저항을 받는다. 이는 해당 가격대에서 차익 실현 욕구가 커지는 집단적 공감과 행동에 의한 매도 물량이 많아지기 때문이다.

한 가지 더 확인해보자. 위 한미글로벌은 네 번의 저항 끝에 해당 저항선을 우측 강한 거래량을 동반한 양봉으로 돌파하였다. 4번의 중첩된 고점을 거래량을 동반하며 강하게 돌파했다는 것은 그만큼 강한 상승 추세의 시그널이자, 추세의 전환(박스권 혹은 하락 → 상승)을 의미한다. 이후 주가의 움직임은 다음과 같다.

한미글로벌 주봉(저항선 돌파 이후)

이와 같이 중요한 저항선을 돌파한 이후 주가는 대략 고점 기준 400% 가까이 상승하였다. 정리하자면 저항선에서 중요한 요소는 (1) 중첩, (2) 추세 전환, (3) SR FLIP이다.

중첩

특정 가격대에서 동일한 저항을 받은 가격대일수록 해당 저항선의 신뢰도는 높아질 수밖에 없다. 이는 당연하다. 여러 번 해당 저항선을 돌파하지 못했다는 것은 차익 실현 욕구를 부추길 것이고, 이는 집단적 행동(매도)으로 일어날 확률이 높기 때문이다.

추세 전환

중첩의 설명에 따르면 매도세가 극단적으로 높아질 수 있는 가격대에서 매수세가 이를 전부 삼킨다는 의미는 반대로 참여자들로 하여금 해당 주가의 상승을 기대하는 집단이 크다는 반증이기도 하다. 이는 상승 추세의 강한 시그널로 연결될 수 있다. 지지와 저항의 개념 정리에서 추세 전환의 특징은 단순히 지지뿐만 아니라 저항선 돌파에서도 대입할 수 있다는 것을 알 수 있다.

SR FLIP

LIG넥스원 일봉

SR FLIP은 다시 한번 설명하면 '지지선과 저항선의 전환'을 말한다. 지지와 저항의 특징 중 지지선이 돌파되면 저항선으로, 저항선이 돌파되면 지지선으로 전환된다는 것을 말했다. 예시로 보이는 LIG넥스원 차트는 저항선이 지지선으로 전환되어 돌파 이후 지지를 받은 뒤 재차 상승하는 것을 확인할 수 있다. 앞에서도 언급했던 중첩과 시간 개념은 SR FLIP에서도 중요하다. 오랜 기간 특정 고점과 저점에서 형성된 지지선과 저항선은 전환 시 강력한 지지와 저항으로 전환된다.

📊 지지(저점)

네이버 일봉

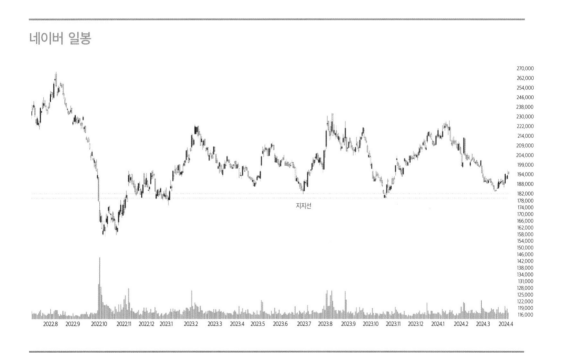

네이버 일봉 차트를 보면 하단 노란색 라인(지지선)에서 매수세가 유입되어 지지선이 단기적 추세를 상승으로 전환하고 있다. 지지선도 마찬가지로 오랜 시간 중첩될수록 신

뢰도가 높다. 따라서 박스권 구간의 지지선은 손익비가 좋은 매수 구간일 수 있다.

지지선이 손익비가 좋은 이유는 감당해야 하는 하락폭(명확한 손절 라인) 대비 기대할 수 있는 상승폭(무한)이 더 높기 때문이다. 이는 시장 참여자들이 집단 차원에서 공감할 수 있는 구간이기 때문에 매수가 발생할 확률이 높기 때문이라고 볼 수 있다.

다만, 염두에 두어야 할 것은 단일 근거(지지와 저항)로 접근할 경우 확률이 낮다는 점이다. 현재 시장의 방향성과 강세, 약세 업종, 해당 종목의 업종, 기본적 분석, 기술적 분석 등 전체적인 검토 과정을 거친 뒤 구체적인 매매 전략을 수립해야 한다. 여러 근거가 중첩되었을 때 확률적 우위에 설 수 있다는 점을 반드시 명심해야 한다.

책『부의 인문학』안에는 아래와 같은 내용이 있다.

당신은 세상을 보는 정신적 모형(판단 기준)을 몇 가지나 가지고 있는가? 하나만 가지고 있는 사람이 제일 위험한 사람이다. 망치만 든 사람은 세상 모든 게 못으로 보이기 때문이다. 정신적 모형을 많이 가질수록 투자에 유리하다는 증거가 있다. 심리학자 필립 E. 테틀록은 자신의 저서『전문가의 정치적 판단』에서 15년에 걸쳐서 전문가 수백 명에게 정치경제 사건을 예측해달라고 했고, 그 예측 결과를 추적했다.
예측 결과를 보니 다양한 분야를 조금씩 아는 전문가가 한 분야만 깊이 아는 전문가보다 예측을 잘했다는 것이 밝혀졌다. 즉 다양한 정신적 모형을 많이 가진 사람이 상대적으로 예측을 더 잘한 것이다.

-『부의 인문학』중

즉, 다양한 근거(정신적 모형)와 함께 복합적으로 사고할 수 있는 사람의 예측력이 더 좋았다는 것이다. 기술적 분석은 여러 분야 중 하나일 뿐이고, 지지와 저항은 그 안에서도 하나일 뿐이다. 우리는 작은 요소들을 배운 상태에서 각 요소를 연결하여 복합적인 사고 능력을 발휘하는 것에 집중해야 한다.

추세선

추세선에서 지지와 저항이 일어나는 원리는 고점과 저점에서 지지와 저항이 일어나는 원리와 동일하다. 추세선은 가격이 상승 또는 하락하는 추세를 직선으로 나타낸 선이다. 추세선에서 지지와 저항이 일어나는 원리는 다음과 같다. 상승 추세에서만 매매한다는 관점을 유지한 상태에서 아래 추세선의 상, 하단 선에서 투자자들의 심리를 읽어보겠다.

상승 추세선(SK하이닉스 일봉)

상승 추세는 매수세의 힘이 강한 추세를 의미한다. 이때 가격이 상단 추세선에 도달하면 투자자들은 해당 주식의 주가가 추세선을 넘어서 더 이상 상승할 수 있을지 의구심을 가질 수 있다. 이로 인해 상단 추세선 부근에서 매도세가 강해지고, 가격이 더 이상 상승하지 않고 하락할 수 있다.

하락 추세선(SK하이닉스 일봉)

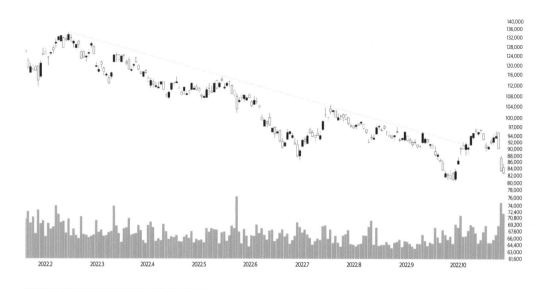

반대로 하단 추세선에 도달하면 상승을 예상하고 매도 포지션을 취한 투자자들이 주가의 상승 기대감으로 매수에 나서게 된다. 이로 인해 매수세가 강해지면서 가격이 더 이상 하락하지 않고 상승하게 된다.

즉, 추세선은 투자자들에게 익숙한 가격이기 때문에 해당 가격을 넘어서기 어려워하는 경향이 있으며, 기술적 분석에서 중요한 지표로 활용된다. 추세선은 가격의 추세를 예측하고 매매 시점을 결정하는 데 도움을 준다. 이런 추세선에서 지지와 저항이 강력하게 작용하는 경우를 정리하면 다음과 같다.

상승 또는 하락 추세가 강할 때

추세가 강할수록 지지와 저항은 강력하게 작용한다. 예를 들어, 상승 추세가 강할 때는 지지선이 강력하게 작용하여 가격의 하락을 저지할 가능성이 높다. 반대로 하락 추세에서는 저항이 강력하게 작용한다. 강한 추세를 봐야 하는 이유는 시장의 작은 파동보다 시장 전반적으로 매수와 매도의 힘이 강한지를 파악하여 작은 움직임에 흔들리지 않고 큰 움직임에 따라 매매 전략을 수립해야 하기 때문이다. 예를 들어 하락 추세에서 저항의 힘이 강하다는 것은 전반적으로 매도세가 강하다는 의미이며 이때 지지선은 돌파될 확률이 높다.

추세가 장기간 지속될 때

추세가 장기간 지속될수록 지지와 저항은 강력하게 작용한다. 예를 들어, 10년 이상 상승 추세를 유지하고 있는 종목의 경우, 지지선이 강력하게 작용하여 가격의 하락을 저지할 가능성이 높다. 위에서 반복적으로 설명한 시간 개념을 대입하면 이해하기 편하다.

추세선이 여러 번 중첩됐을 때

추세선이 여러 번 중첩될수록 지지와 저항은 강력하게 작용한다. 예를 들어 특정 가격이 지지선으로 여러 번 작용했다면, 해당 가격이 다시 지지선으로 작용할 가능성이 높다.

탑다운 관점으로 마무리

마지막으로 탑다운의 관점은 기술적 분석에서도 유효하다는 점을 다시 한번 말하고 싶다. 커다란 추세를 이해한 상태에서 작은 추세와 추세 안에 더 작은 패턴, 캔들, 지지와 저항 등을 통해 세밀한 분석을 해나갈수록 매매 전략의 완성도가 높아진다는 점을 꼭 기억하길 바란다.

지지와 저항은 기술적 분석 과정에서 반드시 체크해야 하는 요소다. 다만, 글에서도 설명한 것처럼 지지와 저항 하나로만 매매 전략을 수립하는 것은 리스크가 크다는 점을 꼭 기억하길 바란다.

탑다운을 쉽게 설명하면, 숲을 보고 나무를 보는 것과 같다. 이는 시간 단위의 개념을 대입하여 큰 타임 프레임에서 작은 타임 프레임으로 내려오는 관점이다. 예를 들어 단기 스윙의 특정 종목을 기술적 분석할 경우, '주봉 → 일봉 → 1시간봉'의 '장기 → 단기' 순서로 추세, 각 지지와 저항, 거래 대금 등을 연결하여 분석하는 것이다. 이때 중첩되는 요소를 찾는 것이 탑다운의 핵심이다.

중첩의 사전적 의미는 '거듭 겹치거나 포개어짐'이다. 비유하자면 정수기의 필터 시스템과 같다고 볼 수 있다. 불순물을 제거하기 위해 다양한 필터들이 중첩된 구조와 같이 기술적 분석에서도 시간 개념부터 캔들, 패턴, 지지와 저항, 보조 지표 등을 활용하여 중첩되는 요소를 최대한 분석해야 신뢰도가 높은 매매 전략을 짤 수 있다.

TOP DOWN

무조건 이기는 기술적 분석5
추세

추세의 전환 패턴

기술적 분석이 유의미한 이유 중 하나는 시장 참여자들의 심리와 행동이 늘 반복한다는 데 있다. 기술적 분석은 이런 과거에 발생했던 규칙을 토대로 트레이더가 확률적 사고를 할 수 있도록 근거를 제시한다. 특히 특정 구간에서 특정 모습이 특정 결과로 이어지는 현상이 반복되는 경우, 우리는 이를 패턴이라고 부른다. 패턴을 파악하고 있으면 우리는 감히 미래를 예상해볼 수 있는 근거가 생긴다.

차트에는 다양한 패턴들이 존재하며, 각 패턴들이 의미하는 바 또한 다르다. 따라서 패턴을 개별적으로 보는 것은 파편화된 정보들을 보는 것과 마찬가지다. 먼저 큰 카테고리의 키워드와 의미를 이해한 상태에서 작은 카테고리인 패턴을 살펴볼 때 보다 효율적으로 차트를 분석할 수 있다. 이번 키워드는 '추세의 전환' 패턴이다. 아래 소개할 헤드앤숄더, 이중천장형 등의 패턴은 모두 추세의 전환이 나타날 때 나오는 패턴들이다.

추세란 어떤 현상이 일정한 방향으로 나아가는 경향이다. 주가에는 '상승, 하락, 횡보' 이렇게 세 가지 추세가 있다. '추세를 역행하지 마라', '추세를 따르라' 등 많은 대가들이 추세의 중요성을 언급한다. 지금 설명하는 추세의 전환 패턴은 주가의 방향성이 바뀌는 시그널이자 강력한 매수와 매도 시그널이라는 점에서 매우 중요하다.

월스트리트에서 떠도는 내용 중 이런 이야기가 있다. 철로 위를 걷다가 앞에서 기차가 달려오는 것을 발견했다면 어떻게 하겠는가? 답은 옆으로 피했다가 기차가 지나간 후에 다시 철로 위를 걸으면 되는 것이다.

추세의 전환은 기차가 달려오고 지나가는 것을 발견한 것과 마찬가지다. 기차가 달려온다는 의미는 '상승 추세 → 하락 추세'의 패턴이 발생했다는 것을 말한다. 이런 경우 즉시 위험을 대비할 준비와 행동이 필요하다. 반대로 기차가 지나간 것은 '하락 추세 → 상승 혹은 횡보 추세'의 패턴이 발생했다는 것을 말하며, 위험이 지나가고 다시 철로 위를 걸을 수 있다는 시그널이다. 정리하자면 추세의 전환 패턴은 위험은 피하고, 기회는 잡을 수 있도록 돕는 시그널이다.

📊 추세의 전환 패턴 종류와 특징

추세의 전환 패턴은 크게 다음과 같이 분류된다.

- 헤드앤숄더와 역헤드앤숄더
- 이중천장형과 이중바닥형
- 원형
- V자형

이런 추세 전환 패턴의 특징은 다음과 같다.

① 중·장기적인 시간이 소요된다.
② 거래량과 함께 분석해야 한다.
③ 복합적인 요소들을 함께 분석해야 한다.

①의 경우 추세를 전환한다는 것은 주가의 생애 주기와도 같다. 한 종목 혹은 시장의

사이클이 끝나고 새로운 사이클의 개념으로 접근한다면, 추세 전환 패턴이 단기간에 이루어질 수 없다는 것은 당연한 이야기다.

②와 ③은 모든 기술적 분석에서 통용되는 개념이다. 거래량은 시나리오를 예측할 수 있는 훌륭한 도구이자, 기술적 분석에서 있는 그대로 해석할 수 있는 유일한 도구다. 또한, 복합적인 요소들을 함께 분석한다는 것은 기술적 분석에서 단 하나의 근거가 아닌 다양한 근거가 중첩되었을 때 확률적 우위를 점할 수 있으니 당연한 말이다.

여기까지 추세 및 추세 전환 패턴의 중요성을 알아보았다. 이제 추세 전환을 보이는 각 패턴을 더 자세하게 알아보자.

헤드앤숄더와 역헤드앤숄더 패턴

헤드앤숄더는 '상승 추세 → 하락 추세'의 전환을 알리는 강력한 시그널이자 가장 기본이 되는 반전형 패턴이다. 이 패턴은 무작정 암기하려고 하기보다는 원리를 이해하는 것이 보다 기억에 잘 남는다.

• 헤드앤숄더의 원리: 상승 추세 종목의 상승하는 힘이 소진될 때 나타나는 패턴

이 원리가 헤드앤숄더의 핵심이다. 어떠한 힘이 소진되어 간다는 것은 기존 방향성에 변화가 생길 수 있다는 의미다. 이 변화를 예상하는 패턴이 헤드앤숄더다. 패턴의 생성 과정을 보면서 더 구체적으로 알아보자.

ⅲⅲ 헤드앤숄더 1단계와 2단계

헤드앤숄더 1단계

헤드앤숄더의 1단계에서 중요한 키워드는 '상승 추세'와 '거래량'이다. 먼저 상승 추세는 상승 → 조정 → 상승이 반복되면서 저점과 고점이 높아지는 추세를 의미한다. 상승 추세가 유지된다는 것은 새로운 상승 구간에서 더 높은 가격을 기대하는 시장 참여자들

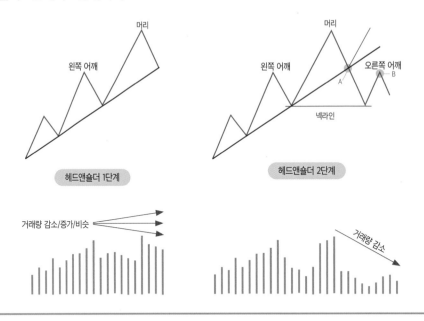

헤드앤숄더 1단계와 2단계의 구조

헤드앤숄더 1단계

헤드앤숄더 2단계

왼쪽 어깨 / 머리 / 오른쪽 어깨 / 넥라인

거래량 감소/증가/비슷

거래량 감소

이 참여한다는 말이다. 이는 거래량으로 확인할 수 있다.

　대부분의 책에서 헤드앤숄더 패턴의 거래량을 설명할 때 왼쪽 어깨 대비 머리의 거래량이 감소한다고 표현하였다. 그러나 실제 과거 대장주의 차트를 보면 증가하거나 비슷한 경우도 많다. 즉, 반드시 감소한다고 정의할 수는 없다. 이를 '왼쪽 어깨 대비 머리의 거래량은 감소'라고 공식처럼 생각할 경우 정작 헤드앤숄더의 중요한 시그널을 제대로 해석하지 못하는 경우가 발생할 수도 있다.

　파동 관점으로 헤드앤숄더를 해석하면 왼쪽 어깨는 3파, 머리는 5파로 해석할 수 있다. 5파는 분산이 일어나는 단계로 스마트 머니에서 개인으로의 손바뀜이 일어나는 구간이다. 통상적으로 이슈와 기대감이 최고조에 달하면서 거래량이 가장 많이 발생하는 구간으로 볼 수 있다. 이론마다 약간의 차이가 있을 수 있으니 공식처럼 생각하지 말고, 해당 패턴의 중요한 원리를 이해하도록 노력하자.

헤드앤숄더 2단계

헤드앤숄더 1단계에서 주가의 고점(머리)을 형성한 후 2단계를 보자. 거래량이 지속적으로 감소하면서 평소보다 깊은 하락과 동시에 추세선을 이탈하고, 이전 저점에서 반등하는 모습을 볼 수 있다. 해당 반등은 앵커링 효과로 고점 대비 싸졌다는 생각에 소규모 참여자들이 매수세에 가담했을 뿐, 상승 추세를 이어가기에는 힘이 많이 소진된 상태다. 따라서 일시적 반등으로 우측 어깨가 형성된 것을 확인할 수 있으며, 이때 머리 부분에 해당하는 고점을 넘기지 못했다는 것이 핵심이다.

① 추세선을 이탈한다.
② 이전 고점을 넘기지 못했다.
③ 거래량이 감소한다.

위 세 가지 요소만으로도 상승 추세가 마무리되고, 하락 추세로 전환될 가능성이 높다. 만약 상승 추세 구간에서 매수했다면 적절한 매도 시점은 추세의 1차 종료를 알리는 A 지점(주 추세선 이탈)과 B 지점(단기 반등에 의한 고점)이다. 대부분의 개인은 이 시점에 매도를 하지 못하고, 하락 추세 속 손실폭을 극대화하는 경향이 있다.

헤드앤숄더 3단계와 불규칙

헤드앤숄더 3단계

헤드앤숄더 3단계는 오른쪽 어깨가 완성된 뒤 주가가 끊임없이 하락하는 모습이다. 여기서 체크해야 할 것은 만약 반발 매수에 가담하여 짧은 매수 전략을 고려할 경우 이전 저점인 넥라인을 기준으로 매수 후 약 0.618~0.5 구간까지의 되돌림(반등) 구간에서 매도

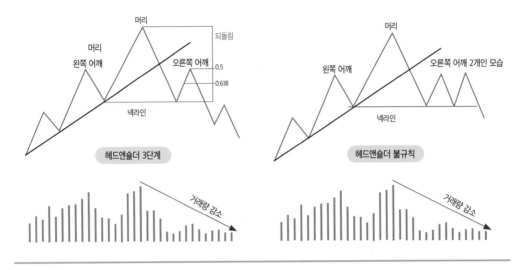

헤드앤숄더 3단계와 불규칙의 구조

하는 전략적 접근 또한 가능하다는 것이다. 다만, 이는 추세를 역행하는 매매 전략으로 기본적으로 리스크가 큰 전략이기 때문에 추천하지 않는다.

헤드앤숄더 불규칙

불규칙 패턴을 이야기하기 전에 명심할 부분이 있다. 주식투자를 할 때 연역적 사고를 하는 사람이 많다. 기술적 분석의 핵심은 원리를 이해하고 본질을 판단하려는 것이 목적인데, 이를 망각하고 패턴의 모양이 반드시 이래야 한다는 틀에 자신을 가두기도 한다. 이 경우 정작 패턴이 알려주는 중요한 시그널을 놓치는 오류를 범할 확률이 높아질 수 있다.

헤드앤숄더 패턴 또한 어떤 틀에 갇힌 모양이 아닌 불규칙 이미지처럼 불규칙적인 패턴이 나타날 수 있다는 점을 인지하고, 패턴의 모양이 아닌 이것이 가지고 있는 의미를 이해한 뒤 전략적으로 접근하는 게 중요하다는 것을 꼭 기억하자.

헤드앤숄더 하락폭 예상

헤드앤숄더의 하락폭 구조

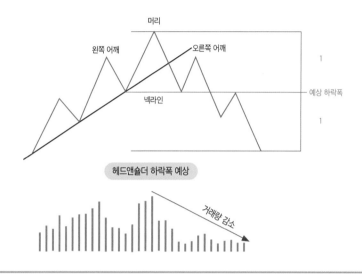

헤드앤숄더 패턴이 나올 경우 조정의 깊이와 길이감을 예측해볼 수 있다. 첫 번째 조정 이후 넥라인부터 머리 길이감만큼 추가로 하락한다는 가정이다. 유용하게 사용할 수 있으니 각자의 매매 전략에 참고하길 바란다.

ᴵᴵᴵ 역헤드앤숄더

역헤드앤숄더는 헤드앤숄더의 반대라고 생각하면 된다. 즉, 하락 추세에서 상승 추세로의 전환 패턴이다. 역헤드앤숄더는 왼쪽 어깨와 머리를 생성한 후 더 이상 저점이 낮아지지 않는다. 이후 오른쪽 어깨를 만들면서 추세의 변곡점을 알린다.

• 역헤드앤숄더의 원리: 하락 추세 종목의 하락하는 힘이 소진될 때 나타나는 패턴

역헤드앤숄더의 거래량을 살펴보면 최저점인 머리 이후 상승 구간에서 높은 거래량이 발생한다는 것을 알 수 있다.

역헤드앤숄더의 구조

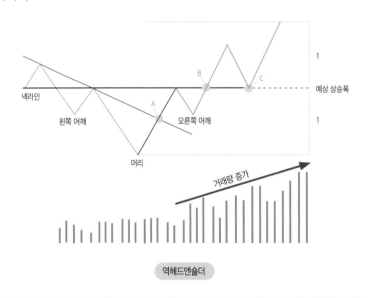

역헤드앤숄더

헤드앤숄더와 마찬가지로 역헤드앤숄더 패턴도 예상 상승폭을 계산할 수 있다. 예상 상승폭 계산 방법은 넥라인을 기준으로 머리부터 넥라인까지의 길이감과 동일하게 설정하면 된다. 매수를 고려해볼 수 있는 구간은 세 지점(A, B, C)이 있으며 각 지점이 의미하는 바는 아래와 같다.

• A: 하락 추세선을 돌파하는 시점, 추세 전환의 초입부로 리스크가 높다.
• B: 넥라인을 돌파하는 시점, 엘리어트 파동 관점으로 해석하면 3파 확정이 되는 위치다.

• C: 저항 역할을 했던 넥라인 돌파 후 조정 구간에서 넥라인이 지지선으로 전환되는 위치. 엘리어트 파동 관점으로 해석하면 4파의 위치다.

지금까지 역헤드앤숄더의 개념과 예상 상승폭, 매매 전략까지 알아보았다. 트레이더가 매수를 고려할 수 있는 패턴인 만큼 반드시 이해해야 한다. 다음에 제시된 헤드앤숄더와 역헤드앤숄더 발생 이후 주가의 움직임을 참고해보자.

헤드앤숄더와 역헤드앤숄더 실제 예시

헤드앤숄더 실제 예시

헤드앤숄더(SK하이닉스 일봉)

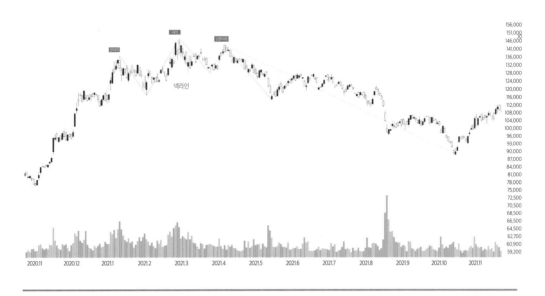

헤드앤숄더(LG화학 일봉)

고점이 낮아짐

저점이 낮아짐

하락 추세 전환

헤드앤숄더(KODEX 150선물인버스 일봉)

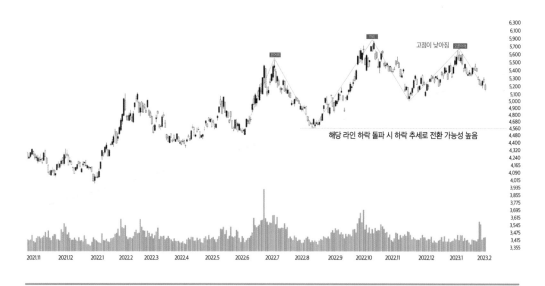

고점이 낮아짐

해당 라인 하락 돌파 시 하락 추세로 전환 가능성 높음 실제 헤드앤숄더(KODEX 150선물인버스 일봉)의 경우 넥라인을 하방 이탈하며 하락 추세로 전환하였다. 이후 2023년 1월부터 약 6개월가량 하락 추세가 지속되었다.

헤드앤숄더(KODEX 150선물인버스 일봉)

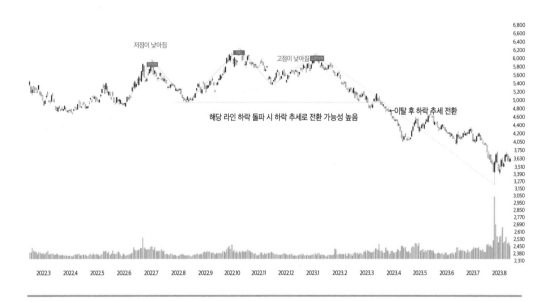

이처럼 간단하지만 무엇보다 신뢰도 높은 차트 패턴인 헤드앤숄더는 매수와 매도에 있어 상당히 중요한 부분을 차지하고 있기 때문에 반드시 알아두어야 한다.

역헤드앤숄더 실제 예시

역헤드앤숄더(삼성전자 일봉)

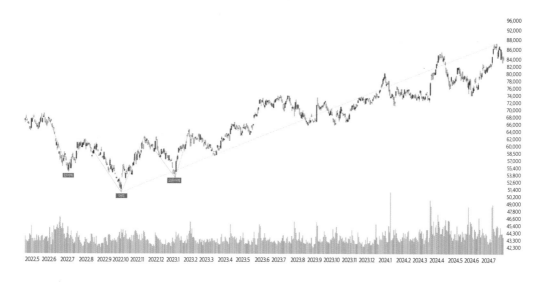

역헤드앤숄더(코스닥 일봉)

이중천장형과 이중바닥형 패턴

추세의 전환을 보여주는 중요한 패턴으로 이중천장형과 이중바닥형이 있다. 지금부터 이중천장형과 이중바닥형 패턴을 자세히 살펴보면서 어떻게 매매 전략에 활용할 수 있을지 알아보자.

▬ 이중천장형

이중천장형의 구조

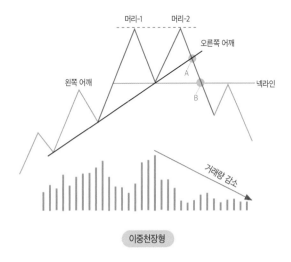

이중천장형

이중천장형 패턴에서 중요하게 확인해야 할 것은 아래와 같다.

① 거래량 감소
② 이중천장
③ 매도 시점

거래량 감소

거래량이 감소한다는 것은 상승 추세의 힘이 약해지고 있다는 것을 알리는 중요한 시그널이다. 모든 기술적 분석에서 거래량을 함께 봐야 하는 이유는 거래량을 토대로 해당 패턴의 신뢰도를 체크할 수 있기 때문이다.

이중천장

상승 추세의 의미를 살펴보면, 이전 저점과 고점을 지속적으로 높여가는 흐름이 상승 추세다. 만약 이전 고점을 넘기지 못할 경우 해당 상승 추세의 힘이 약해졌다는 의미이며, 이는 추세의 전환을 알리는 시그널이기도 하다. 이중천장형, 삼중천장형 모두 고점을 갱신하지 못하는 흐름이므로 이후 추세가 횡보 혹은 하락 국면으로 갈 수 있다는 사실을 인지하고 있어야 한다.

매도 시점

위에서 언급한 것과 같이 거래량과 주가의 고점 갱신 실패에 따라 추세의 전환을 예상할 수 있다. 먼저 A 지점인 주 추세선 이탈 시 매도를 실현할 수 있다. 또한, 넥라인 지점인 B 지점을 이탈할 경우 해당 추세가 하락 추세로 전환될 확률이 높다. 때문에 B 지점을 마지막 매도 시점으로 잡을 수 있다.

📊 이중바닥형

이중바닥형의 구조

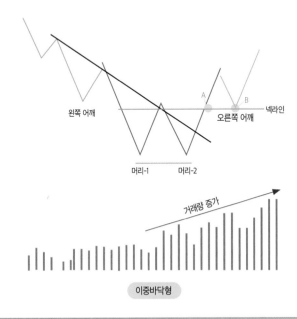

반대로 이중바닥형은 하락 추세를 지속하던 주가가 어느 순간 저점을 깨지 않고, 이중 바닥을 만든 뒤 고점을 돌파하는 형태다. 이중바닥형 역시 거래량이 중요하다. 주가가 두 번째 바닥을 만든 뒤 이전 고점을 돌파하는 상승 구간에서 거래량이 함께 증가해야 한다.

매수 시점을 살펴보면 넥라인, 즉, 이전 고점을 돌파하는 A 지점과 1차 상승 이후 조정 구간인 B 지점에서 매수를 고려할 수 있다. 손절의 경우 A, B 구간 전부 넥라인을 기준으 로 잡으면 된다.

비슷한 패턴으로 삼중천장형, 삼중바닥형이 있다. 모두 같은 원리에서 머리가 2개인 지 3개인지의 차이만 있을 뿐이니 참고하길 바란다.

이중천장형의 실제 예시

이중천장형(코스닥 일봉)

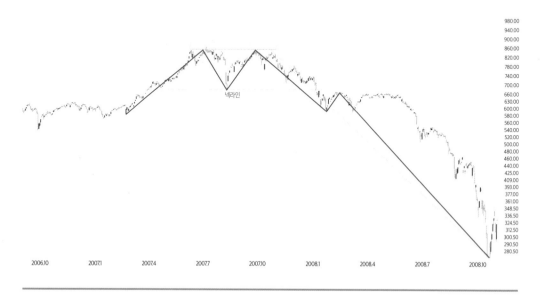

코스닥 일봉 차트에서 상승 추세 속 이중천장을 만든 뒤 넥라인을 이탈하여 하락 추세로 명확하게 전환된 것을 확인할 수 있다. 해당 매도 시점으로 넥라인을 하방 돌파한 A 지점과 단기 반등으로 이어진 B 지점에서 매도를 진행할 수 있다.

이중바닥형의 실제 예시

삼성전자 차트다. 하락 추세 이후 이중바닥을 만든 뒤 상승 추세로 전환하는 모습이다. 이미지에서도 알 수 있듯이 넥라인을 돌파하는 시점(A), 돌파 이후 조정 구간(B)에서 매수 시 안정적으로 상승 추세의 흐름에 편승할 수 있다.

이중바닥형(삼성전자 일봉)

원형과 V자형 패턴

 **원형 패턴**

원형 패턴은 다른 패턴 대비 장기적으로 형성된다는 특징이 있다. 다음 이미지는 마음에이아이 차트로 오랜 기간 상승 추세를 이어온 뒤, 고점을 형성한 후 서서히 하락하는 전형적인 원형 패턴을 보여준다. 여기서 좌우가 대칭인 모습을 확인할 수 있다.

원형천장형(마음AI)

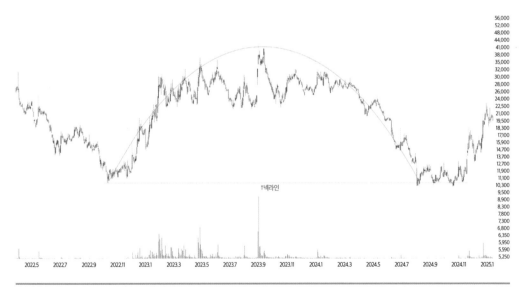

이때 원형 패턴의 넥라인은 다른 추세 전환형 패턴과 달리 큰 의미를 부여하지 않는다는 점도 중요하다.

▬▬ V자형 패턴

V자형 패턴은 V자형 패턴과 역V자형 패턴으로 나뉜다.

- V자형 패턴: 단기 악재에 의한 급격한 하락 이후 우려감 해소로 인한 매수세가 유입되어 가파르게 상승하며 생기는 패턴이다.
- 역V자형 패턴: 단기 이슈에 따른 급격한 상승 이후 재료 소멸에 의한 하락으로 생기는 패턴이다.

V자형 패턴은 이전 패턴과는 다르게 단기적이라는 특징을 갖고 있다. 일반적으로 급등, 급락주에서 많이 보이는 패턴으로 상승할 때 대규모 거래량이 발생하지만 하락할 때는 거래량이 감소하는 모습을 보인다.

경험적으로 V자형 패턴의 단기 급락 시 15%와 25% 부근에서 앵커링 효과에 따른 반발 매수세가 유입되는 경우가 많다. 이 부분은 참고만 하길 바라며, 악재에 따라 다르게 반응한다는 점에 주의하길 바란다.

ⅰⅰⅰ V자형과 역V자형의 실제 예시

V자형 실제 예시

V자형(코스닥 4시간봉)

V자형 패턴의 예시다. 해당 예시는 코스닥 차트다. 펜데믹 당시 악재에 의한 단기 급락 이후 유동성 공급에 따른 호재가 생기면서 거래량 증가와 함께 급등하였다.

역V자형 실제 예시

역V자형 패턴 예시다. 해당 종목은 초전도체로 단기간 급상승한 나인테크다. 3거래일 만에 바닥 대비 50% 상승한 이후 거래량이 줄어들면서 서서히 원점으로 돌아가는 것을 확인할 수 있다.

역V자형(나인테크 4시간봉)

추세의 지속 패턴

추세 추종의 기본은 '손실은 짧고, 이익은 길게'다. 이 문구에서 이익을 길게 하라는 것은 상승 추세에 편승하여 추세의 마지막까지 잘 버티고 이익을 극대화하라는 의미다. 문제는 인간의 본성은 수익을 빨리 확정 짓고 싶어 한다는 점이다. 예를 들어 조정 구간에서 약간만 주가가 흔들려도 수익을 급하게 실현하는 개인들이 대부분이다.

반대로 손실을 회피하려는 심리 때문에 손절은 머뭇거리다가 손실을 극대화한다. 이러한 반복된 행위는 결국 손실 최대화, 수익 최소화로 이어지기 때문에 손익비는 좋을 수가 없다. 투자자는 이런 인간의 본성과 반대로 행동하려고 노력해야 손실과 수익의 구조적인 문제를 해결할 수 있다.

다만, 이는 심리적인 요소이기 때문에 수정하는 것이 쉽지 않다. 심리적 흔들림을 막을 수 있는 유일한 방법은 근거가 있는, 경험에 의한 자기 확신과 원칙뿐이다. 이번 '추세의 지속' 편은 투자를 위한 근거 중 하나다. 상승 추세에 편승했을 때 일시적 조정 구간의 패턴을 알면 흔들림 없는 보유 전략을 고려할 수 있다. 반대로 하락 추세에 편승했을 때 일시적 반등 패턴을 배워 잔여 물량 매도 전략과 마지막 손절 구간을 정하는 데도 도움이 된다.

지속 패턴의 핵심은 '지속'에 있다. 예를 들어 추세의 시작 방향성이 상승일 경우, 조정(지속 패턴)의 끝자락에는 새로운 상승의 힘이 발생하여 상승 추세가 지속된다. 반대로 추세의 시작 방향성이 하락일 경우에는 조정(지속 패턴) 이후 새로운 하락의 힘이 발생하여 하락 추세가 지속된다. 지금부터 배울 추세의 지속 패턴은 다음과 같다.

- 대칭삼각형
- 상승삼각형, 하락삼각형
- 깃발형
- 페넌트형
- 쐐기형
- 직사각형

상승과 하락을 에너지 관점으로 보면, 상승하려는 에너지가 또 한 번의 상승을 하기 위해서는 쉬어가는 구간이 필요하다. 쉬어가는 구간을 우리는 조정 구간이라고 하며, 조정 구간에서 보이는 반복적인 차트 형태를 '지속 패턴'이라고 한다. 지금부터 다양한 지속 패턴에 대해 더 구체적으로 설명하겠다.

삼각형 패턴은 크게 대칭삼각형, 상승삼각형, 하락삼각형으로 나눌 수 있다. 각 삼각형의 패턴을 살펴보면서 어떤 특징을 가진 추세 지속 패턴인지 알아보자.

대칭삼각형

대칭삼각형의 구조

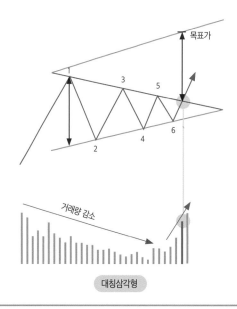

대칭삼각형

대칭삼각형은 지속 패턴 중 하나다. 먼저 대칭이란 축을 중심으로 양쪽의 모양이 같은 것을 의미한다. 이를 차트에 대입하면, 매수와 매도의 힘이 균등하다는 것으로 해석할 수 있다. 예를 들어 앞의 이미지와 같이 패턴의 시작이 상승 추세일 경우 조정 구간에서 매수와 매도의 힘이 균형 있는 모습을 일시적으로 보였다가 재차 상승하고, 반대로 패턴의 시작이 하락일 경우 하락 이후 앵커링 효과에 따른 매수세가 유입되면서 일시적으로 매수와 매도의 힘이 균형을 보인 뒤 다시 하락하는 것이다. 앞서 설명한 '지속'이 중요한 이유다. 앞으로 배울 지속 패턴은 추세의 방향성에 따른 '잠시 쉬어가는 구간의 패턴'이라고 이해하면 된다.

대칭삼각형은 보통 위, 아래 추세선의 $\frac{1}{2} \sim \frac{3}{4}$ 구간에서 돌파되는 특징을 가지고 있다. 다만, 삼각형의 끝점까지 수렴하는 경우 해당 가격의 움직임을 판단하는 것이 어려우니 이 경우 방향성을 확인한 후 진입하는 것을 추천한다.

거래량 확인

대칭삼각형 패턴의 거래량을 살펴보면 수렴 기간 중 거래량은 감소하고, 돌파 이후 거래량이 증가하는 모습을 확인할 수 있다. 방향성이 결정된 상태에서 강한 매수세 및 매도세가 붙는 것은 당연한 심리라고 볼 수 있다.

목표가 설정

대칭삼각형의 목표가는 두 가지로 설정할 수 있다. 하나는 1번 지점과 반대 위치에 있는 대각선 추세선의 길이감만큼 돌파 시점을 기준으로 목표가를 설정하는 방법이다. 다음은 돌파 시 2번, 4번, 6번의 하단 추세선과 평행한 상단 추세선을 기준으로 목표가를 설정하는 방법이다.

대칭삼각형의 특징

대칭삼각형의 특징은 다음과 같다.

① 대칭삼각형 패턴 내 거래량은 감소하며 돌파 시 거래량은 증가한다.

② 대칭삼각형 패턴 내 삼각형 패턴은 최소 4번 이상의 방향 전환이 필요하며, 통상적으로 3개의 고점, 3개의 저점을 형성한다.

③ 대칭삼각형은 일반적으로 $\frac{1}{2} \sim \frac{3}{4}$ 지점에서 방향성을 결정한다.

④ 길이감과 평행 추세선을 활용하여 목표가를 설정할 수 있다.

⑤ 일반적으로 지속형 패턴이지만, 예외적으로 반전이 될 수도 있다.

대칭삼각형 매매 전략

대칭삼각형 패턴이 나타났을 때 세울 수 있는 매매 전략은 다음과 같다.

① 4번, 6번 하단 추세선의 지지를 고려해서 매수한다.

② 고점 저항 라인을 돌파할 시 매수한다.

③ 고점 저항 라인 돌파 후 조정 시 SR FLIP이 일어났을 때 매수를 고려한다.

상승삼각형과 하락삼각형

상승삼각형과 하락삼각형 패턴은 각각 상승 추세에서 나타나는 패턴인지 하락 추세에서 나타나는 패턴인지로 구분할 수 있다. 대표적인 차이를 살펴보면 아래와 같다.

• 상승삼각형의 경우 고점이 동일한 상태에서 저점이 높아지는 형태다.

• 하락삼각형은 반대로 고점이 낮아지고, 저점이 동일한 형태다.

어렵게 생각할 것 없다. 일반적으로 저점이 높아진다는 것은 매수세가 강하다는 것을 의미한다. 따라서 저점이 높아지는 상승삼각형은 상승 추세의 지속형 패턴으로 이해하면 된다. 반대로 고점이 낮아지는 하락삼각형은 매도세가 강하다는 의미이며, 하락 추세의 지속형 패턴이라고 연결하면 된다. 각각의 패턴은 다음과 같다.

상승삼각형의 패턴

상승삼각형은 상단 추세선이 수평이고, 하단 추세선은 대각선인 형태다. 즉, 고점은 동일한데 저점이 높아지는 형태이며, 대칭삼각형과 마찬가지로 수렴 기간 내 거래량은 감소하고, 돌파 시 거래량이 증가하는 특징이 있다. 일반적으로 상승삼각형 패턴은 상승 추세의 중간 구간에 나타나며, 추세의 연장을 예고한다.

상승삼각형의 구조

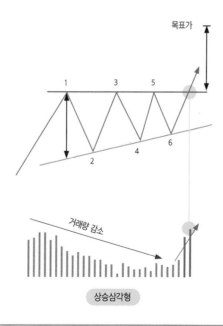

목표가 설정

상승삼각형 패턴의 목표가는 1번 지점과 하단 추세선의 길이감만큼 돌파 시 동일한 비율로 목표가를 설정할 수 있다.

상승삼각형 매매 전략

상승삼각형 패턴이 나타났을 때 세울 수 있는 매매 전략은 다음과 같다.

① 4번, 6번의 하단 추세선 지지 라인에서 매수한다.

② 고점 저항 라인을 돌파할 시 매수한다.

③ 고점 저항 라인 돌파 후 SR FLIP이 일어났을 때 지지 라인에서 매수한다.

하락삼각형의 패턴

하락삼각형의 구조

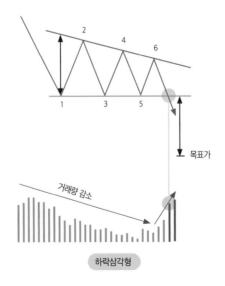

하락삼각형 패턴은 상승삼각형 패턴과는 반대로 상단 추세선이 대각선이고, 하단 추세선이 수평선이라 저점이 동일한 형태다. 또한, 수렴 기간 내 거래량이 축소되고, 하단 수평선을 돌파할 때 거래량이 증가한다는 점은 동일하다.

목표가 설정

하락삼각형 패턴의 목표가는 1번 지점과 상단 추세선의 길이감만큼 돌파 시 동일한 비율로 목표가를 설정할 수 있다.

상승, 하락삼각형 패턴의 특징

상승, 하락삼각형의 특징은 다음과 같다.

① 통상적으로 상승, 하락삼각형 패턴은 1개월 이상~3개월 미만의 형성 기간이 필요한 중기형 패턴이다.

② 패턴 형성 구간은 거래량이 감소하며, 수평 추세선 돌파 시점에는 거래량이 증가한다.

③ 상승삼각형 패턴은 강세 패턴이고, 하락삼각형 패턴은 약세 패턴이다.

④ 상승, 하락삼각형 패턴은 대칭삼각형의 변형 패턴으로 볼 수 있다.

⑤ 상승, 하락삼각형 패턴 모두 돌파 시 1번 지점과 대각선 추세선의 길이감만큼 목표가를 설정할 수 있다.

📊 삼각형 패턴 실제 예시

상승삼각형(LG전자 4시간봉)

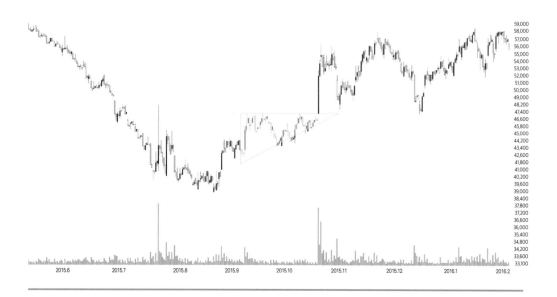

하락삼각형(현대자동차 일봉)

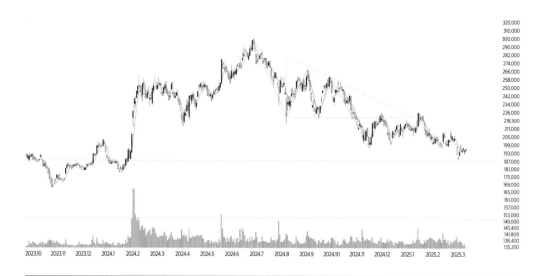

깃발형 패턴

깃발형 패턴은 지속형 패턴 중 급등과 급락하는 흐름 속 일시적인 조정에서 자주 나타나는 패턴이다. 자주 나타나는 만큼 중요한 패턴이니 꼭 기억해야 한다. 깃발형 패턴을 외우려고 하기보다는 깃발의 모양으로 패턴의 의미를 이해하는 편이 이해하기 쉽다. 크게 상승깃발형과 하락깃발형으로 구분한다.

상승깃발형과 하락깃발형

비유하자면 깃대는 주가가 수직에 가까운 급등 혹은 급락한 것을 의미한다. 이후 사각형 깃발의 모습은 조정 구간에서 주가가 상, 하 박스권으로 움직이는 모양을 뜻한다. 정리하면 다음과 같다.

- 상승깃발형: 단기 상승(깃대) → 박스권 조정(깃발) → 재상승
- 하락깃발형: 단기 하락(깃대) → 박스권 조정(깃발) → 재하락

통상적으로 급하게 오르거나 내린 종목은 반발 매수 혹은 매도세의 움직임 또한 빠르게 나타나는 편이다. 따라서 깃발형 패턴은 다른 패턴과 다르게 형성 기간이 짧은 편이다.

상승깃발형의 경우 보통 1주일에서 3주일 정도의 기간 내에서 마무리되는 편이고, 하락깃발형의 경우 1주일에서 2주일 정도로 상승깃발형보다 빨리 형성된다.

깃발형의 구조

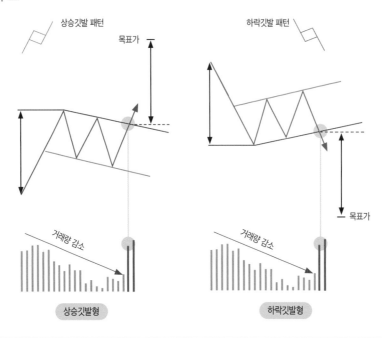

거래량 확인

깃발형 패턴 또한 조정 구간에서 거래량이 감소되었다가 저항 및 지지 구간을 돌파하는 시점에 거래량이 재차 상승한다.

목표가 설정

목표가는 최초의 상승 혹은 하락 깃대의 길이감과 동일한 비율로 목표가를 설정할 수 있다.

깃발형 패턴의 특징

깃발형 패턴의 특징은 다음과 같다.

① 단기 상승, 하락 종목에서 자주 나타나는 패턴이다.

② 패턴의 형성 구간에서는 거래량이 감소하며, 돌파 시점부터 거래량이 증가한다.

③ 깃대의 길이감과 동일한 비율로 목표가를 설정할 수 있다.

④ 하락깃발형의 형성 기간은 상승깃발형에 비해 빠른 편이다.

⑤ 상승 → 횡보 → 상승 또는 하락 → 횡보 → 하락 순서로 진행된다.

깃발형 패턴 매매 전략

깃발형 패턴이 나타났을 때 세울 수 있는 매매 전략은 다음과 같다.

① 조정 구간에서 수평 추세선을 고려하여 매수한다.

② 상승깃발형 패턴에서 상단 수평 추세선 돌파 시 매수한다.

■■■ 깃발형 패턴 실제 예시

상승깃발형(LG전자 4시간봉)

하락깃발형(LG전자 4시간봉)

페넌트형 패턴

페넌트(Pennant)의 뜻은 가늘고 긴 삼각기라는 뜻이다. 먼저 페넌트의 의미를 이해한 뒤, 깃발형과 같은 맥락에서 접근하면 이해하기 쉽다. 단지 깃발의 모양이 삼각형의 형태라고 생각하면 된다. 즉, 단기 급등(깃대) 이후 조정 구간에서 삼각형으로 수렴하는 형태의 패턴이 나타난 뒤 재차 상승 또는 하락하는 패턴이다.

페넌트형의 구조

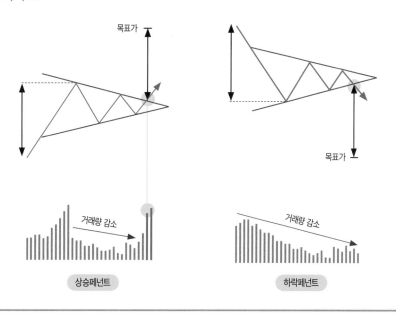

거래량 확인

페넌트형 또한 패턴 생성 중 거래량이 감소하며, 이후 추세선 돌파 시 거래량이 증가한다.

목표가 설정

목표가는 최초의 상승 혹은 하락 깃대의 길이감과 동일한 비율로 목표가를 설정할 수 있다.

페넌트형 패턴의 특징

페넌트형 패턴의 특징은 다음과 같다.

① 단기 상승, 하락 종목에서 자주 나타나는 패턴이다.

② 패턴의 형성 구간에서는 거래량이 감소하며, 돌파 시점부터 거래량이 증가한다.

③ 깃대의 길이감과 동일한 비율로 목표가를 설정할 수 있다.

④ 상승 → 횡보 → 상승 또는 하락 → 횡보 → 하락 순서로 진행된다.

페넌트형 패턴 매매 전략

페넌트형 패턴이 나타났을 때 세울 수 있는 매매 전략은 다음과 같다.

① 조정 구간에서 하단 추세선을 고려하여 매수한다.

② 상승페넌트의 경우 상단 추세선 돌파 시 매수를 고려한다.

▮▮ 페넌트형 실제 예시

상승페넌트형(LG전자 4시간봉)

하락페넌트형(LG전자 4시간봉)

쐐기형 패턴

쐐기형 패턴은 쐐기 모양의 패턴으로 하락쐐기형, 상승쐐기형, 상승쐐기반전형으로 분류한다. 쐐기형 패턴이 기타 지속 패턴과 다른 부분은 상, 하 추세선이 한 곳을 향한다는 점이다. 또한, 이름과는 반대의 추세가 진행된다는 점이다.

쐐기형의 구조

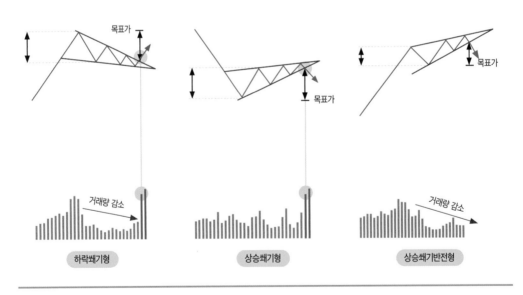

| 하락쐐기형 | 상승쐐기형 | 상승쐐기반전형 |

즉 하락쐐기형은 하락 추세의 지속형 패턴이 아닌 상승 추세의 지속형 패턴이다. 주가 상승 속 차익 실현 욕구에 따른 일시적 매도세가 유입되어 저점과 고점이 낮아지는 현상이다. 이후 수렴 끝자락에서 다시 주가가 상승한다.

반대로 상승쐐기형은 상승 추세의 지속형 패턴이 아닌 하락 추세의 지속형 패턴이다. 주가 하락 속 앵커링 효과에 따른 일시적 매수세가 유입되어 저점과 고점이 높아지다가 수렴 끝자락에서 다시 주가가 하락하는 패턴이다.

일반적으로 쐐기형 패턴은 2주에서 3개월 정도의 기간 안에 형성된다. 또한, 수렴의 끝점을 기준으로 $\frac{2}{3}$ 수준에서 돌파가 이루어진다.

쐐기형 패턴은 기본적으로 지속형 패턴이지만, 반전형 패턴이 있다. 바로 상승쐐기반전형이다. 상승쐐기반전형은 상승 파동의 끝자락에서 분산의 거래량이 일어나면서 추세가 반전되는 경우다. 해당 패턴은 드물게 나타난다는 점도 숙지하는 것이 좋다.

거래량 확인

쐐기형 패턴 또한 패턴 생성 중 거래량이 감소하며, 이후 추세선 돌파 시 거래량이 증가한다.

목표가 설정

목표가는 돌파 시 패턴의 시작점과 두 번째 점의 길이감만큼 동일한 비율로 목표가를 설정할 수 있다.

쐐기형 패턴의 특징

쐐기형 패턴의 특징은 다음과 같다.

① 패턴의 형성 구간에서는 거래량이 감소하며, 돌파 시점부터 거래량이 증가한다.

② 패턴의 시작점과 두 번째 점의 길이감과 동일한 비율로 목표가를 설정할 수 있다.

③ 상, 하 추세선이 같은 방향이다.

④ 상승, 하락쐐기형의 이름과는 반대의 추세를 지니고 있다.

⑤ 상승쐐기반전형은 반전 패턴으로 파동의 끝자락에서 분산이 일어날 경우 드물게 발생한다.

⑥ 보통 2주에서 3개월 정도의 기간 내 형성된다.

⑦ 수렴의 끝점을 기준으로 $\frac{2}{3}$ 수준에서 돌파가 이루어진다.

쐐기형 패턴 매매 전략

하락쐐기형의 경우 상단 추세선을 돌파할 때 매수하는 전략을 짤 수 있다.

▮▮ 쐐기형 실제 예시

하락쐐기형(삼성전자 4시간봉)

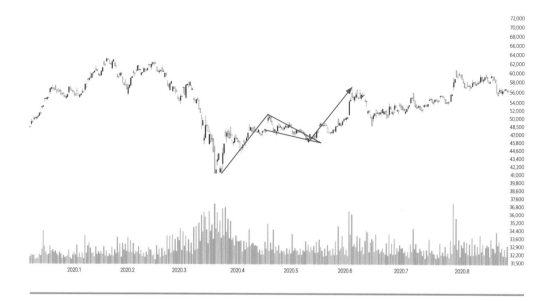

상승쐐기형(삼성전자 4시간봉)

직사각형 패턴

직사각형 패턴은 상승직사각형, 하락직사각형 패턴으로 나뉘며, 지지와 저항 관점을 동시에 고려해야 한다. 특히 직사각형 패턴은 자주 발생하는 패턴으로 조정 구간에서 매수와 매도의 힘이 비등할 때, 고점과 저점이 동일한 박스권 흐름을 보이는 패턴이다. 이는 추세의 지속 관점에서 다음 도약을 위한 휴식기 구간으로 이해하면 쉽게 이해할 수 있다.

직사각형 패턴의 지지와 저항을 함께 살펴봐야 하는 이유는, 예를 들어 상승직사각형 패턴의 경우 상단 저항선 돌파 이후 저항선이 지지선으로 전환된다. 때문에 매수를 고려해볼 수 있는 구간이다.

상승직사각형의 구조

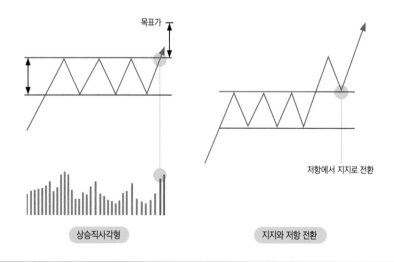

상승직사각형   지지와 저항 전환

하락직사각형의 구조

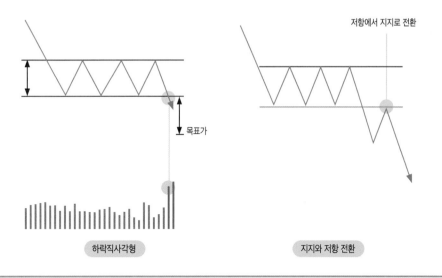

하락직사각형 | 지지와 저항 전환

거래량 확인

직사각형 패턴 또한 패턴 생성 중 거래량이 감소하며, 이후 추세선 돌파 시 거래량이 증가한다.

목표가 설정

목표가는 돌파 시 박스권 상, 하 길이감과 동일한 비율로 설정할 수 있다.

직사각형 패턴의 특징

직사각형 패턴의 특징은 다음과 같다.

① 패턴의 형성 구간에서는 거래량이 감소하며 돌파 시점부터 거래량이 증가한다.

② 패턴의 상, 하 길이감과 동일한 비율로 목표가를 설정할 수 있다.

③ 패턴 내 단기적으로 지지와 저항을 활용한 매매 전략이 가능하다.

④ 주가가 박스권을 상, 하향 돌파 시 해당 추세선은 저항 혹은 지지선으로 전환된다.

직사각형 패턴 매매 전략

직사각형 패턴이 나타났을 때 세울 수 있는 매매 전략은 다음과 같다.

① 하단 지지선 매수 이후 상단 저항선에서 매도하는 전략을 짤 수 있다.

② 상승직사각형 패턴의 경우 상단 저항선 돌파 시 매수한다.

③ 상승직사각형 패턴의 경우 상단 저항선 돌파 이후 조정 시 지지선 전환 부근에서 매수한다.

상승직사각형과 삼중천장형

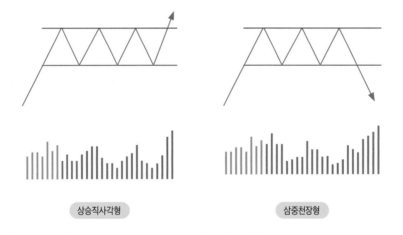

상승직사각형   삼중천장형

상승직사각형 패턴의 주의점으로는 삼중천장형과 같은 반전형 패턴의 가능성을 염두에 두어야 한다는 점이다. 이때 상승직사각형의 패턴과 삼중천장형의 패턴을 구분하기 위해서는 거래량에 집중해야 한다. 위 이미지를 보면 상승직사각형의 경우 박스권 내에서 상승할 때 거래량이 증가하고, 하락할 때 거래량이 줄어든다. 반대로 삼중천장형의 경우 상승할 때 거래량이 줄어들고, 하락할 때 거래량이 증가한다. 상승쐐기반전형 패턴처럼 삼중천장형 패턴 발생 시 추세가 반전되기 때문에 반드시 체크해야 한다.

❚❙❚ 직사각형 패턴 실제 예시

상승직사각형(코스닥 주봉)

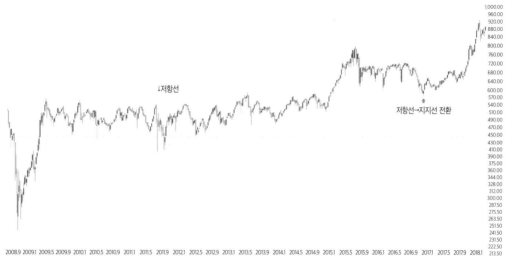

하락직사각형(현대자동차 일봉)

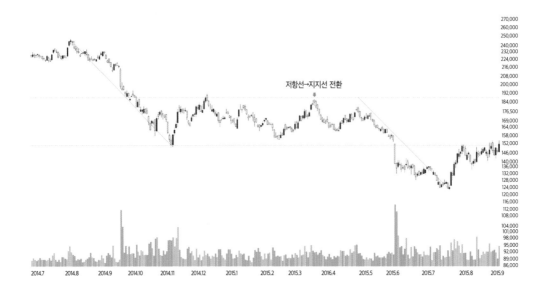

저항선→지지선 전환

지금까지 주요 추세의 전환과 지속 패턴을 살펴보았다. 차트 공부가 처음이라면 익숙하지 않은 정보이기 때문에 여러 번 봐야겠지만, 대략 의미를 알고 있던 사람들은 보다 명확하게 정리할 수 있었던 순간이라고 생각한다.

서두에서도 말했지만, 추세의 전환과 지속은 매매 전략에서 굉장히 중요하다. 이번 정리를 토대로 위험은 피하고, 기회는 붙잡을 수 있는 투자자가 되기를 희망한다.

TOP DOWN

무조건 이기는 기술적 분석6
엘리어트 파동이론

엘리어트 파동이론이란 무엇인가

▥ 엘리어트 파동이론의 개념

　엘리어트 파동이론은 랄프 넬슨 엘리어트(Ralph Nelson Elliott, 이하 엘리어트)에 의해 발표된 이론이다. 이 이론은 시장의 가격 움직임을 예측하는 데 사용되는 기술적 분석의 한 종류다. 엘리어트는 이 이론을 통해 1935년의 주식시장이 겪은 큰 하락 추세를 예상하고, 추세 상승 반전 역시 정확히 예측해냈다. 이후 신뢰를 얻은 그의 이론은 『엘리어트 파동이론』이라는 책으로 출간되어 세상에 빛을 보게 되었다. 엘리어트 파동이론의 개념을 한 문장으로 정의하자면 이렇게 말할 수 있다.

> "주가가 변동하는 한 주기가 5개의 상승 국면 파동과
> 3개의 하락 국면 파동으로 이루어지고, 끊임없이 반복되며 형성된다."

　엘리어트는 패턴, 비율, 시간이라는 세 가지 요인을 활용하여 파동을 분석한다. 주가의 변동 형태가 끊임없이 반복된다는 것에 초점을 맞추고 있는 만큼, 분석에서 '패턴'을 가장 중요하게 활용하는 이론이다.

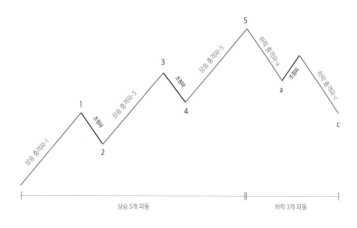

엘리어트 파동이론의 충격파와 조정파

그림으로 엘리어트 파동이론의 한 주기 파동을 표현하면 앞의 이미지와 같다. 주가의 움직임이 이러한 형태의 흐름을 따라 무한히 반복되며 이어진다는 것이 엘리어트 파동이론의 골자다. 세부 파동에 대해 큰 추세와 일치하는 작은 파동을 충격파, 큰 추세와 반대되는 작은 파동을 조정파라고 명명하였다.

🎚 자연 속의 인간, 그리고 주식시장의 분석

엘리어트는 인간 역시 태양이나 달처럼 자연의 일부분으로 존재하기 때문에 일정한 리듬을 반복한다고 생각했다. 따라서 인간 역시 분석의 대상이 될 수 있다고 여겼다. 그리고 주식시장은 인간이 만들었기 때문에 시장의 움직임에도 인간의 특성이 반영된다고 생각했고, 따라서 주식시장 역시 분석의 대상이 될 수 있다고 판단하였다.

엘리어트는 숫자 '5'에 우주의 비밀이 담긴 의미가 있다는 관점을 토대로, '한 방향의 움직임은 5개의 파동으로 이루어진다'는 파동이론의 근본을 수립하였다.

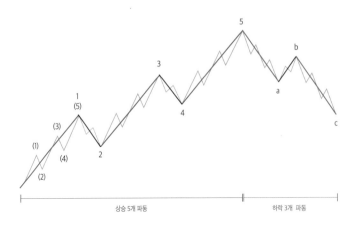

엘리어트 파동이론의 상승 파동(5개)과 하락 파동(3개)

상승 5개 파동　　하락 3개 파동

📊 프랙탈, 피보나치수열과 되돌림

앞서 말했듯이 엘리어트 파동이론은 인간 역시 자연의 일부이고, 인간의 특성을 일정한 리듬으로 분석할 수 있다는 데에 그 근거를 두고 있다. 그중 두 가지는 자연의 현상을 이해해야 하는데, 바로 프랙탈과 피보나치수열이다.

프랙탈이란 단순한 구조가 끊임없이 반복되면서 복잡하고 묘한 전체 구조를 만드는 것으로, '자기 유사성(Self-similarity)'과 '순환성(Recursiveness)'이라는 특징을 가지고 있다. 엘리어트는 주가의 흐름을 분석하는 파동의 경우에도 프랙탈의 현상을 보인다고 주장했다. 즉, 큰 한 개의 파동이 5개의 상승 국면 파동과 3개의 하락 국면 파동으로 나누어지는 것처럼 각각의 파동은 또다시 동일한 형태의 하위 파동으로 이루어진다는 것이다.

피보나치수열과 되돌림은 앞서 '지지와 저항'을 다루면서 설명한 것과 같이, 피보나치수열에서 발생하는 비율(황금 비율)을 가격의 상승 추세폭과 하락 추세폭에 적용하면 이후 형성되는 추세의 지지와 저항 구간(의미 있는 지점)으로 작용할 가능성이 높다는 개념이다.

피보나치와 삼성중공업 일봉

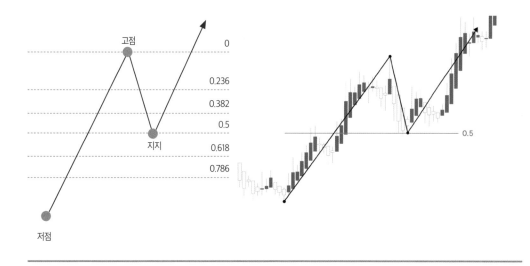

피보나치 되돌림으로 자주 활용되는 비율은 0, 0.236, 0.382, 0.5, 0.618, 0.786, 1이다. 엘리어트 파동이론에서 피보나치 비율과 되돌림이 중요한 이유는 다음 그림과 같이 충격파와 조정파가 전환되는 지점을 예측할 때 자주 활용되기 때문이다.

엘리어트 파동과 피보나치 되돌림

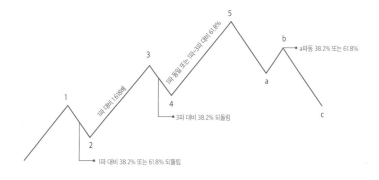

① 2파는 1파의 0.382, 0.618 되돌림 구간까지 하락하는 경우가 많다.

② 3파는 1파의 1.618 확장 구간까지 상승하는 경우가 많다.

③ 4파는 3파의 0.382 되돌림 구간까지 하락하는 경우가 많다.

④ 5파는 1파의 길이와 비슷하거나 파동의 시작 지점부터 3파의 고점까지의 길이의 0.618 배로 형성되는 경우가 많다.

⑤ b파는 a파의 0.382, 0.618 되돌림 구간까지 상승하는 경우가 많다.

다만, 이는 확률적으로 높은 것이지 절대적인 것은 아니라는 사실을 꼭 알아두어야 한다. 언제나 선행적 사고는 시장의 흐름이다.

엘리어트 파동이론의 절대 불가침 법칙

엘리어트 파동이론에는 '절대 불가침 법칙'이 있다. 만약 카운팅한 파동이 이 법칙에 위배된다면 올바른 파동 카운팅이라고 볼 수 없다. 절대 불가침 법칙은 세 가지로 이루어져 있다.

절대 불가침 법칙1

2파의 저점은 1파의 저점보다 높게 형성되어야 한다. 한마디로 2파는 1파를 100% 되돌릴 수 없다. 이처럼 충격파의 에너지를 조정파가 다 잡아먹는 경우 충격파의 조건이 성립되지 않는다고 생각할 수 있다.

절대 불가침 법칙2

1파, 3파, 5파에 해당하는 3개의 상승 충격파 중 3파는 절대로 가장 짧은 파동이 될 수 없다. 한마디로 3파는 보통 가장 길고, 절대 짧을 수 없다는 말이다. 쉽게 생각하면 3파처럼 매집과 분산의 거래량이 일어나며 시장의 관심을 받는 상태에 있을 확률이 높은 3파가 다른 충격파(1파 혹은 5파) 보다는 짧을 수 없다고 해석할 수 있다.

절대 불가침 법칙3

4파의 저점은 1파의 고점보다 높이 형성되어야 한다. 즉 4파는 1파와 겹치지 않는다.

엘리어트 파동이론의 절대 불가침 법칙

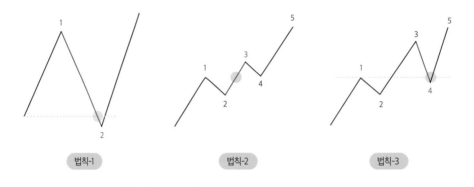

앞의 이미지는 절대 불가침 법칙에 위배되는 경우를 그림으로 나타낸 것이다. 본인이 작도한 파동의 카운팅이 위의 경우에 해당한다면 추세의 구간인지를 다시 확인하고, 파동 카운팅의 시작점을 재점검해야 한다.

이렇게 엘리어트 파동의 개념, 프랙탈, 피보나치수열과 되돌림, 절대 불가침 법칙에 대해 살펴보았다. 파동을 카운팅하고 분석하기 위해 가장 기초가 되는 내용이기 때문에 이해해두면 이후 공부에 큰 도움이 될 것이다.

엘리어트 1파: 파동의 시작

이제부터 엘리어트 파동을 순차적으로 설명하겠다. 엘리어트 파동의 경우 깊게 파고들면 그 형태나 양상을 매우 다양하게 기술한 책도 있다. 이 글에서는 기본적인 개념과 기초 수준으로 파동의 이해를 돕기 위한 정도만 설명할 예정이다. 지금부터 설명하는 파동 이론은 상승 추세의 엘리어트 파동을 전제로 설명하겠다.

새로운 추세의 시작

1파는 새로운 추세의 시작이다. 다른 의미로 이전의 추세나 횡보가 종료되는 시점과 같다. 주가는 기존 추세의 막바지에서 거래량이 나타난 이후 조정 혹은 횡보 기간을 가진

충격파 1파의 구조

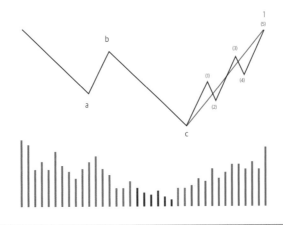

다. 이때 거래량은 이전보다 줄어든 양상으로 나타난다. 즉 새로운 파동의 시작 전 일정 기간 바닥을 다지고 시작하는 경우가 많다. 이어서 1파가 시작되면 거래량이 다시 증가하기 시작한다.

앞의 이미지와 함께 아래 대표적인 1파의 특징을 살펴보자.

형태와 거래량

1파는 충격파다. 따라서 형태는 5개의 소규모 파동(더 작은 규모의 3개의 충격파와 2개의 조정파)으로 구성된다. 주가는 저점을 다진 후(파동의 절반은 바닥을 다지는 과정이라고도 표현) 새롭게 거래량이 많아지면서 상승이 나타난다. 이때 이전 파동에서 생긴 두꺼운 매물대를 뚫고 가야 더 큰 상승을 기대할 수 있다. 주가의 상승이 나타나더라도 이전 조정에서의 저항대가 이미 형성되어 있기 때문에 해당 위치에서 물려 있던 물량의 출회가 나타나게 된다.

결과적으로는 파동의 상승 정도는 짧지만, 이전 하락 추세에서의 조정파(반등)와는 달리 매물대의 물량을 소화하면서 매집의 거래량을 보인다. 때문에 추세의 변화를 보이는 상승의 초입이 되는 아주 중요한 구간이다. 다만, 이전 하락 추세에서 새로운 상승 추세로 전환되는 초기 단계로 시장 참여자들의 관심이 높지 않아 다른 충격파 구간(3파 혹은 5파)에 비해 거래량이 비교적 낮은 편이기 때문에 식별이 어려울 수 있다.

파동의 확정과 시장의 심리

1파의 상승이 진행 중인 경우, 투자자들의 심리는 '이제 하락이 끝나고 상승 추세로 돌아섰다'라기보다는 '하락 중의 반등'이라고 여길 가능성이 높다. 중요한 점은 실제로도 1파는 시간이 지나고 나서야 '1파였구나'를 알게 되는 것이지, 진행 중에는 이것이 하락 추세 중 상승 조정 혹은 기술적 반등일지 알 수가 없다는 점이다.

매매 시 고려사항

앞서 설명한 것처럼 1파가 진행 중이라면, 충격파라는 확신을 가질 수 없다. 해당 구간에서의 진입은 리스크가 매우 크므로, 매매에 적절한 위치는 아니다. 대신 1파로 의심될 경우 관심 종목으로 두고 지속적으로 관찰할 필요가 있다. 관찰을 시작한 후 차차 2파(조정파)가 진행된다면, 추후 이전의 상승이 1파라는 것을 확인한 후 매매를 고려해야 한다.

엘리어트 2파: 첫 번째 조정파

2파는 1파 상승으로 단기 고점을 찍은 후 나타나는 조정파다. 파동의 형태는 보통 a파, b파, c파로 불리는 3개의 소규모 파동으로 이루어져 있다. 엘리어트는 조정파의 패턴을 지그재그형, 플랫형, 삼각형, 혼합형으로 언급하고 있다. 다만 삼각형 패턴은 2파에서 거의 나타나지 않는다. 이 중에서 비교적 간단한 패턴인 지그재그형 혹은 플랫형이 가장 흔히 나타난다. 이 시점에서는 형태를 눈에 익혀만 두고, 추후 조정파에 대해서는 좀 더 자세히 알아보도록 하겠다.

조정파 2파의 구조

2파의 패턴 지그재그형

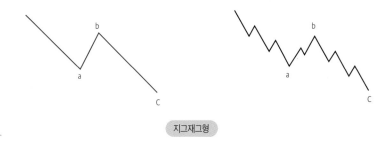

지그재그형

2파의 패턴 플랫형

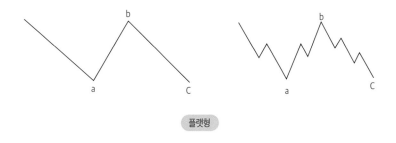

플랫형

일반적인 파동의 크기를 고려해보면 1파에 나타난 상승 정도 중 피보나치수열에서 중요하게 다뤘던 크기인 38.2% 혹은 61.8% 정도의 되돌림을 관찰할 수 있다. 만약 1파~2파로 추정하고 있는 주가의 움직임을 관찰하는 중에 해당 위치를 저점으로 조정이 끝난다면, 현재 가정한 1파와 2파의 카운팅에 대해 좀 더 확신을 가질 수 있게 된다. 하지만 2파는 종종 첫 번째 파동을 상당히 되돌릴 수 있으므로 앞선 수치를 절대적으로 신뢰하고 진입하기에는 리스크가 크다는 것을 명심해야 한다.

시장의 심리

1파는 새로운 추세의 시작이므로, 이후 나타나는 첫 조정인 2파는 조정의 강도가 클 가능성이 높다. 이때 시장은 조정을 하락 추세의 지속이라고 여길 수 있다. 이 경우 다시 생긴 거대한 공포로 생각보다 많은 조정이 일어날 수 있다. 거래량의 경우 때때로 매우 적게 나타날 수 있는데, 이때는 매도 압력이 많이 약화되었다고 생각할 수 있다. 앞서 언급한 1파의 61.8% 이상의 조정을 보이는 경우도 많으니, 조정의 폭이 커지는 경우 조심해야 한다. 엘리어트 파동이론의 절대 불가침 법칙(2파는 1파를 완전히 되돌리지 않는다)을 잊지 말고, 만약 상승분 전체를 되돌리는 움직임이 나타났다면 해당 파동은 1파, 2파가 아닌 것으로 생각해야 한다.

매매 시 고려 사항

2파를 고려한 매매 전략

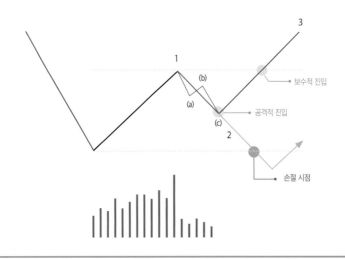

2파를 이용한 매매는 크게 두 시점에서 매수를 생각할 수 있다.

첫째로, 보수적인 진입 시점이다. 이 시기는 2파의 조정 후 나타나는 상승에서 1파의 고점 돌파를 확인한 이후 진입하는 것이다. 즉, 3파의 확정 이후 진입하는 것으로 파동의 카운팅 근거가 더 확실해지게 된다.

반대로 공격적 진입 시점은 더 이른 시기인 2파의 조정과 저점 지지 확인 후 3파의 초입 시점이다. 이때의 위험성은 2파의 조정이 끝나지 않았다면 추가 하락이 가능하다는 것이다. 또는 이후 나타나는 상승이 1파의 고점을 돌파하지 못한 경우도 존재한다. 이는 해당 종목이 파동이론에 적용되지 않거나, 파동의 카운팅이 잘못되었을 가능성이 있다.

손절 시점은 매수가 2파라는 가정하에 진입한 것이므로, 1파의 시작점까지 되돌아간 경우 파동의 카운팅은 무효가 된다. 매수 후 가격이 떨어지고 있다면 아무리 늦더라도 이때는 꼭 손절을 고려해야 한다.

엘리어트 3파: 파동의 중요성

3파의 경우 일반적으로 파동의 힘과 길이감이 가장 길고, 강력할 가능성이 높다. 앞에서 언급한 '절대 불가침 법칙'에서 이를 암시하고 있다.

"1파, 3파, 5파에 해당하는 3개의 상승 충격파 중

3파는 절대로 가장 짧은 파동이 될 수 없다."

따라서 엘리어트 파동을 이용한 매매 시 3파는 특히 더 중요한 파동이다.

파동의 확정

앞서 2파에 관한 매매에서 보수적인 매매법을 언급했었다. 3파의 확정은 1파의 고점을 돌파하는 시기에 결정된다. 해당 돌파가 나타날 경우 3파의 크기를 예상하고 매매를 시작할 수 있다.

충격파 3파의 구조

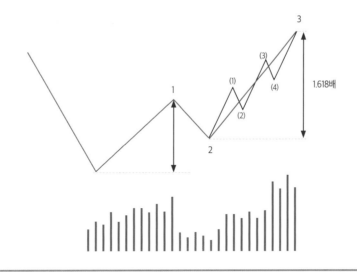

파동의 크기와 특징

3파는 많은 거래자들이 새로운 추세를 인식하고 적극적으로 참여하는 시기다. 엘리어트 파동 중 가장 강력한 파동이며, 거래량도 그만큼 크게 증가한다. 3파의 크기는 앞서 나타난 2파의 형태 혹은 크기(조정의 양)를 보고 대략 예상해볼 수 있다. 이처럼 2파의 조정 강도를 통해 추후 상승 여력이 얼마나 강할지를 판단할 수도 있다. 2파에서 지그재그 형태가 나타났다면 1파의 1.618배 길이 가량의 충격파로 진행될 가능성이 높다. 2파가 플랫형 조정이었다면 1파의 1.618배 이상인 더 큰 충격파가 나타날 가능성이 높아진다. 이러한 경우 1파의 2.618배의 크기까지도 충격파가 발생할 수 있다.

매매 전략

앞서 말한 3파의 확정 위치(1파의 고점)가 지지되고, 해당 위치에서 진입하였다면 파동의 크기를 예측하고 추세가 무너지지 않을 때까지 보유하는 것을 추천한다. 혹은 3파는 충격파이므로 세부적으로 보았을 때 5개의 하위 파동으로 구성된다. 만약 하위 파동을 카운팅할 수 있다고 여겨진다면 3파 내의 하위 1파, 3파, 5파 충격파의 상단에서 분할 매도하고, 하위 2파, 4파 조정 때 필요시 매수를 번갈아 하는 방식으로 장기 보유에 의한 리스크를 줄일 수도 있다.

1파, 2파, 3파가 나타난 경우의 차트 패턴

가격의 움직임이 직전의 하락 추세 이후 상승 추세로 전환되어 3파까지 움직임이 나오면 우리가 알던 패턴이 등장한다. 굳이 파동이론으로 생각하지 않더라도 바닥에서의 추세 전환 패턴인 역헤드앤숄더, 이중바닥형의 패턴과 같은 모습을 보인다.

3파의 패턴 헤드앤숄더와 이중바닥형

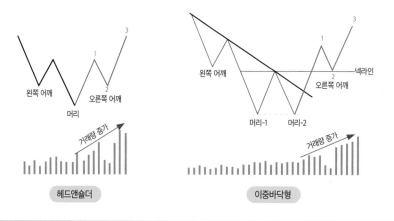

엘리어트 4파: 교대의 법칙

4파는 3파 상승으로 가장 강한 상승이 이루어진 이후 나타나는 조정파다. 파동의 형태는 지그재그, 플랫형, 삼각형이 모두 가능하나 2파에서는 거의 나타나지 않는 삼각형 패턴이 나타난다는 특징을 보인다. 이때 시장 참여자들은 이전 파동에서의 이익 실현을 위해 일부 포지션을 정리하면서 거래량이 줄어드는 경향이 있다. 지그재그, 플랫, 삼각형, 혼합형 등 구체적인 조정파 패턴에 대한 내용은 뒤에서 자세히 설명하겠다.

조정파 4파의 특징과 패턴들

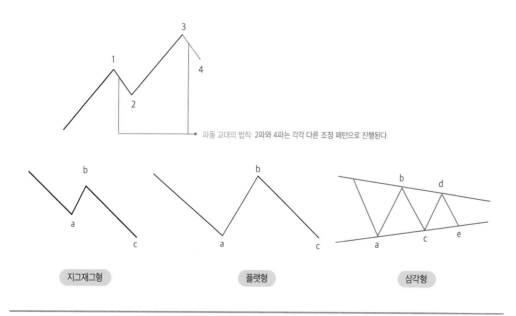

파동 교대의 법칙: 2파와 4파는 각각 다른 조정 패턴으로 진행된다

지그재그형　　　　　플랫형　　　　　삼각형

파동 교대의 법칙

추가로 엘리어트 파동이론의 필수 규칙은 아니지만, 많은 상황에서 통용되는 법칙 혹은 지침으로 생각할 수 있는 것이 있다. 바로 파동 교대의 법칙이다. 이는 4파의 형태가 직전의 조정파인 2파의 형태와는 다른 양상으로 나타난다는 것을 의미한다. 정리해보면, 다음과 같은 상황으로 요약된다.

- 2파가 지그재그형이라면 4파는 플랫형 또는 삼각형의 양상이다.
- 2파가 플랫형이라면 4파는 지그재그형 또는 삼각형의 양상이다.
- 2파가 단순한 형태라면 4파는 복잡한 양상이다.
- 이처럼 2파의 형태 분석을 통해 4파의 형태를 예측할 수 있다.

4파의 피보나치 되돌림

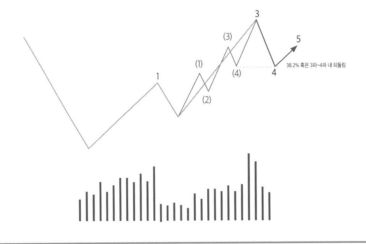

38.2% 혹은 3파~4파 내 되돌림

파동의 크기

4파의 경우 앞서 말한 파동 교대의 법칙을 통해 길이를 예측할 수 있다. 즉, 2파의 형태와 길이를 참고하여 판단하는 것이 필요하다. 보편적인 경우 3파의 크기를 38.2%만큼 되돌리는 경향이 높다는 의견도 있다. 엘리어트 파동이론을 대중화한 A. J. 프로스트(Alfred John Frost)는 4파의 최대 되돌림은 3파 내의 하위 4파 저점 수준 안에서 이루어지며, 많은 경우 해당 지점이 종결점 근처라고 언급하고 있다.

4파 저점은 1파 고점보다 높다

4파 카운팅 시 꼭 생각해야 할 것으로 엘리어트 파동이론의 절대 불가침 법칙3 중 4파에 관한 내용이다.

"4파의 저점은 1파의 고점보다 높이 형성되어야 한다."

해당 법칙을 생각하면 때때로 나타나는 3파 내에서의 조정을 4파로 잘못 카운팅하는 오류를 줄일 수 있다.

엘리어트 5파: 분할 수익 실현 구간

가장 강할 가능성이 높은 3파와 직후의 조정(4파)에 이어지는 충격파다. 충격파의 특징인 소규모의 5개 파동으로 구성된다. 5파는 3파보다 폭에서 역동적이지 못한 경우가 대부분이다. 거래량의 양상은 파동의 규모에 따라 구분된다. 규모가 크면 대개 거래량이 늘어나지만, 일정 수준 이하에서는 세 번째 파동보다 거래량이 떨어진 모습을 보인다. 마지막 상승 충격파가 진행될수록 투자 심리가 고평가를 초래하는 결과로 나타난다. 5파는 많은 일반 투자자들이 참여하는 구간으로 알려져 있다. 이러한 점과 관련하여 A. J. 프로스트는 다음과 같이 언급하였다.

"때로 초보자들은 장기 추세의 마지막에서 '시세 분출'이 일어날 것이라고 기대하기도 한다.
하지만 주식시장의 역사에서 고점에서 최고 속도로 가속한 경우는 찾아볼 수 없다."

– A. J. 프로스트

파동의 크기와 형태

5파의 일반적인 경우 크게 세 가지 형태를 생각할 수 있다.

- 1파의 길이와 비슷한 양상
- 1파의 길이감에 미치지 못한다면 61.8% 수준의 크기

• 1파의 시작점부터 3파 끝까지의 61.8% 수준의 크기

충격파 5파의 구조

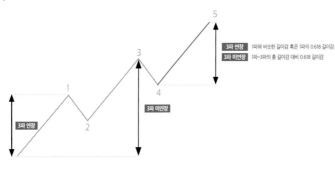

정리하자면 결국 각 파동 혹은 파동의 합의 비율에서 피보나치수열인 61.8% 수준의 길이가 일반적으로 기대된다. 세 가지 유형 중 첫 번째인 1파와 5파의 길이가 동일한 경우를 "파동 균등의 법칙"이라고 한다.

파동의 연장(1파, 3파, 5파 중에서 가장 강한 힘을 가지고, 긴 길이감을 나타낸 파동을 의미한다. 일반적으로 3파의 연장이 보편적이지만, 1파 혹은 5파의 연장도 나타날 수 있다. 뒤에서 자세히 설명한다)이라는 개념에서 3파가 연장될 경우 높은 확률로 이를 충족한다. 해당 규칙은 절대 불가침 법칙은 아니나, 많은 경우에서 충족되는 규칙으로 생각할 수 있다.

매매 전략

5파가 진행 중인 새로운 주식에 진입하기에는 이미 충분히 고점임을 인지해야 한다. 만약 매수 시에는 단기적인 매도 계획이 필수다. 보유 종목의 움직임이 5파에 진입하였다고 판단될 경우 보유 종목의 분할 매도를 통해 반드시 수익을 실현해야 한다.

5파의 특이적 형태

앞선 일반적인 경우(소규모의 5개 파동)로 구성되는 경우와 다르게 5파에서 쐐기형 모양으로 나타나는 경우가 존재한다. 이때는 종결쐐기형 파동이라고 불린다.

5파의 쐐기형 패턴

5파 종결쐐기형 5파에서만 나타나는 종결쐐기형 패턴은 강한 하락을 예고

엘리어트는 이러한 종결쐐기형 파동에 대해 이렇게 설명했다.

"너무 빨리, 너무 많이 나아갔을 때 다섯 번째 파동의 위치에서 발생한다."

이러한 쐐기형 파동은 상승의 동력이 앞선 1파와 3파에서 매우 많은 힘을 소진하였기 때문에 5파에서 일반적인 형태로는 나타나지 않았다고도 여겨진다. 이러한 배경을 생각했을 때 쐐기형 파동이 나타난 이후에는 앞선 전체적인 파동(1파~5파) 범위에서 대대적인 되돌림이 나타날 수 있다는 것을 암시하므로 매우 큰 하락에 대비해야 한다.

엘리어트 파동이론 실전 연습

다음은 앞서 개론과 각 파동의 특징에 걸쳐 설명한 엘리어트 파동이론의 절대 불가침 법칙들이다.

① 2파의 저점은 1파의 저점보다 높게 형성되어야 한다.

② 1파, 3파, 5파에 해당하는 3개의 상승 충격파 중 3파는 절대로 가장 짧은 파동이 될 수 없다.

③ 4파의 저점은 1파의 고점보다 높이 형성되어야 한다.

이러한 법칙을 위반한 카운팅을 그림으로 나타내면 다음과 같다.

엘리어트 파동이론의 절대 불가침 법칙

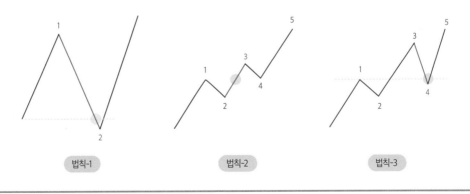

법칙-1　　　　　법칙-2　　　　　법칙-3

절대 불가침 법칙 예시 문제

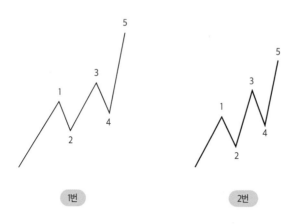

1번   2번

앞선 법칙을 생각하고 제시된 그림의 1번과 2번의 파동 카운팅이 적절한지를 평가해
보자. 정답은 다음 페이지에 있다.

📊 정답

이론적으로 보면 두 카운팅은 잘못되었다. 각 카운팅에서 위반한 법칙은 다음과 같다.

- 1번: 2파~3파는 가장 짧을 수 없다.
- 2번: 3파~4파의 저점은 1파의 고점보다 높이 형성되어야 한다.

2번의 경우 다음과 같이 카운팅할 경우 규칙에 위배되지 않는 올바른 파동의 계산이 된다.

3파의 하위 파동으로 카운팅하기

2번

이러한 법칙을 때때로 잊고 위배되는 오류를 범하지 않도록 주의하자.

CHAPTER 9 무조건 이기는 기술적 분석6 엘리어트 파동이론 **313**

파동의 연장과 절대 불가침 법칙

파동의 연장이란, 충격파를 이루고 있는 5개의 하위 파동에서 같은 방향으로 진행하는 동인 파동(1파, 3파, 5파) 중 가장 긴 파동을 나타내는 개념이다. 일반적으로 3개의 동인 파동 중 하나는 다른 두 파동보다 훨씬 길게 연장된다. 때로는 이러한 연장된 파동의 하위 파동이 더 큰 충격파에 속한 다른 네 개의 파동과 거의 같은 크기와 진행 시간을 가지게 되어, 마치 파동이 아홉 개의 하위 파동으로 구성된 양상으로 보이기도 한다.

파동의 카운팅 시에 연장된 파동을 구분하기 위해서는 앞선 글에서 지속적으로 설명한 엘리어트 파동의 절대 불가침 법칙이 중요하게 작용한다.

1파의 연장

1파의 연장은 파동의 적절한 카운팅을 했다고 판단한 후에도 지속적인 상승이 나타난 경우에 의심할 수 있다. 다음과 같은 주가의 움직임 이후 지속적으로 강한 상승이 나타난다면 1파의 연장을 염두에 두고 관찰할 필요가 있다.

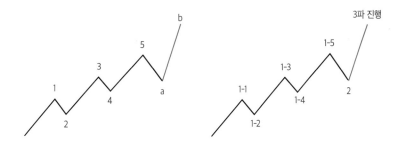

📊 3파의 연장

3파는 가장 흔하게 연장되는 파동이다. 절대 불가침 법칙에서 3파의 길이는 항상 가장 짧지 않다고 말했다. 한마디로 3개의 충격파 중에 3파의 연장이 가장 흔하게 나타난다는 말이다. 3파의 연장이 나타난 경우, 4파로 생각한 조정이 1파의 고점 아래로 침범하는 양상을 보일 수 있다. 이것은 절대 불가침 법칙을 고려했을 때, 4파가 아닌 3파의 연장이 나타났고, 3파 내의 하위 2파일 수도 있다는 것을 염두에 두어야 한다. 이때 나타나는 움직임을 그림으로 그려보면 다음과 같다.

3파가 연장된 파동 예시

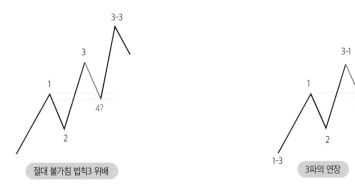

3파 연장 시 5파의 크기 예측

앞서 5파에 관한 글에서 언급했던 부분이다. 파동 균등의 법칙에 의해 연장되지 않은 1파, 5파의 크기가 비슷한 경우가 많다. 만약 5파가 1파의 크기에 미치지 못할 경우, 1파의 0.618배의 길이감을 가지는 경향이 있다.

▄▆▅ 5파의 연장

5파의 연장은 앞선 1파, 3파가 연장되지 않았다고 판단될 경우에 예측해볼 수 있다. 특히 1파, 3파의 크기가 비슷한 경우로 나타난다면 5파가 연장될 여지가 많다. 또한 앞선 조정파인 4파의 길이가 짧다면 5파의 연장 확률은 더 높아지게 된다.

5파가 연장된 파동 예시

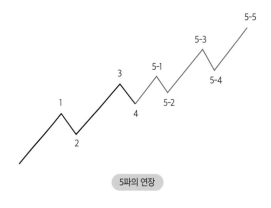

5파의 연장

연장된 5파 이후의 움직임

5파의 끝은 한 단계 높은 사이클의 상승 파동이 끝났다는 이야기다. 이후에는 높은 사이클 수준에서 조정파가 이어지므로 이전보다 규모가 큰 양상의 하락이 나타나게 된다.

이러한 파동의 조정이 예견된 상황 중에서 엘리어트는 "연장된 5파가 한 단계 높은 규모의 다섯 번째 파동을 종결시킬 경우, 이어지는 조정파(a, b, c 3개의 파로 구성)에서 5파의 고점을 넘어서는 상승이 나타날 수 있다"고 자세히 설명하였다. 이때 5파 고점을 넘어서는 위치를 '비정상적인 고점'으로 언급하였다. 반면, A. J. 프로스트는 "엘리어트가 5파 이전의 2파 위치에서 파동 카운팅의 오류로 비정상적인 고점이 나타났다고 언급하였으며, 정확한 계산 시 비정상적인 것은 없다"고도 하였다.

5파의 비정상적인 고점 예시

5파의 연장 이후 비정상적인 고점(b)

비정상적인 고점 부분은 엘리어트 파동에 관한 여러 글에서도 때때로 언급되기에 간단한 설명과 그림으로 살펴보자. 결국 중요한 것은 5파의 끝자락이라고 판단되었다면, 이후 한 단위 큰 파동에서의 조정파는 예견된 상황이므로 매수하는 것은 금물이라는 점만 이해한다면 충분하다고 여겨진다.

하락 국면의 엘리어트 파동

앞서 5개의 파동(1, 3, 5 충격파 / 2, 4 조정파)으로 이루어진 상승 국면의 파동을 공부해 보았다. 어떤 자산 가격도 상승하는 시기만 존재할 수는 없다. 상승 국면 이후에는 충분한 수익을 본 투자자들의 수익 실현 욕구가 발현되며, 조정으로 대변되는 하락 국면이 나타나게 되고, 엘리어트는 이 하락 국면을 3개의 파동(a, c 충격파 / b 조정파)으로 구분했다.

파동의 추세가 상승에서 하락으로 전환되었기 때문에 앞선 상승 국면과 달리 하락하는 파동인 a, c파는 충격파로 5개의 하위 파동으로 이루어지며, 상승하는 b파는 조정파로 3개의 하위 파동으로 이루어지게 된다. 이어서 하락 국면의 각 파동의 특징을 알아보겠다.

엘리어트 파동이론의 하락 국면

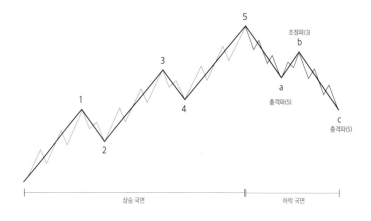

엘리어트 a파: 하락 국면 전환

하락 국면이 처음 시작되는 시점으로 거래량이 증가한다. 하지만 지속적인 상승 추세를 보여왔기 때문에 투자자들은 지금이 상승 중의 단기 조정인지, 추세가 전환된 것인지 알아차리기 어렵다. 하락 국면의 조정은 여러 가지 형태로 나타날 수 있는데, 특히 5파의 고점 근처까지 상승하는 플랫 조정, 5파의 고점을 돌파하는 불규칙 조정의 형태가 나타나는 경우 5파가 지속되는 것으로 오판할 수 있다.

5파와 a파를 구분하는 방법

a파를 5파와 구분하는 가장 기본적인 방법은 프랙탈 원리에 기반해 a파를 한 등급 낮은 파동(하위 파동)으로 카운팅해보는 것이다. 앞서 말했듯이 a파는 하락 국면의 충격파에 해당하므로 하위 파동에서 5개의 파동으로 카운팅되어야 한다. 하지만 5파가 지속되는 중이라면 현재의 하락 파동은 조정파에 해당할 것이고, 하위 파동에서 3개의 파동으로 카운팅될 것이다. 이런 플랫 조정, 불규칙 조정의 경우는 뒤에서 더 자세히 다루겠다.

따라서 '5파 이후 발생한 하락 추세의 파동이 하위 파동에서 5개의 파동으로 카운팅된 경우 a파에 해당한다'는 맞는 말이지만, 3개의 파동으로 카운팅된 경우에는 상승 추세의 지속 또는 a파 모두에 해당할 수 있다는 것을 유념해야 한다.

매매 전략

매매 전략의 핵심은 "매수는 지양, 매도는 적극적으로"다. 하락 추세 전환을 확인하였고, 하위 등급 파동이 5개의 파동으로 이루어져 현재 구간이 a파라고 판단된 경우에는 단기 반등을 보일 때마다 보유한 자산을 매도하는 것이 유리하다. a파는 주 추세가 하락 추세인 충격파지만, 상승 추세에서도 2파, 4파와 같은 하락 구간이 있듯이 a파 내에서도 단기적인 반등은 일어난다. 따라서 반등이 나올 때는 희망을 가지기보다 적극적으로 조금이라도 비싸게 자산을 매도하고자 하는 계획을 세워야 한다. 만약 a파가 꽤 진행될 때까지 매도하지 못한다면 하위 등급 파동으로 카운팅하여 b파의 반등 시기를 예상하고 매도를 준비할 수도 있다. 하지만 a파를 인지한 순간 최소한 보유분의 일부라도 매도하여 리스크 제거를 진행하는 것이 좋다.

엘리어트 b파: 상승하는 조정파

b파는 a파로 이루어진 첫 하락 추세 이후 나타나는 기술적 반등이다. 따라서 일반적으로 a파보다 거래량이 낮은 것이 특징이다. 파동의 주 추세가 하락 국면으로 전환되었으므로 b파는 조정파이고, 따라서 3개의 하위 파동으로 카운팅된다. b파는 기술적 반등인 만큼 b파가 a파를 얼마만큼 되돌리느냐, 그리고 a파의 하위 파동 카운팅에 따라 크게 세 가지로 조정 패턴을 구분할 수 있다.

지그재그형

b파의 지그재그형 패턴

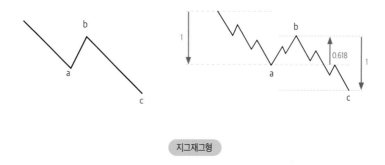

지그재그형

a파는 하위 파동에서 5개의 파동으로 카운팅되며, 앞선 상승 국면의 1~5 파동 상승의 0.618 이상을 되돌리지 않는다.

b파는 하위 파동에서 3개의 파동으로 카운팅되며, 최대 상승 지점은 a파의 0.618 되돌림이다.

c파는 하위 파동에서 5개의 파동으로 카운팅되며, a파와 비슷한 시간과 가격만큼 하락한다(즉, a파 끝 지점보다 더 하락한다).

플랫형

b파의 플랫형 패턴

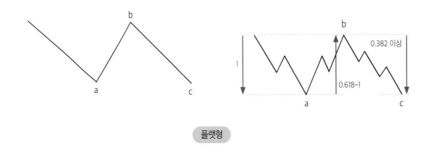

플랫형

a파는 하위 파동에서 3개의 파동으로 카운팅된다.

b파는 하위 파동에서 3개의 파동으로 카운팅되며, a파를 최소 0.618 이상 되돌리고 5파의 고점 혹은 a파의 시작점 부근까지도 상승한다.

c파는 하위 파동에서 5개의 파동으로 카운팅되며, a파의 0.382 이상의 하락을 보인다.

불규칙(확장형 플랫)형

b파의 불규칙 패턴

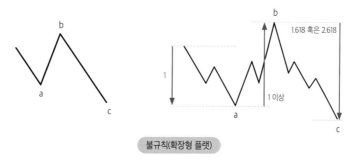

불규칙(확장형 플랫)

a파는 하위 파동에서 3개의 파동으로 카운팅된다.

b파는 하위 파동에서 3개의 파동으로 카운팅되며, 5파의 고점 / a파의 시작점을 넘어서는 지점까지 상승한다.

c파는 하위 파동에서 5개의 파동으로 카운팅되며, 급락 추세를 보이고 a파의 1.618 또는 2.618만큼 확장된 하락을 보인다.

불규칙 플랫과 플랫의 차이점은 b파의 고점이 이전 고점을 넘어서느냐 아니냐의 기준으로 구분한다.

이외에도 조정 패턴에는 삼각 패턴, 혼합형 패턴 등의 다양한 패턴이 있다. 이는 조금 더 심화된 내용으로 뒷부분에서 다루겠다.

매매 전략

b파의 매매 전략은 한마디로 "매수는 지양, 매도할 마지막 기회"라고 할 수 있다. b파의 경우 반등(기술적) 구간이기에 투자자들은 '상승 추세가 유지되며 재차 시작되는가?'라는 생각에 신규 매수를 하기도 한다. 하지만 다양한 조정 패턴에서 공통적으로 알 수 있

는 것은 기존 a파만큼, 혹은 보다 더 강력한 하락 추세가 기다리고 있다는 것이므로 a파에서 미처 매도하지 못한 보유 물량을 매도할 마지막 기회로 보는 것이 합리적이다.

엘리어트 c파: 이미 늦은 매도

c파는 강력한 충격파라는 점에서 상승 국면의 3파와 비슷한 양상을 보이지만, 추세는 하락이므로 반대라고 생각하면 된다. 즉, c파는 강력하고 급격한 하락 충격파로 인지해야 한다. 강력하고 급격한 하락 추세가 발생하는 만큼 보유자들의 공포에 의한 투매로 거래량이 크게 늘어나며 갭 하락이 자주 일어나는 강한 하락 추세를 보인다. c파는 하락 국면의 마지막 파동으로, 보통 상승 국면의 1파~5파를 50% 정도까지 되돌리는 경우가 많다.

매매 전략

c파의 매매 전략은 한마디로 "매수는 관망, 매도는 이미 했어야"로 말할 수 있다. c파의 경우 강력한 하락 충격파이기 때문에 이미 보유한 물량은 없는 상태로 그 시작을 맞이하는 것이 이상적이며, 만약 a파, b파에서 분할 매도를 지속하다가 일부 물량이 남은 채로 c파의 시작을 인지했다면 가급적 빠른 시간 내에 보유 물량을 모두 매도하는 것이 좋다.

c파 내에도 단기 반등 구간은 존재하지만, 하락 추세가 훨씬 더 급격하고 강력하기 때문에 단기 반등을 기다리는 것은 손실폭을 키울 가능성이 높다. 또한 c파는 하락 국면의 마지막 파동이기 때문에, c파가 마무리된 이후에는 새로운 상승 국면의 1파가 나타나게 된다. 따라서 조정파에 대한 깊은 이해를 바탕으로 카운팅하여 그 끝을 먼저 인지하고 매수의 시작점으로 고려해볼 수도 있다.

강력한 상승을 암시하는 패턴

c파의 강력한 상승 패턴

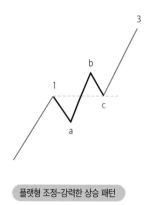

플랫형 조정-강력한 상승 패턴

앞서 설명한 성격을 가진 c파지만, 때때로 c파가 a파의 종점보다 높으며 심지어 1파의 고점을 지지하며 종료되는 경우가 있다. 이러한 양상은 조정파 이후 나타날 한 단계 위의 충격파가 매우 강한 힘을 가지고 있다는 것을 암시한다. 다르게 말하자면 이후 나타날 상승파의 힘이 매우 커서 앞선 조정파에도 상승하려는 영향을 미친다고 생각할 수 있다. 이런 조정 패턴은 국내 주식들 중 급등주의 상승과 조정을 관찰할 때도 때때로 나타나는 양상이다.

엘리어트 파동의 조정 패턴 심화

지금부터 엘리어트 파동에 등장하는 조정 패턴에 대해 더 자세히 알아보겠다. 크게 삼각형, 혼합형 패턴으로 나누어서 살펴보자.

📊 삼각형 패턴

삼각형 패턴으로 나타나는 조정파의 내용은 추세의 지속 패턴에서의 내용과 동일하다.

조정파의 다양한 삼각형 패턴

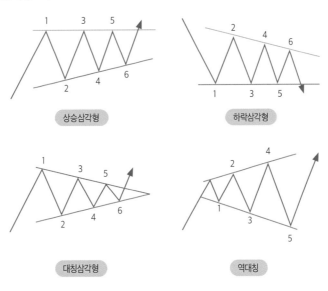

삼각형 패턴은 그림과 같이 상승삼각형, 하락삼각형, 대칭삼각형, 역대칭삼각형의 네 가지로 분류된다. 기본적으로 삼각형 패턴은 기존의 추세를 지속하는 추세 지속형 패턴임을 먼저 인지하기 바란다.

상승삼각형

조정파의 상승삼각형 패턴

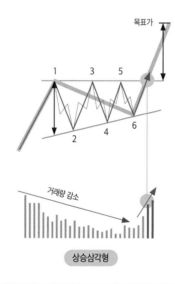

상승삼각형

상승삼각형은 고점이 일정하게 유지되고 저점이 상승하며 수렴하는 패턴이다. 따라서 고점을 연결한 추세선은 수평을 이루고, 저점을 연결한 추세선은 상승 추세를 보인다. 저점이 높아진다는 것은 상승을 기대하는 매수세가 강하다는 것을 의미하므로, 이 경우 수렴 이후 추세선을 상방 돌파하는 상승 추세의 지속형 패턴이 될 확률이 더 높은 패턴이다.

하락삼각형

조정파의 하락삼각형 패턴

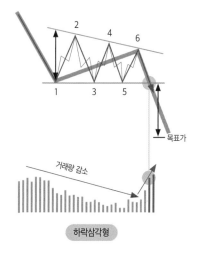

하락삼각형은 저점이 일정하게 유지되고 고점이 하락하며 수렴하는 패턴이다. 따라서 고점을 연결한 추세선은 하락 추세를 이루고, 저점을 연결한 추세선은 수평을 보인다. 고점이 낮아진다는 것은 하락을 기대하는 매도세가 강하다는 것을 의미하므로, 이 경우 수렴 이후 추세선을 하방 돌파하는 하락 추세의 지속형 패턴이 될 확률이 더 높은 패턴이다.

대칭삼각형

조정파의 대칭삼각형 패턴

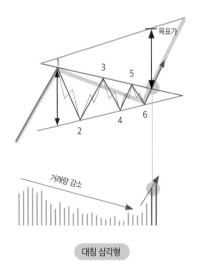

대칭 삼각형

대칭삼각형은 저점은 상승하고, 고점은 하락하며 수렴하는 패턴이다. 따라서 고점을 연결한 추세선은 하락 추세를 이루고, 저점을 연결한 추세선은 상승 추세를 보인다. 고점이 낮아지는 것은 하락을 기대하는 매도세가 강하다는 것을 의미하고, 동시에 저점이 높아지는 것은 상승을 기대하는 매수세 역시 강하다는 의미다. 따라서 매수와 매도의 힘이 균등하다고 해석할 수 있다. 이 경우 삼각 패턴은 기존 추세의 지속형 패턴임을 인지하고 있다면 기존의 상승/하락 추세가 지속될 것을 예상할 수 있다.

역대칭삼각형(확산형삼각형)

조정파의 역대칭삼각형 패턴

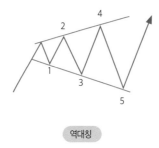

역대칭

역대칭삼각형은 거의 나타나지 않는 삼각 패턴으로, 그 발생 빈도가 드문 편이다. 기존의 수렴형 삼각 패턴들과 다르게 고점과 저점이 수렴하지 않고 확산되는 형태를 보인다. 고점이 높아지는 것은 상승을 기대하는 매수세가 강하다는 것을 의미하고, 동시에 저점이 낮아지는 것은 하락을 기대하는 매도세 역시 강하다는 의미다. 이러한 방향성이 정해지지 않은 상황은 변동성이 급격한 상태임을 의미한다. 주로 강력한 상승 이후 고점에서 나타나는 경우가 많으며, 지속형 삼각 패턴들과 달리 약세로 전환되는 경우가 많다.

파동 카운팅 시 삼각 패턴에서 유념할 점

삼각형 패턴은 보통 단기간에 형성되는 패턴이 아니며, 기존의 상승 또는 하락 추세가 형성된 이후 시장이 쉬어가며 다음 추세를 결정하는 데 고민한 흔적이 나타나는 패턴이다. 또한 엘리어트 파동이론의 기본 단위인 5개의 파동(1, 3, 5 충격파와 2, 4 조정파)에서 3파가 가장 강력한 파동일 가능성이 높다는 것을 기억할 것이다. 이러한 이유로 1파의 상승 이후 나타나는 2파의 위치에서는 상승의 길이감이 많이 나타났을 가능성이 아직 적지만, 3파의 강력한 상승이 나타난 이후 4파의 위치에서는 상승의 길이감이 이미 많이 나타났을 가능성이 높다. 따라서 삼각 패턴은 방향성의 고민이 적은 2파보다는 방향성의 고민이 많은 4파에서 주로 나타나는 경향을 보인다. 방향성의 고민이라는 비슷한 이유로, 추후 다룰 혼합형 조정파(WXY, WXYXZ 형태)에서도 W파동에서는 삼각 패턴이 나타나지 않는 경향을 보인다.

🔋 혼합형

혼합형 조정파 패턴은 두 개(이중 3파) 혹은 세 개(삼중 3파)의 조정파 패턴이 합쳐져 나타나는 것을 의미한다. 기호로는 이중 3파를 'WXY', 삼중 3파를 'WXYXZ'로 표현한다. W, Y, Z는 각각 조정파 패턴을 의미하고 그 사이의 X는 조정파를 연결하는 파동을 의미한다. 다음 예시는 이중 3파, 삼중 3파에서 조정파가 모두 플랫 조정 형태로 나타난 한 가지 경우를 이해하기 위해 나타낸 것이며, W, Y, Z에 해당하는 조정파는 지그재그, 플랫, 삼각형의 형태를 모두 띌 수 있다. 또한 X파는 대부분 지그재그 형태를 보인다.

조정파의 혼합형 패턴

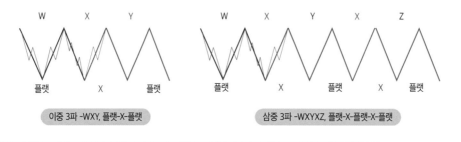

이중 3파 -WXY, 플랫-X-플랫

삼중 3파 -WXYXZ, 플랫-X-플랫-X-플랫

다만 모든 형태의 조정파가 경우의 수로는 가능하나, 일반적으로 자주 나타나는 혼합형 조정파의 형태가 존재한다. 가장 일반적으로 나타나는 혼합형 조정 패턴은 다음과 같

은 '플랫 – X – 삼각형' 패턴이다.

조정파의 플랫-X-삼각형 패턴

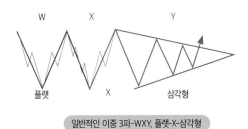

일반적인 이중 3파-WXY, 플랫-X-삼각형

추가적으로 앞서 삼각형 패턴은 방향성의 고민이 나타난 결과이기 때문에 앞선 조정
파에서는 잘 나타나지 않는다고 하였다. 혼합형 조정파에서도 이와 마찬가지로, W 파동
패턴에 삼각형 패턴은 잘 등장하지 않고 주로 플랫, 지그재그 패턴이 등장하며, Y, Z 파동
패턴에 삼각형 패턴이 주로 등장하게 된다.

엘리어트 파동 실전 스터디

📊 제주반도체

제주반도체 주봉을 보면 박스권 흐름 속 저가 부근에서 강하게 상승하는 모습을 확인할 수 있다. 현재 고점 돌파 여부가 중요한 구간으로 3파(2.618)의 끝자락에 위치하고 있다. 현시점에서 연속 상승 관점보다는 조정 이후 5파의 흐름으로 고점 돌파 가능성도 있으나, 다소 리스크 있는 구간이기 때문에 보유자의 영역이라고 볼 수 있다.

제주반도체 주봉

제주반도체 일봉

　　일봉에서 중요한 점은 중·장기 이평선을 돌파하는 첫 기준봉(1)이다. 당시 1,227억 원의 거래 대금이 발생하면서 중요 이평선을 돌파하였다. 이 날은 반도체 군집 형태의 상승이 있었으며, 제주반도체는 대장주로서 가장 강한 흐름을 보였다. 즉, 시장 참여자들이 선택한 산업 내 종목이 제주반도체인 것을 알 수 있다. 좌측 하락 추세선을 보면 일봉상 충분한 가격과 기간 조정을 받은 상태인 걸 확인할 수 있다. 그러므로 유의미한 거래량, 주요 이평선을 강하게 돌파하는 흐름 등 조정 이후 3파로 흐를 가능성이 높다고 판단할 수 있다.

제주반도체 1시간봉

이전 기준봉을 1파로 설정한 뒤, 2파 조정 길이감을 0.382~0.5 구간으로 설정하였다. 확인해보면 알겠지만, 전략은 유효했다고 판단할 수 있다. 이후 2.618 구간까지 3파가 도착하며 현재 4파 가능성이 높은 구간이다. 스터디 시작일 대비 약 73% 상승 후 마감하였다. 여기에서 5파가 남았으니, 4파에서 매수하는 전략이 유효할 수 있으나, 상승의 길이감, 확률적 사고, 분산을 고려했을 때 4파는 그다지 매력적인 구간이 아님을 알 수 있다. 현 구간에서는 보유자의 영역으로 신규 진입보다는 이러한 사고 과정과 분석 과정을 토대로 새로운 종목을 발굴하는 것이 중요하다는 점을 꼭 기억하길 바란다.

제주반도체 스터디 결과

매매 결과

- 거래일: 20 거래일
- 매수 구간 대비: 106% 상승

한일사료 일봉

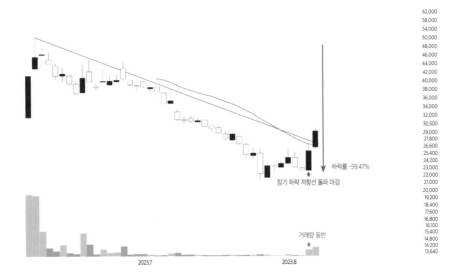

마녀공장 일봉을 보겠다. 이전 고점 대비 60% 이상 하락한 후, 상단 저항선을 종가로 돌파하며 첫 추세 전환 시그널을 확인할 수 있다. 특히 하단의 거래량을 보면, 돌파 시 거래량이 평소보다 높은 것을 확인할 수 있으며, 주요 추가 상승에서 거래량이 증가하는 것을 확인할 수 있다. 상승 추세의 기본은 상승할 때 거래량이 증가하고, 조정받을 때 거래량이 줄어드는 것이다.

마녀공장 1시간봉

한 시간 차트를 보면 주가의 흐름을 더욱 디테일하게 볼 수 있다. 8월 4일 이전 저점 대비 바닥을 높인 상태에서 시초가부터 강하게 돌파하는 모습을 확인할 수 있다. 이때부터 관심 종목에 편입할 필요성이 있다(이유는 시장의 결론에 맞는 종목이 강하게 저항 구간을 돌파). 이후 주가는 잠시 눌린 뒤, 연속적으로 상승하는 모습을 확인할 수 있다. 그럼 여기서 이런 의문이 들 수도 있다.

'이미 30% 가까이 상승했는데

추가 상승에 대한 기대감을 갖기는 부담스럽지 않나?'

보통 투자자는 저점 대비 높아진 종목의 경우 과거 값에 앵커링 효과를 가지고 있다. 이 때문에 추세 좋은 종목을 놓치는 경우가 많다. 따라서 투자의 기준을 다음 충격파(상승)를 기대할 수 있는가로 잡는 것이 중요하다. 판단이 섰을 때 미래 가격에 앵커링 효과

(기준점)를 두고 트레이딩하는 자세가 추세 추종을 원하는 투자자들에게 필요한 요소다.

마녀공장의 경우 5개의 1파가 만들어졌으며, 저점 대비 상승률이 높더라도 현재 '시장의 결론'과 맞는다고 판단된다. 때문에 해당 길이만큼의 3파 규모 충격파를 기대할 수 있다. 따라서 1파의 조정 구간에서 매수를 하는 전략이 유효하다(해당 구간의 매수 접근은 조정 패턴의 깊이감이 중요하다).

마녀공장 15분봉

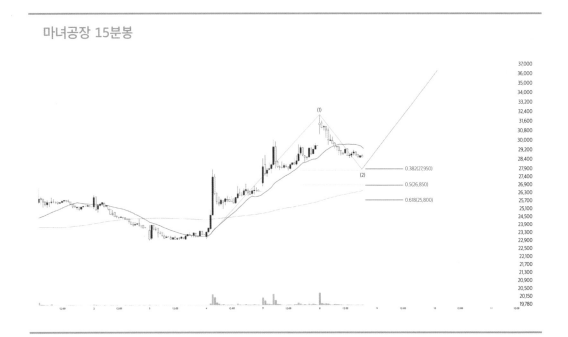

15분봉을 보고 아래처럼 전략을 수립할 수 있다.

① 피보나치 되돌림 0.382~0.5 구간까지의 양호한 조정을 예상, 해당 구간에서 분할 매수

② 매도 전략은 이전 1파 고점에서 분할 매도

③ 잔량 추가 상승 혹은 이탈 시 자율 매도

④ 손절 구간은 박스권 이탈 혹은 0.618 구간 이탈 시 손절

마녀공장 스터디 결과

매매 결과

- 거래일: 3 거래일

- 매수 구간 대비: 62% 상승

📊 유한양행

유한양행 월봉

유한양행 월봉을 보면 지난 2021년 1월부터 2023년 4월까지 하락 추세 이후 상단 저항 라인을 돌파한 후 2번의 지지를 받은 모습이다. 이후 2023년 7월 21일 거래량을 동반한 기준봉이 완성된 상태로 추세 전환 가능성이 높아진 상태다.

이미지의 빨간색 화살표는 돌파를 의미하며, 녹색 화살표는 지지를 의미한다. 하단 빨간색 화살표는 거래량을 체크하는 것이다.

주봉에서 돌파와 지지를 보다 명확하게 확인할 수 있다. 주봉상 상단 저항 구간을 종가 마감하며 완벽하게 돌파한 이후 조정 구간에서 다시 해당 라인을 지지받는 모습을 확인할 수 있다.

녹색 화살표의 양봉을 변곡점의 시작으로 보고, 21일 기준봉의 고점을 끝으로 봤을 때 피보나치 되돌림상 0.5 구간과 과거 저항 구간이 겹치는 것을 확인할 수 있다. 따라서 해당 구간에서 강한 지지를 확인할 수 있다.

유한양행 일봉

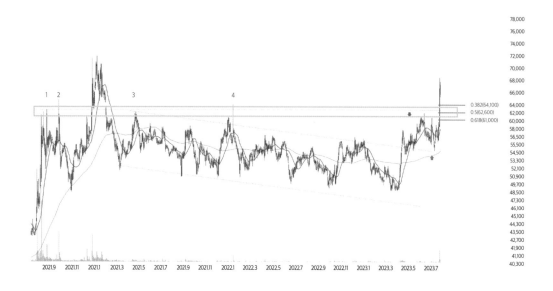

0.382(64,100)
0.5(62,600)
0.618(61,000)

    일봉상 노란색 구간은 과거 5차례에 걸쳐서 돌파하지 못한 저항 구간임을 확인할 수 있다. 반대로 돌파 이후 해당 구간은 강한 지지를 보일 확률이 높다는 의미로 해석할 수 있다. 또한 이평선의 정배열과 장기 이평선의 추세를 돌리는(상승) 모습도 긍정적이다.

유한양행 스터디결과

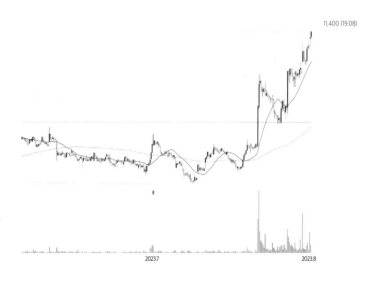

매매 결과

- 거래일: 3 거래일

- 매수 구간 대비: 19% 상승

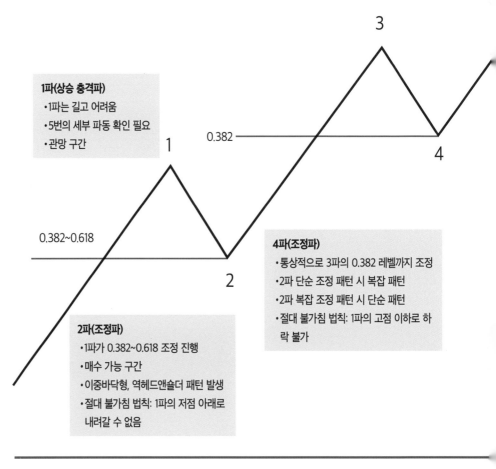

3파(상승 충격파)
- 통상적으로 가장 강한 상승 충격파 구간
- 일반적으로 1파의 1.618배 상승
- 5개 파동 가능
- 절대 불가침 법칙: 3파는 가장 짧을 수 없음

1파(상승 충격파)
- 1파는 길고 어려움
- 5번의 세부 파동 확인 필요
- 관망 구간

0.382

0.382~0.618

4파(조정파)
- 통상적으로 3파의 0.382 레벨까지 조정
- 2파 단순 조정 패턴 시 복잡 패턴
- 2파 복잡 조정 패턴 시 단순 패턴
- 절대 불가침 법칙: 1파의 고점 이하로 하락 불가

2파(조정파)
- 1파가 0.382~0.618 조정 진행
- 매수 가능 구간
- 이중바닥형, 역헤드앤숄더 패턴 발생
- 절대 불가침 법칙: 1파의 저점 아래로 내려갈 수 없음

상승 5개 파동

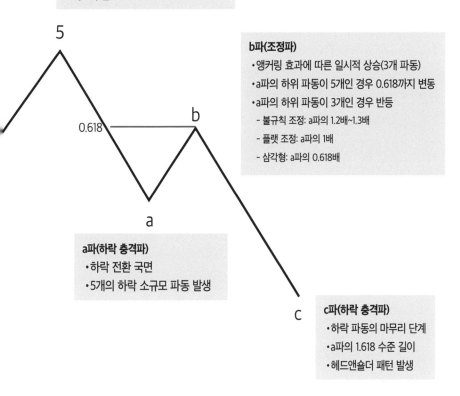

5파(상승 충격파)
- 1파 길이감과 동일한 상승
- 1파의 0.618 상승
- 1파~3파의 총길이감의 0.618 상승
- 매도 구간

5

0.618

b

b파(조정파)
- 앵커링 효과에 따른 일시적 상승(3개 파동)
- a파의 하위 파동이 5개인 경우 0.618까지 변동
- a파의 하위 파동이 3개인 경우 반등
  - 불규칙 조정: a파의 1.2배~1.3배
  - 플랫 조정: a파의 1배
  - 삼각형: a파의 0.618배

a

a파(하락 충격파)
- 하락 전환 국면
- 5개의 하락 소규모 파동 발생

c

c파(하락 충격파)
- 하락 파동의 마무리 단계
- a파의 1.618 수준 길이
- 헤드앤숄더 패턴 발생

하락 3개 파동

무조건 이기는
재료적 분석

왜 재료적 분석을 해야 하는가?

트레이더는 마치 건축가가 건물을 설계할 때처럼 투자 시스템을 구축해야 한다. 탑다운 트레이딩은 건물을 지을 때처럼 처음엔 넓은 시야로 시작해서 세부적인 부분까지 완성해나가는 방식으로 작동한다. 이번에 설명할 재료적 분석은 마치 건축에서 건물의 기초를 쌓아올리는 것과 유사한 과정으로, 업종과 종목에 대한 탄탄한 근거를 마련하는 단계다. 어떤 면에서는 기술적 분석보다도 더 중요할 수 있다. 하지만 많은 투자자들은 선순위인 시장과 업종을 건너뛰고 기술적 분석에만 집중하는 경우가 많다. 이는 기술적 분석이 시각적으로 다가오고 다른 과정보다 쉬운 이유 때문이라 여겨진다. 아래와 같이 생각해볼 수 있다.

① 시각적: 해석이 편하다.
② 추상적: 해석이 어렵다.
③ 인간은 본능적으로 편한 것을 찾는다.

인간은 본능적으로 편한 길을 선택하는 경향이 있다. 그래서 시각적으로 이해하기 쉬운 기술적 분석은 추상적인 선순위 사고 과정(시장, 업종, 재료)에 비해 훨씬 편하게 접근할 수 있다. 게다가 긍정적인 시장 상황에서는 기술적 분석만으로도 성공할 확률이 높아서 이때의 성공은 기억에 강렬하게 남게 되고, 계속해서 기술적 분석에만 길들여지는 악순환에 빠지곤 한다.

소설가 김살로메는 "인간은 선택적으로 기억 속에 이로운 쪽으로 꾸며 저장한다"고 말했다. 실제로 대부분의 투자자들은 매달 손실을 보더라도 기술적 분석(단일 근거)에만 집중하는 습관을 갖기 쉽다. 이는 인간이 손실에는 왜곡된 기억을 지녀 덜 중요하게 여기고, 성공적인 매매에 대한 기억만을 과장하여 저장하려는 심리적 특성이 있기 때문이라 할 수 있다. 이런 무의식적인 기억의 왜곡과 손쉬운 길을 찾으려는 본능이 결합하면 매번 같은 방식으로 손실을 겪게 되는 것이다.

가끔은 기술적 분석만으로도 성공을 거둬내는 트레이더도 있겠지만, '예외는 규칙이 될 수 없다'라는 말처럼 시스템을 벗어나 예외적으로 행동하는 것은 모순된 일이다. 자신을 평범한 사람으로 여기는 자세부터 투자는 시작된다. 성공한 사람들 중 아무도 단일 근거로만 투자한 사람이 없다는 점을 기억해야 한다. 편안함을 포기하고 '확률적 우위'를 찾기 위해 노력하는 것이 투자자로서 더 빠른 성장을 이룰 수 있는 길이다.

주식투자에서 가장 중요한 것은 확률적 사고다. 우리는 불확실한 상황에서도 객관적이고 논리적으로 사고하여 가능성과 결과를 최대한 예측해야 한다. 기술적 분석 편에서 '근거의 중첩'을 설명했다. 가능한 많은 근거들이 서로 교차될수록 확률적 우위를 얻을 수 있다. 기술적 분석뿐만 아니라 중첩의 범위를 넓혀서 보면 시장, 업종, 재료, 기본 그리고 기술까지. 이 5가지 카테고리를 고려하면 해당 종목의 주가에 대해 더 확률적 우위를 지니고 최선의 매매 전략을 수립할 수 있다.

예를 들어 다음과 같은 탑다운 사고를 통해 특정 종목을 선정할 수 있다.

탑다운 사고방식

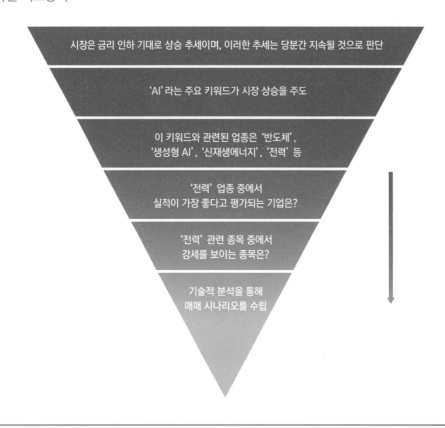

시장은 금리 인하 기대로 상승 추세이며, 이러한 추세는 당분간 지속될 것으로 판단

'AI'라는 주요 키워드가 시장 상승을 주도

이 키워드와 관련된 업종은 '반도체',
'생성형 AI', '신재생에너지', '전력' 등

'전력' 업종 중에서
실적이 가장 좋다고 평가되는 기업은?

'전력' 관련 종목 중에서
강세를 보이는 종목은?

기술적 분석을 통해
매매 시나리오를 수립

위와 같은 분석을 통해 LS ELECTRIC과 같은 기업에 대한 투자 결정을 내릴 수 있었다. 중요한 것은 독자들이 위의 사고 과정을 스스로 이끌어낼 수 있는지다.

많은 투자자가 공감하는 투자일수록 상승 가능성이 높다. 핵심은 공감이다. 개인이 세워낸 이야기와 근거를 토대로 상승 가능성이 높다고 판단되어도, 시장 참여자들이 공감하지 못하면 주가는 상승하지 않는다. 반대로 다른 사람들이 공감하는 경우, 투자자들은 매수세에 가담할 확률이 높다. '시장은 언제나 옳다'라는 말은 나의 주장이 아닌 다수의 시장 참여자들이 공감하는 행동의 결과를 의미한다.

요컨대, '시장 → 업종 → 종목'으로의 근거 구축은 다양한 관점에서 접근이 가능하다.

더 복합적이고 명확한 근거를 얻을 수 있기 때문에 다른 사람들이 공감할 확률이 높은 경우가 많다. 즉, 제대로 된 재료적 분석으로 확률적 우위를 가질 수 있는 것이다.

이처럼 재료적 분석은 탑다운 사고 과정에서 기술적 분석보다 선행되어야 하는 사고 과정이다. 추상적인 주제이기 때문에 기술적 분석보다 이해하고 적용하기 어려울 수 있다. 그렇지만 반복해서 읽고 실전에 적용한다면 내 투자 실력을 최소 한 단계 이상 발전시킬 수 있는 내용일 것이다.

재료적 분석의 개념과 심리적 요인

재료와 재료적 분석을 구분해보자. '재료'란 시장 참여자들이 특정 업종 및 종목의 주가 상승 기대감을 대표하는 '키워드'를 의미한다. 예를 들어 '유리기판', 'HBM', 'AI', '전력', '저PBR' 등 특정 키워드를 지닌 시장의 업종과 종목들의 상승이 재료로 인한 상승이다.

'재료적 분석'은 이 재료(키워드)를 분석하여 주가의 상승이 지속될 것인지를 판단하는 과정이라고 정의할 수 있다. 재료적 분석과 관련된 심리적 요인을 두 가지 키워드로 추출하면 기대감과 불확실성을 들 수 있다.

첫 번째 심리적 요인: 기대감

트레이더는 주식의 가치 여부보다는 사실 주식의 가격 상승이 중요하다. 그럼 대체 가격은 언제 상승할까? 그 답을 찾기 위해 질문을 하나 던져보자.

"종목을 매수할 때 어떤 생각으로 하는가?"

대부분의 매수자는 "이 종목은 ○○○을 이유로 주가가 상승할 거야!"라고 생각할 것이다. ○○○의 내용은 각자 다르겠지만, 본질은 각자만의 기대감이다. 즉, 재료적 분석은 본질인 '기대감'을 고민하고 판단하는 과정이라고 볼 수 있다.

여기서 이런 의문이 들 수 있다. '각자 이유가 전부 다를 텐데, 어떻게 기대감을 판단할 수 있을까?' 이런 추상적인 이유 때문에 재료적 분석이 기술적 분석보다 어렵다고 말한다. 이 부분은 이 책을 통해서 기본적인 방향성을 배우고 간접적인 경험을 통해 알아보도록 하자.

두 번째 심리적 요인: 불확실성

시장이 공포에 빠지는 구간에서 겪는 공통된 심리적 요인은 불확실성이다. 시장은 불확실한 상황을 극도로 경계한다. 이 불확실성이 행동으로 전이되어 매도세를 부추기는 현상이 시장에서는 자주 일어난다. 극단적인 예시로 불확실성이 생겼던 금융 위기 때를 떠올려 보자. 당시 가장 큰 불확실성 중 하나는 리먼 브라더스의 파산이었다. 이 파산으로 시장의 불확실성이 더 커지면서 안전 자산인 현금 확보를 위해 투자자들의 패닉 셀링이 이어졌었다.

그러나 재료적 분석에서 말하는 불확실성은 다른 의미를 가지고 있다. 재료적 분석에서 불확실성은 기대감과 연결되는 경우가 많다. 예를 들어 초전도체의 경우 기술 개발에 대한 불확실성이 존재하지만, 만약 정말 기술이 개발되고 상용화가 된다면 시장에 엄청난 파급력을 줄 수도 있다. 이런 기대감이 시장에 폭발하였고, 이에 따라 매수세가 유입되며 초전도체 관련 주가가 상승했었다. 아래는 당시 초전도체 관련 기사의 제목이다.

'노벨상감' 상온 초전도체 세계 최초 개발했다는 한국 연구…과학계 '회의론' 넘을까
－「조선비즈」 2023년 7월 28일

'세계 최초 개발', '노벨상감'이라는 키워드는 시장 참여자들에게 엄청난 기대감을 불러일으켰다. 실제로 상온 초전도체가 개발되어 상용화될 경우 전기 생산과 저장, 전달의 효율을 극대화할 수 있다. 또한, 양자컴퓨터, 초저전력 반도체, 자기부상열차 등 엄청난 기술혁신이 일어날 수 있는 물질이기 때문에 당시 개발 소식은 전 세계적인 관심을 받았

다. 물론 초전도체 개발과 관련된 많은 갑론을박이 오갔다. 그만큼 초전도체라는 재료가 기대감과 불확실성을 동시에 지니고 있었다고 말할 수 있겠다. 이런 신선한 기대감은 대부분 주가의 매수세를 일으킨다.

반면, 북한의 미사일 발사 등의 도발은 늘 있었던 일이기 때문에 대부분의 우리나라 사람은 이에 대해 감정적인 변화를 가지고 있지 않다. 즉, 신선하지 않다는 의미다. 늘 반복되는 패턴이고 일시적이었기 때문에 해당 이슈로 인한 기대감이 형성되지 않는 것은 당연한 일이다.

주가는 미래의 가치를 반영한다는 점에서 불확실성이 기대감으로 전환되기도 한다. 특히 이런 전환이 집단행동으로 연결되는 것은 자연스러운 현상이다. 물론 악재로 인한 불확실성은 예외다. 이는 반대의 상황을 고려하는 것이 합리적이다.

이처럼 주가 상승에는 기대감이라는 본질적인 심리 요소가 있고, 기대감에는 불확실성이 존재한다는 점을 꼭 기억하자.

재료적 분석이 어려운 이유

재료적 분석은 기술적 분석처럼 시각적으로 바로 보이지 않는다. 특정 재료가 나타났을 때 그 재료가 주가에 어떤 영향을 미칠 것인지 판단하는 것은 추상적인 영역이다. 이런 추상적인 사고가 필요하다는 점에서 재료적 분석은 기술적 분석보다 불분명하고 힘들다고 생각할 수 있다. 이처럼 재료적 분석이 어려운 이유를 구체적으로 알아보고 그렇다면 어떻게 분석해야 할지를 파악해보자.

▥▥ 정해진 답이 없는 재료적 분석

첫 번째로 유사해 보이는 재료도 저마다 다르게 반응한다는 점이다. 다음 뉴스를 살펴보자.

꿈의 신소재 맥신, 대량생산의 길 열렸다
– 「한국과학기술연구원」 2023년 8월 17일

위 기사는 한국과학기술연구원(KIST)에서 신소재인 맥신의 대량생산 및 상용화 가능성에 대한 내용이다. 당시 시장 참여자라면 유사한 키워드로 '초전도체'를 생각할 수 있다. 짧은 기간 큰 폭으로 상승하는 모습을 보였던 초전도체와 유사한 맥신이라는 키워드는 어찌 보면 시장 참여자들이 기대감을 갖기에 충분해 보인다. 또한, 이미 시장 참여자들은 초전도체라는 재료를 경험했던 터라 맥신 키워드가 초전도체와 유사하게 움직일 것이라는 기대감도 조금은 있는 듯했다.

그러나 맥신 관련 종목들은 초전도체 대비 짧고, 상승폭도 적었다. 분명 유사한 키워드지만, 전혀 다른 행보를 보인 이유는 여러 가지 면에서 고려해볼 수 있다. 예를 들어 초전도체는 글로벌 이슈가 되었지만 맥신은 국내 이슈로 끝났다는 점, 초전도체가 사실일 경우 이는 기술혁명 수준의 파급력이지만, 맥신은 그 정도는 아니라는 점 등이 있다.

이 외에도 여러 이유가 있을 수 있지만, 전달하고자 하는 내용의 핵심은 '유사하지만 결과가 다르다는 점'이다. 재료적 분석에는 명확한 답이 없다. 대부분의 사람들은 어려서부터 수학이라는 과학적 사고에 익숙해진 터라 명확한 답이 없는 것에 어려움을 느낄 수밖에 없다. 그렇더라도 재료적 분석은 투자자라면 반드시 극복해야 하는 문제다. 또 누구나 충분히 극복 또한 가능한 문제이기도 하다. 극복 방법은 순차적으로 설명하겠다.

📊 범위가 너무 넓은 재료적 분석

재료적 분석에는 신경 쓸 요소가 너무 많다. 어느 정도 재료적 분석에 적응된 사람이라면 문제가 되지 않지만, 처음 재료적 분석을 하는 사람들은 무엇을 어떻게 봐야 할지 판단하기가 어렵다. 아래 뉴스를 보고 재료적 분석 요소들을 정립해보자.

바이오 관련 재료적 분석

"항암 신약 경쟁력 뽐낸다"…'3대 암학회' 美AACR 출동

– 「뉴시스」 2024년 3월 12일

위 기사는 미국암연구학회가 2024년 4월 5일부터 10일까지 열리고, 국내 제약바이오 기업들 중 레고켐바이오(현: 리가켐바이오), 지놈앤컴퍼니, 앱클론, 신라젠 등이 대거 참가할 예정이라는 내용을 담고 있다. 이때 레고켐바이오는 2023년 10월부터 강한 상승세를 타며, 2024년 3월 5일을 기점으로 정점을 찍은 뒤 조정 과정을 거치고 있었다. 해당 암학회가 한 달 뒤에 열리게 되면서 관련주들의 움직임도 강하게 나타나고 있었다. 이와 같은 스케줄을 고려한 뒤 관련주들의 동향을 파악하고, 투자 시나리오를 수립하여 실제 매수

레고켐바이오 일봉

및 매도를 진행하는 것은 전형적인 일정에 따른 투자 예시로 볼 수 있다.

레고켐바이오의 일봉 차트를 보면 암학회를 앞두고 작년 10월부터 상승하기 시작한다. 상승 추세는 암학회 개최일 1개월 정도를 앞두고 기대감이 소멸되면서 서서히 빠지는 모습을 확인할 수 있다. 이를 스마트 머니 입장에서 해석하면, 매집 후 기대감 정점 부근에서 분산하는 형태로 해석할 수 있다.

미중 관련 재료적 분석

"美, 中 겨냥 생물보안법 발의… "국가 안보" vs "경쟁자 제거"
- 「머니S」 2024년 1월 30일

2024년 초부터 진행된 미국 생물보안법으로 미중 간의 갈등이 바이오 산업에도 영향을 미칠 수 있는 가능성을 보여주는 뉴스다. 특히 중국 위탁생산(CDMO) 기업인 우시바이오로직스 등이 생산한 제품이나 서비스 사용이 금지될 수 있다는 내용이 소개되어 있다. 더불어 우시바이오로직스는 미국 시장에서의 매출이 전체 매출의 약 50%를 차지하고 있어, 해당 기업의 대체품으로 주목받는 다른 바이오 기업에는 긍정적인 영향을 줄 수 있다. 이 이슈로 국내 CDMO 기업인 바이넥스와 에스티팜이 주목받았으며, 반사이익에 대한 기대감으로 주가는 상승하였다. 다음은 바이넥스의 주가 움직임이다.

바이넥스의 일봉 차트를 살펴보면, 생물보안법 발의 이슈 이후 대규모 거래량과 함께 강한 상승을 거듭한 뒤 상승세로 전환하는 모습을 확인할 수 있다. 이에 반사이익의 규모도 상당하며, 미중 갈등이 계속될 가능성이 높다는 시각에서 투자자들의 기대감이 여전히 유효했다. 그런 이유로 주가의 상승 또한 지속되었던 것을 확인할 수 있다.

바이넥스 일봉

반도체 관련 재료적 분석

BofA "엔비디아, 올해도 최선호 종목…700달러 목표

–「연합인포맥스」 2024년 1월 6일

HBM 탄력받은 SK하이닉스 '맞춤 AI 메모리'로 '3년 뒤 시총 2배' 포부

–「중앙일보」 2024년 1월 9일

첫 번째 기사는 AI 대장주인 엔비디아가 향후에도 AI 분야에서 선두권을 이어간다는 내용과 함께 목표가를 높인다는 내용이다. 긍정적인 내용과 함께 두 번째 기사를 보면 SK하이닉스는 엔비디아에 4세대 HBM인 HBM3를 공급하며 지난 한 해 실적 개선을 달성하

였다는 내용이 있다. 그럼 엔비디아의 긍정적인 전망을 통해 HBM을 납품하는 SK하이닉스 역시 긍정적으로 전망할 수 있다. 여기서 한 단계 더 나아가 보도록 하겠다.

KB증권 "한미반도체, 올해 장비 수주 증가…실적 전망 상향

–「연합뉴스」2024년 1월 22일

위에서 엔비디아와 SK하이닉스로 연결된 흐름을 이해한 상태에서 위 한미반도체에 대한 뉴스를 확인해보면, SK하이닉스에 HBM3E용 TC본더 추가 수주가 예상된다는 내용과 이에 따라 올해 연간 영업이익이 4배 가까운 수준으로 상승할 것이라는 전망이 나왔다. 정리하면 '엔비디아 → SK하이닉스 → 한미반도체'로 연결되어 수혜를 예상할 수 있다. 해당 뉴스 이후로 한미반도체의 주가가 어떻게 변화했는지 살펴보자.

한미반도체 일봉

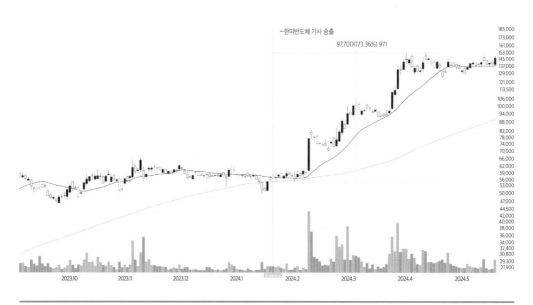

이미 이전부터 상승 추세를 이어가던 중 호재 소식이 더해지면서, 뉴스 송출일로부터 4개월 동안 약 175% 상승한 것을 확인할 수 있다.

재료적 분석의 요소들 정리

지금까지 뉴스를 통해 일정과 실적, 트렌드(AI), 반사이익에 해당하는 재료적 분석 사례들을 살펴보았다. 결과론적인 것을 떠나서 주가 상승에 대한 기대감이 납득될 것이라고 생각한다. 이 외에도 주가 상승에 영향을 끼치는 재료적 분석 요소들은 많다. 아래 해당 요소들을 살펴보겠다.

① 일정

② 긍정적인 실적

③ 신기술

④ 투자

⑤ 수주

⑥ 무상증자

⑦ 메가 트렌드

⑧ 정부 정책

⑨ 반사이익

보통 위 요소들은 투자자들에게 긍정적인 호재로 인식되어 주가 상승 기대감을 조성한다. 다만, 이러한 요소들이 기본적인 호재에 불과하며, 실제 주가 상승은 예상보다 복잡한 과정을 거치기 때문에 무조건적인 매수는 위험 부담을 초래할 수 있다는 것을 유념하길 바란다.

▮▮▮ 위치에 따라 다른 재료적 분석

재료적 분석은 주가의 위치에 따라 다르게 반응한다. 즉, 어떤 재료가 나오더라도 해당 종목의 현재 가격 위치에 따라 결과가 달라진다. 재료의 소멸로 받아들일 수도 있고, 주가 상승을 일으킬 수도 있다. 사례와 함께 살펴보자.

코오롱플라스틱, 1분기 역대 최대 실적 경신…주가도 '급등'

–「아시아투데이」 2022년 5월 4일

코오롱플라스틱 일봉

뉴스 송출일인 2022년 5월 4일 코오롱플라스틱(현: 코오롱ENP)이 호실적을 발표하면서 주가가 급등하였다. 첨부된 차트에서 파란색 화살표가 가리키는 날짜가 5월 4일이다. 당시 주가는 장중에 상한가에 도달한 후 약간 밀려난 상태에서 22% 상승하며 마감하였다. 그러나 이후 주가 흐름을 살펴보면 지속적인 하락세를 보이며, 약 1년간 가격 조정이 이어지고 있는 것을 확인할 수 있다.

시장과 기술적 분석 측면에서 이 현상의 이유를 다음과 같이 살펴볼 수 있다.

시장 분석

먼저, 시장 전체 상황을 살펴보면, 금리 인상이 지속되며 양 시장 모두 하락 추세를 보이고 있었다. 전반적으로 유동성이 줄어들고 투자 심리가 위축된 상황이었다. 이러한 시장 환경에서는 투자자들이 차익 실현 욕구가 커지기 마련이다. 따라서 주가가 추세적으로 상승하기 어려운 상황이었다. 즉, 투자자들이 안전 자산으로 이동하거나 현금을 확보하려는 경향이 강해진 시기였기 때문에 코오롱플라스틱의 주가가 급등한 후 지속적인 상승을 기대하기는 어려웠다고 볼 수 있다.

기술적 분석

코오롱플라스틱의 경우, 코로나 팬데믹 이후 약 2년간 주가가 크게 상승했다. 그 이후로 가격 조정이 이어졌으며, 당시 상승 구간은 기술적 분석에서 W-X-Y 파동 중 X파 반등 구간으로 설명할 수 있다. 쉽게 말하면, 주가가 조정 구간에 들어선 후 일시적으로 반등한 상태이자, 큰 폭으로 상승한 이후 자연스러운 조정 국면이었던 셈이다.

기술적 관점에서 보면, 이렇게 큰 상승 후에는 일정 기간 동안 조정이 필요한 경우가 많다. 이미 높이 오른 주가가 지속적으로 상승하기보다는 차익 실현 매물에 의해 조정되는 경우가 흔하다. 관련 데이터와 파동이론에 따르면, 현재의 하락은 이전 상승의 조정 국면으로 해석될 수 있다.

결과적으로, 부정적인 시장 환경과 기술적 조정이 맞물려 주가의 지속적인 상승을 가로막았다. 시장 전반적인 상황이 좋지 않은 상태에서 기술적 분석만으로는 현재 구간을 충분히 이해하기 어렵다. 시장 환경과 업종의 종합적인 분석이 병행되어야 신뢰도 높은 예측이 가능하다. 따라서 코오롱플라스틱의 주가가 전고점을 돌파하는 추세 상승은 어렵다는 결론을 내릴 수 있다.

반대의 경우도 살펴보겠다. 바로 기업 '빙그레'다.

"K-푸드가 대세" 날아오른 식품株… 삼양·빙그레 호실적에 '껑충'

– 「머니S」 2024년 5월 18일

빙그레 일봉

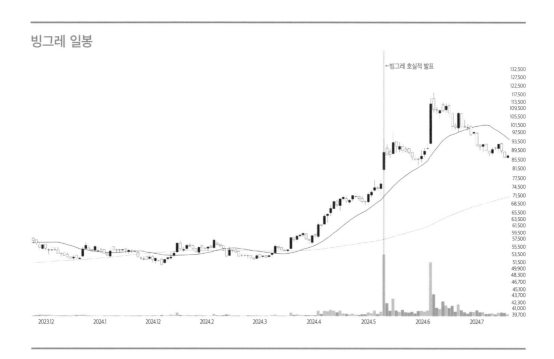

빙그레는 2024년 5월 18일 기사에서 1분기 연결 기준 매출액 3,009억 원, 영업이익 211억 원을 기록했다고 발표하였다. 이는 전년 동기 대비 각각 2.5%, 65.1% 증가한 수치다. 특히 해외 매출액은 전년 동기 대비 19.2% 상승했다. 차트의 빨간색 화살표는 기사 직전일을 나타내며, 호실적 발표로 인한 주가 상승을 확인할 수 있다. 이제 시장과 기술적 분석 측면에서 자세히 살펴보겠다.

시장 분석

당시 시장은 박스권 흐름을 보이며, 금리 인하 기대감으로 양호한 흐름을 유지하고 있다. 국내 증시는 정체 상태지만, 미국, 유럽, 일본 증시는 신고가를 경신 중이다. 대형 섹터보다는 순환매 장세가 지속되고 있으며, 글로벌 K-열풍에 힘입어 K-식품, K-화장품, K-미용기기 등의 강세가 두드러진다. 이러한 키워드들의 강세에는 호실적이라는 성장성과 이익성이 뒷받침되어 시장의 방향성과 일치하고 있다.

기술적 분석

빙그레는 2013년 이후 2023년까지의 조정 후 처음으로 의미 있는 상승과 거래량을 기록하였다. 차트를 보면 장기 하락 추세 이후 추세 전환의 시작점에 있으며, 10일선을 지지받아 상승 추세가 지속 중이다. 파동으로 해석하면, 현재 상승은 3파가 확장된 구간으로 볼 수 있다. 긴 가격과 기간 조정 이후 추세 전환을 했다는 점, 거래량과 상승률이 이를 뒷받침한다는 점에서 상승 추세가 지속될 확률이 높다고 예상할 수 있다.

결과적으로, 크게 부정적이지 않은 시장 환경 속에서 글로벌 K-열풍과 호실적은 투자자들의 기대를 충족시키기에 충분하다. 재료적 측면과 실적 또한 단기간에 끝날 내용이 아니므로, 현재 주도 섹터가 없고 긍정도 부정도 아닌 상황을 감안하면 해당 섹터에 대한 투자자들의 관심이 지속될 가능성이 높다고 볼 수 있다. 따라서 시장과 기술적 분석을 함께 고려할 경우 식품 섹터의 상승이 추세적으로 지속될 확률이 높다고 볼 수 있다.

두 사례를 통해 시장 상황과 주가 위치 등 다양한 환경에 따라 재료의 반응이 달라질 수 있다는 것을 알 수 있다. 글의 내용을 보면, 각 상황에 따라 다른 해석이 가능하다는 점을 이해해야 한다. 이 때문에 재료적 분석에 대한 책이나 자료가 드문 것도 사실이다. 하지만, 우리는 투자자 입장에서 확률적으로 사고해야 하므로, 책의 내용을 토대로 확률적인 관점을 가지길 바란다.

재료적 분석의 필요성

시장, 업종, 기본, 기술, 재료 등 모든 분석 과정은 확률적 우위를 차지하는 과정으로 이해할 수 있다. 예를 들어보겠다.

5개의 과목(시장, 업종, 기본, 기술, 재료)에 대한 시험을 본다고 상상해보자. 이 시험에서 합격을 위해서는 각 과목에서 60점 이상을 획득해야 한다. 이때 각 과목의 비중은 시장 40%, 업종 20%, 재료 20%, 기본 10%, 기술 10%다. 시험 형식은 주관식으로 근거를 찾고 서술하는 방식이다. 합격은 10개의 시나리오 중 6개 이상이 시나리오대로 진행될 경우다.

즉, 탐다운 시험이라고 생각했을 때 재료적 분석은 하나의 과목이며, 20% 비중을 차지하는 중요도가 높은 과목이다. 또한, 평균 60점 이상 합격이라는 기준을 고려했을 때 모든 과목을 전부 공부해야 한다는 점도 알 수 있다. 실제 시험과 다른 점은 투자 행위를 놓기 전까지 매일 시험을 치러야 한다는 점이다.

"매일 시험을 치러야 한다니 너무 힘든 일이네요?"

맞다. 그래서 대부분 이 과정에서 포기하며, 시험에 합격하는 사람이 5%밖에 안 된다 (통계에 따르면 개인 투자자 중 상위 5%만 수익을 창출한다). 정리하면, 재료적 분석은 확률적 우위를 위한 5가지 분석 과정 중 하나이자, 중요도가 높은 과정이라고 정의할 수 있다.

또 국내 증시의 구간별 특징만 봐도 재료적 분석이 얼마나 중요한지 알 수 있다. 국내 증시를 장기적으로 살펴보면 상승세를 지속하고 있지만, 상당 기간 동안 박스권이나 하락 추세가 연속되는 경향이 있다. 시장의 구간별 특성을 고려하면, 박스권 시장은 유동성이 높지 않은 상태에서 자금의 순환이 빠르다는 특징이 있다. 자금의 순환이 빠르다는 것은 특정 산업이 추세적으로 상승하는 시기보다 재료에 따른 테마성으로 단기 자금이 유입되었다가 다시 빠져나가는 장세를 의미한다. 이에 따라 많은 국내 트레이더들은 단기 스윙 전략을 선호하며, 다수의 강의에서도 단기 수익을 추천한다. 또한, 하락 구간에서는 박스권 시장에 비해 투자자들의 심리가 더욱 보수적이며, 유동성도 적어서 박스권 대비 더욱 빠르고 강렬한 변동성을 보인다.

결과적으로, 시장의 상승 구간을 제외한 횡보나 하락 구간은 재료에 따라 빠르게 순환매가 발생하는 경향을 보이기 때문에 재료적 분석이 매우 중요하다고 볼 수 있다.

재료의 구조 분석

　마지막으로 키워드의 구조적인 부분을 설명한 후에 실제 예시를 통해 본격적인 재료
적 분석을 진행할 것이다. 키워드 구조에 대한 이해는 우리가 처음 소개하는 개념이기 때
문에 낯설겠지만, 중요한 의미를 갖고 있기 때문에 꼭 이해하고 넘어가야 한다. 우선 다음
그림을 살펴보자.

재료의 구조

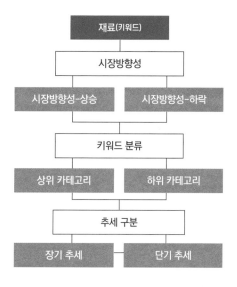

그림에서 보는 바와 같이 특정 키워드가 생성될 때 함께 고려해야 할 사항은 다음과 같다.

① 해당 키워드는 시장의 어느 방향성에서 부각받을 키워드인가?
② 키워드의 상위 카테고리와 하위 카테고리는 무엇인가?
③ 키워드가 장기 추세로 가는가 단기 추세로 가는가?

재료적 분석은 위 세 가지를 구분하는 것이 중요하다. 동시에 기본적 분석에서 살펴본 성장성, 수익성, 안정성을 모두 고려해야 하기 때문에 처음에는 복잡할 수 있다. 그러니 반복 학습을 통해 신속하게 판단해야 한다. 먼저 각 요소를 자세하게 살펴보겠다.

시장 방향성

먼저 시장 방향성에 대한 개념부터 설명하겠다. 시장 방향성은 어떤 재료(키워드)가 발생했을 때 해당 재료가 시장의 어느 국면에서 부각받을 가능성이 높은지에 대한 판단을 하는 것이다.

예를 들어, 시장 상승 추세 속에서 반도체 업종의 강세 흐름이 지속될 때 저출산 재료가 발생하면 시장 참여자들의 관심을 받기 어렵다. 반대로 시장 하락 추세 속에 상승을 주도하는 섹터가 없을 때 저출산 키워드는 단기적인 자금 유입이 되며 부각될 가능성이 높다. 이를 시장의 유동성 측면에서 살펴보면 쉽게 이해할 수 있다.

유동성이 제한된 상황에서 시장 상승 추세 중 반도체 강세 흐름을 가정해보겠다. 주가의 상승 주체인 스마트 머니 입장에서 저출산 재료로 주가를 상승시키려면 반도체를 매도하고 매수를 해야 한다. 이는 지극히 단기적이며, 반도체 강세 흐름 속에서 굳이 그런 선택을 할 필요가 없다. 이는 개인 투자자들에게도 마찬가지로 작용한다.

반대로 유동성이 제한된 상태에서 시장이 하락하는 중에 상승을 주도하는 섹터가 없을 경우, 투자자들은 투자 심리가 단기적으로 전환되고 장기 포지션을 구축하기 어려워서 저출산 재료에 빠르게 매수 후 차익 실현을 통해 리스크를 최소화할 가능성이 높다. 따라서 같은 재료라 해도 시장의 방향성과 맞지 않으면 다른 결과가 나올 가능성이 높다.

이 내용은 어느 책이나 강의에서도 다루지 않는다. 그래서 대부분의 사람들이 관련된 사고 과정을 명확히 정리하지 못했을 가능성이 높다. 이에 대해 후반부 실제 예시와 함께 시장과 연관 지어 재료를 어떻게 해석해야 하는지를 상세히 작성해보겠다.

키워드 분류

다음은 키워드 분류다. 키워드 분류는 업종을 구분하는 것으로 현재 해당 업종의 강세 흐름을 체크하기 위한 구분이다. 예를 들어 '유리 기판', '식량' 키워드를 분류해보겠다. 유리 기판의 경우 상위 카테고리는 반도체, 하위 카테고리는 유리 기판 이렇게 분류할 수 있으며, 식량의 경우 상위 카테고리는 전쟁, 하위 카테고리는 식량으로 분류할 수 있다. 분류가 끝났다면 업종의 강도를 체크한다.

가정을 해보자. 현재 시장 상승 추세 속 반도체의 강세 흐름이 나타나고 있다. 이때 유리 기판의 경우 상위 카테고리인 반도체 섹터의 강세 흐름은 참여자들의 관심이 몰린 섹터이기 때문에 반도체 내 유리 기판이라는 키워드도 부각받을 확률이 매우 높다고 볼 수 있다. 반대로 식량의 경우 시장 참여자들의 관심 밖인 업종으로 식량 이슈 또한 외면받을 확률이 높다. 이처럼 키워드를 상위와 하위로 분류하여 상위 업종을 체크할 경우 시장의 주도주를 선정할 확률이 높아진다.

추세 구분

시장 방향성과 키워드 분류의 연결을 이해했다면, 다음은 해당 키워드가 장기적인 추세를 이룰 요소인지, 단기적인 흐름에 그칠 요소인지를 구분해야 한다. 예를 들어 시장 하락 추세 속에서 후쿠시마 오염수 방출 소식으로 소금이 품절되는 현상이 발생하였다. 공포감이 만연한 상황에서 공급 대비 수요 증가 기사는 추가로 공포를 자극하여 소금 관련 회사들의 매출 증대를 기대하게 만든다. 이는 주가 상승을 기대하며 많은 투자자들이 매수할 수 있는 근거가 된다.

정리하자면, 시장의 방향성, 즉 투자자들의 현재 심리 상태와 키워드가 일치한 방향을 확인한 후, 해당 종목들이 장기 추세적으로 상승할 것인지 아니면 단기적인 흐름에 그칠지 구분하면 된다. 결과는 어떻게 되었을까? 예상대로 소금 관련 종목은 짧고 강렬한 상승 후 급락하였다. 추세 구분은 두 가지를 명심해야 한다.

첫째, 시장의 구간에 대한 이해다. 시장 전반이 투자에 부정적이며 유동성도 메말라 있는 상태라면 어떤 산업이나 종목이 장기적인 상승 추세를 유지하기는 어려운 환경이다.

둘째, 소금이라는 키워드가 일시적인 이슈로 끝날 가능성이 높다는 점이다. 정부가 빠른 조치를 취할 가능성이 높아 기대감이 사라지면 주가는 빠르게 하락할 수밖에 없다.

정리

'시장의 방향 → 키워드 분류 → 추세 구분'이라는 재료의 구조 분석은 재료적 분석의 상위, 하위 흐름과 함께 진행된다. 이 구조를 이해했다면, 재료적 분석의 첫 단계를 넘어선 것이다. 이제 실제 예시를 통해 전체 사고 과정을 이해해보자.

재료적 분석 실전 스터디

ᴵᴵᴵᴵ 에코프로

요약

- 시장 방향성: 상승
- 키워드 분류: 상위 – 전기차 / 하위 – 양극재
- 추세 구분: 장기 추세
- 성장성, 안정성, 이익성 여부: 성장성 · 이익성

코스닥 일봉

2023년 1월 3일부터 7월 26일까지 코스닥은 약 7개월 동안 40% 상승하는 강세 흐름을 나타냈다. 시장은 2020년부터 시작된 상승 이후 2022년 연준의 급격한 금리 인상과 함께 1년 내내 하락하는 상황이었다. 당시 1년 사이에 0.25%에서 4.5%로 금리가 급격히 인상되었기 때문에 시장의 하락은 불가피하였고, 공포감도 심했던 상황이었다.

공포감이 극단에 치닫던 2023년에 서서히 금리 인상이 종료될 것으로 예상되었고, 2023년 초부터 해당 기대가 시장에 반영되어 추세가 변하기 시작하였다.

"Fed 3월 이후 금리 인상 종료될 듯"…시장서 기대 '솔솔'
– 「한국경제」 2023년 1월 30일

이 기사에 따르면, 3월을 마지막으로 기준 금리 인상이 중단될 것으로 예상되어 시장에 기대감을 불러일으켰다. 또한, 이러한 금리 인상 중단 기대로 강세를 보인 업종의 변화도 있었다. 주목할 만한 성장주인 AI, 로봇, 2차전지 등이 강세를 보이며 지수 상승을 주도하였다.

특히, 시장에서 주목된 업종은 '2차전지'였으며, 그 가운데 가장 눈에 띄었던 종목은 에코프로였다. 위 코스피 상승과 동일한 기간 에코프로는 1,000% 이상의 상승을 기록하였다. 그 당시에는 2차전지 강세 흐름이 계속되었으며, 2차전지 관련주를 보유하지 않은 투자자들도 FOMO 현상이 나타날 정도로 시장은 2차전지 중심으로 상승하였다. 해당 기간에 에코프로의 차트를 살펴보자.

에코프로 일봉

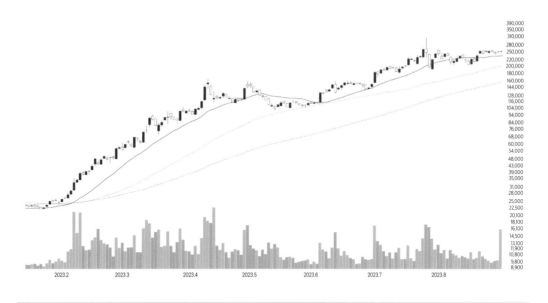

차트를 확인하면, 시장 대비 강한 상승 추세와 상승률을 확인할 수 있다. 중요한 포인트를 살펴보겠다.

① 주도 업종과 종목의 장기적인 상승 추세는 시장의 상승 추세 구간에서 가능하다.
② 시장을 올바르게 해석하는 능력이 중요하다.
③ 따라서 탑다운 사고 과정으로 시장을 분석하는 것이 가장 중요한 시작점이다.

반도체, 2차전지, 바이오와 같은 대형 산업군이 장기적인 상승 추세를 이루기 위해서는 시장의 상승 추세 구간에서 가능하다. 이는 당연한 이야기다. 유동성이 공급될 만큼 시장 여건이 형성되었을 때 시장의 추세는 상승하기 때문이다. 이제 당시 에코프로의 상승 이유를 뉴스와 함께 살펴보겠다.

"테슬라, 작년 4분기 실적 예상치 상회…머스크 '수요 좋을 것'"(종합)

– 「이데일리」 2023년 1월 26일

해당 기사는 업황을 파악할 수 있는 중요한 내용을 담고 있다. 테슬라는 대표적인 전기차 회사로서 해당 회사의 매출, 실적, 그리고 수요는 2차전지의 수요를 직접적으로 반영하므로 중요한 정보를 제공한다. 상위 카테고리는 전기차이고, 하위 카테고리는 2차전지로 볼 수 있다. 기사의 하단에서는 수요 둔화에 대한 우려에 대해 일론 머스크가 2023년 1월 현재까지 받은 주문이 생산량의 2배로 역대 최고라고 언급하였다.

이전에는 12월까지 전기차 수요 축소로 인한 우려가 컸지만, 실적 발표와 강한 수요를 통해 이러한 우려가 해소되었고, 투자자들의 기대감이 상승하였다. 이에 따라 국내 2차전지 관련 기업들의 우려가 완화되고, 성장성, 이익성에 대한 기대감에 기반한 주가 상승이 시작되었다.

"고맙다 전기차"…양극재 빅3 '역대급' 실적

– 「뉴시스」 2023년 1월 29일

해당 기사의 제목에서도 알 수 있듯이 2차전지 업황이 좋았던 것을 알 수 있다. 국내 대표 양극재 회사들의 실적은 높은 수준을 유지하고 있는데, 특히 에코프로의 자회사인 에코프로비엠은 최대 실적을 달성하여 전년 대비 매출이 260.6% 증가하고 영업이익은 232.5% 상승했다고 발표했다. 이는 전기차 수요 증가에 따른 2차전지 업종이 성장성과 이익성까지 확보했다고 말할 수 있으며, 투자자들에게 강한 신뢰와 기대감을 불러일으키는 충분한 조건이라고 볼 수 있다. 지금까지 시장과 업황, 그리고 재료까지 연결 지어 당시 2차전지의 강세 흐름을 역으로 추적해보았다. 이제 이 모든 과정을 시장을 움직이는 주체인 스마트 머니 입장에서 해석해보자.

몇천억 단위의 자금을 운용하는 스마트 머니라면 가장 먼저 시장을 분석할 것이다. 현재 시장이 상승 추세가 가능한 대외적 환경인지, 자금이 지속적으로 유입될 만한 섹터는 무엇인지, 그리고 해당 섹터 내 기대를 크게 받을 수 있는 종목은 무엇인지 등을 살펴볼 것이다.

모든 조건들이 완벽해지면 대규모 자금을 투자할 것이며, 해당 자금은 산업 내 관련 종목들로 유입될 것이다. 이러한 자금 유입은 특정 산업을 끌어올린다. 그 결과로 시장은 상승한다. 위에서 언급한 2023년 1월부터 7월까지의 시장 상승 추세 중 2차전지 산업군은 금리 인상 중단과 전기차 수요 증가라는 키워드가 메가 트렌드를 형성하였고, 스마트 머니는 성장성과 수익성이 보장된 2차전지 산업군에 대규모 투자를 진행하였으며, 특히 에코프로는 산업군 내에서 가장 큰 기대를 받는 종목으로 대장주의 흐름을 보였었다.

이처럼 시장의 상승 추세와 대장주의 역할이 어떻게 연결되는지를 스마트 머니의 시각에서 살펴보았다. 중요한 점은 스마트 머니도 탑다운 방식으로 사고한다는 점이다. 따라서 재료적 분석은 시장의 추세를 변화시킬 수 있는 대외적 환경을 고려하여 시장을 분석하는 것이 첫 번째다. 두 번째로는 해당 추세를 이끌어가는 산업군을 선택하여 집중투자하는 것이 중요하다.

따라서 개인 투자자도 시장 분석을 우선시하고 해당 추세를 주도하는 산업군과 대장주를 파악하여 투자 시나리오를 준비하는 과정이 필요하다. 마지막으로 업종과 종목을 선정할 때 재료적 분석 시 가장 중요한 키워드는 성장성, 안정성, 수익성이다. 스마트 머니의 입장에서 이 세 가지 요소를 충족하는 산업군을 계속해서 분석하는 것이 중요하다.

🏮 한일사료

요약

- 시장 방향성: 하락
- 키워드 분류: 상위 – 전쟁(러-우) / 하위 – 식량
- 추세 구분: 단기 추세
- 성장성, 안정성, 이익성 여부: 이익성

코스피 일봉

2021년 7월부터 2022년 9월까지의 코스피 차트다. 약 1년 동안 코스피는 고점 대비 35% 하락하여 하락 추세가 계속되었다. 당시 하락의 주요 원인으로는 과열된 시장, 러시아-우크라이나 전쟁, 인플레이션, 그리고 금리 인상 등이 있다. 이러한 키워드만으로도 하락이 타당한 상황이었다. 이와 같이 시장이 하락 추세에 있더라도 상승하는 산업(테마)

과 종목이 있다. 다만, 상승 추세에 비해 어려움이 크다는 점이 가장 큰 문제다. 하락 추세 구간에서 거래가 어려워지는 이유를 살펴보겠다.

① 대부분의 종목이 하락한다.
② 상승하는 종목들이 짧고 강렬하다.
③ 엇박자가 날 경우 큰 손실을 볼 수 있다.

첫째, 대부분의 종목이 하락하는 점은 상승 종목보다 하락 종목의 수가 더 많은 시장이기 때문에 상승 종목 선택이 어려워진다는 것을 의미한다. 따라서 수익보다는 손실을 보게 될 확률이 높은 환경이 형성된다고 볼 수 있다.

둘째, 상승하는 종목들이 짧고 강렬하다는 점은 종목들의 움직임이 개별적이며, 변동성이 크다는 것을 의미한다. 하락 추세 구간에서 트레이딩에 참여하는 경우 반도체, 2차 전지, 바이오 등의 대형 섹터에서는 하락하는 현상을 보이고, 중소형 개별주인 재건, 유가, 네옴시티 등은 강한 움직임을 보인다. 해당 개별주의 특징은 짧은 기간 동안 큰 폭으로 상승한 후 큰 폭으로 하락하는 경향이 있다. 이는 시장이 하락 추세에 있을 때 외부 환경이 불안정하고 유동성이 부족한 상태에서 참여자들이 단기적인 시각을 선호하기 때문이다. 따라서 이러한 단기적 우선 시장 환경에서는 차익 실현 욕구가 강하기 때문에 짧고 강렬한 움직임이 지배적인 경향을 보인다.

셋째, 엇박자가 날 경우 큰 손실을 볼 수 있다는 점은 첫째와 둘째 이유 때문이다. 즉, 시장은 상승 대비 하락 종목 수가 많기 때문에 확률적으로 우세한 위치에 있기가 어렵다. 동시에 상승하는 종목들의 움직임이 짧고 강렬하기 때문에 종목을 잘못 선택하면 며칠 만에 10%~30% 하락할 가능성도 높은 구간이다. 때문에 종목을 고르기가 매우 어렵다.

위 세 가지 이유를 다르게 설명하면 시장 하락 추세 구간의 특징으로 볼 수 있다. 하락 장에서 거래하는 경우 이러한 시장의 추세나 특징을 이해한 상태에서 다음 단계로 진행해야 한다. 이는 시장에 적응하는 친화적인 사고방식으로 이해할 수 있다.

그럼 해당 구간에서 큰 폭으로 상승한 대표적인 키워드인 '식량'에 관련된 대장주인 한일사료의 차트를 살펴보겠다.

한일사료 일봉

위 차트는 첨부한 코스피 차트와 동일 기간 한일사료의 차트다. 시장이 하락하는 가운데 저점 대비 고점이 700%나 상승한 것을 확인할 수 있다. 그럼 앞에서 살펴본 하락 추세의 특징을 하나씩 대입해보자.

① 주가의 상승과 하락이 가파른 변동성이 높은 모습이다.
② 장기적인 추세보다는 단기적인 추세를 형성하고 있다. (에코프로와 비교)

시장 하락 추세에서는 짧고 강렬한 움직임을 보인다는 구간 특징을 잘 보여주는 사례다. 그럼 당시 한일사료 주가 상승 배경에는 어떤 이유가 있었는지 아래 뉴스와 함께 살펴보겠다.

"글로벌 식량위기 온다… 애그플레이션 수혜 종목은"
– 「파이낸셜뉴스」 2022년 3월 21일

위 뉴스는 '러시아-우크라이나 전쟁으로 인한 식량 부족 현상이 전 세계를 강타했다'는 내용이다. 우크라이나는 주로 밀, 옥수수, 해바라기씨유를 생산하는 나라인데, 러시아의 침공으로 인해 우크라이나에서 생산된 식량의 수출이 불가능해졌다. 그 결과 수요는 불변한 채로 공급이 중단되어 식량 가격이 급등하는 상황이 발생했다. 식량 문제는 전 세계적인 이슈로 퍼져 파급력이 커졌다. 국내 역시 곡물의 70%를 수입에 의존하는 상황이었기 때문에 이에 대해 큰 위기감을 느꼈다.

이렇게 퍼진 식량 부족 사태의 파급력을 살펴보았으니, 이에 대한 기대감도 점검해보자. 공급이 제한된 상황에서 수요가 증가하면 가격 상승으로 이어질 가능성이 크다. 따라서 관련 기업의 매출 증가를 기대하는 투자자들의 매수세가 강화되며 주가 상승을 유도할 수 있다.

이와 유사한 사례로는 2020년 코로나 팬데믹을 들 수 있다. 예측 불가능했던 팬데믹으로 전 세계 증시가 급락했을 때, 진단키트 관련 주식들이 큰 관심을 받으며 급등하였다. 전 세계적인 바이러스 확산으로 진단키트 수요가 폭발했지만 공급은 이를 따라가지 못했다. 이에 따라 관련 기업들의 매출 기대감이 높아지며 투자자들이 매수에 나섰다.

결론적으로, 식량 부족 사태는 '러-우 전쟁 → 공급 부족 → 가격 상승 → 수익성 개선'의 형태로 주가 폭등을 설명할 수 있다. 또한, 코로나 팬데믹은 '진단키트 부족 → 공급 부족 → 수요 증가 → 매출 증대'의 형태로 해석할 수 있다. 실제로 진단키트 관련 기업들은 역사적인 매출을 달성하며, 주가 상승이 장기적인 추세를 보였다. 팬데믹 당시 미국 연방 준비제도(Fed)의 대규모 유동성 공급으로 증시 전체에 자금이 유입되며 상승세가 더 장기적으로 이어졌다.

따라서 시장 하락 추세 속에서 특정 재료를 분석할 때, 현재 시장 방향성과의 연관성, 수익성 개선 가능성 등을 고려하여 매매 전략을 세우는 것이 중요하다.

아가방컴퍼니

요약

- 시장 방향성: 조정(하락)
- 키워드 분류: 상위 – 정책 / 하위 – 저출산
- 추세 구분: 단기 추세
- 성장성, 안정성, 이익성 여부: 성장성

코스피 일봉

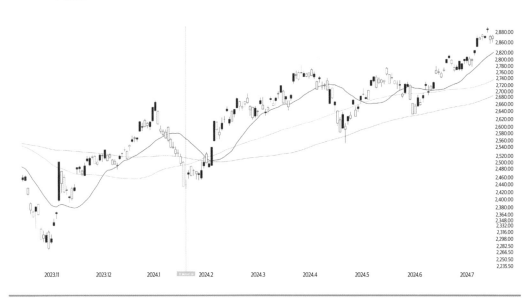

2024년 1월 2일~1월 18일까지 구간은 시장 상승 추세 속 조정 구간이다. 당시 언급했던 코스피 관련 코멘트를 참고하면서 분석을 시작해보겠다.

코스피 코멘트

2643에서 살짝 저항이 나온 후 전고점인 2668을 터치하러 가는 흐름이다. 이 흐름으로 연초가 시작된다면 2668~2680을 터치해주고 조정이 나올 수 있는 흐름이다. 추세를 볼 때는 그 방향성과 흐름을 보면서 파동상 충격파로 본다면 상승의 초입인가 파동의 끝자락인가를 생각해보아야 한다. 주가의 흐름은 인간의 본성이 투사되므로 오르고 내리는 웨이브를 타는 것이 자연스럽다.

환율이 긍정적인 흐름으로 가고 있는 상황에서 외인과 기관은 반도체, 바이오, 자동차 부품을 꾸준히 매수해주면서 좋은 추세의 흐름을 보여주고 있다. CES와 JP모건 헬스케어 일정이 있는 상황에서 자연스러운 흐름이다. 이전의 리포트에서 2차전지의 수급이 반도체와 바이오로 흘러들어가는지를 체크하라고 한 이유이기도 하다. 지수가 좋은 흐름을 만들어주는 상황에서 시가총액 상위주들의 흐름과 거래 대금 상위주들의 특징을 이해하고 상승률 상위주들의 군집 형태를 체크하는 습관이 중요하다. 이런 탑다운 사고 과정은 추세 추종 트레이더에게는 필요조건이다.

규모감이 나온 상태에서 조정의 흐름이 나올 수 있다는 점을 언급하였고, 1월 2일부터 시작된 조정은 18일에서야 마무리되었다. 해당 조정 구간에서 대표적으로 상승했던 키워드는 '저출산'이었다. 저출산 관련 대장주인 아가방컴퍼니 차트를 보면서 설명을 이어가도록 하겠다.

아가방컴퍼니 일봉

시장 동일 기간 대비 아가방컴퍼니의 주가가 큰 폭으로 상승했다는 점을 알 수 있다. 짧은 기간이지만 저점 대비 130% 이상 상승하였다. 주가는 1파 구간에서 서서히 오르다가 정배열을 완성한 상태에서 시장 조정이 시작되자 폭발적으로 상승하였다. 이를 스마트 머니의 관점에서 보면, 1파 구간에서는 주가 부양을 준비하고 있었고, 3파 구간에서는 시장의 방향성이 바뀌는 시점에 '저출산' 키워드와 함께 주가를 상승시킨 후 차익을 실현한 것으로 볼 수 있다. 이제 당시 아가방컴퍼니의 재료를 뉴스를 통해 알아보겠다.

尹, 3대 개혁 · 저출산 대책 '속도'···집권 3년 차 '민생' 올인

–「노컷뉴스」2024년 1월 2일

윤석열 대통령이 신년사에서 민생과 관련된 정책 개혁을 강조하며 저출산 문제를 언급한 것을 확인할 수 있다. 정부 정책, 특히 대통령의 직접 언급은 신뢰할 수 있는 정책으

로 받아들여지기 때문에, 시장 투자자들은 저출산 관련주들의 실적 개선을 기대하게 되어 주가가 상승한 것으로 해석할 수 있다.

만약 대통령의 지지도가 낮다면 주가는 어떻게 될까? 오를 수도 있고 내릴 수도 있다. 다소 허무한 답변이지만, 중요한 것은 정부의 신뢰도가 낮을 경우 정책에 대한 신뢰도도 낮아진다는 점이다. 즉 그만큼 투자 심리도 약해진다.

저출산 이슈가 짧은 상승을 한 이유는, 상승 추세 속 조정 구간은 짧고 저출산 정책으로 즉각적인 매출 증대를 기대하기는 어렵기 때문이다. 저출산 정책이 실제 매출에 반영되기까지 시간이 걸리기 때문에 투자자들도 단기적 관점에서 매수와 매도를 하게 된다.

이처럼, 시장의 상승과 하락, 상승 추세 속 조정과 하락 추세 속 반등 구간을 이해한 상태에서 재료를 분석하는 관점과 훈련이 매우 중요하다. 모든 시작은 시장의 구간을 이해하는 것이다. 시장의 방향성과 특징에 맞는 이슈인지, 수익성 개선에 대한 기대감이 있는지, 있다면 단기간 매출에 영향을 줄 만한 이슈인지, 아닌지 등을 고려하여 아주 짧은 추세로 끝날 것인지, 중기 혹은 장기 추세로 갈 만한 이슈인지 등을 객관적인 자세로 분석해 보자.

제주반도체

요약

- 시장 방향성: 상승

- 키워드 분류: 상위 – 반도체 / 하위 – 온디바이스AI

- 추세 구분: 장기 추세

- 성장성, 안정성, 이익성 여부: 성장성, 이익성

제주반도체의 2023년 11월부터 2024년 1월까지의 상승을 살펴보기 전에 당시 코스피 코멘트를 먼저 살펴보자.

코스피 일봉

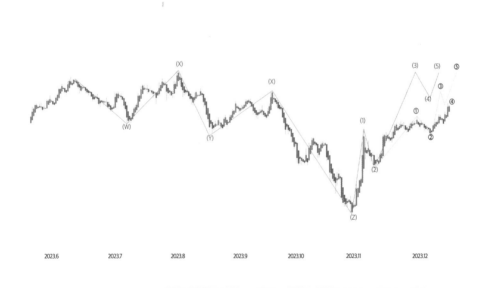

코스피 코멘트

네 마녀의 날이 가져온 변동성 이후 코스피 시장은 외국인 수급이 시가총액 상위주를 쓸어 담아주면서 2563을 터치하는 흐름이 나왔다. FOMC 파월의 비둘기적 발언으로 주식시장은 빠르게 선반영하는 분위기다. 존 윌리엄스의 금리 인하에 대한 발언에 대해 부정적인 발언을 하였으나 시장은 이미 내년에는 금리를 2번~3번 인하할 것이라고 확정 짓는 분위기다. 그럼 코스피를 엘리어트 파동으로 분석해보면 기존 1파~5파 규모의 추세가 나온 후 W-X-Y-X-Z 로 2270까지 하락 후 반등을 이어가는 분위기다.

2530을 외인과 기관의 수급으로 뚫어내었고, 이를 위한 필요조건들을 보면 네 마녀의 날의 변동성 이후 파월의 비둘기적인 발언에 미증시가 상승해주고 10년물 국채는 하락, 환율이 내려가면서 외인과 기관은 코스피 대형주(삼성전자, SK하이닉스, 현대차, 기아등)을 강하게 매수해주었다. 이에 반에 코스닥은 약하게 움직이는 정도였고, 12월 연말까지는 2600 2610까지 이어지는 파동을 만들어낼 수 있는 조건을 갖추었다.

제주반도체 일봉

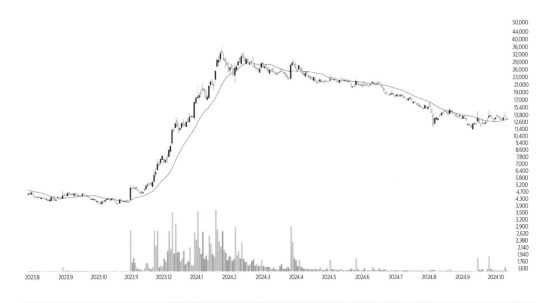

2차전지를 중심으로 한 2023년 초부터 중순까지의 상승 이후 시장은 하락세를 지속하다가 2023년 말부터 돌려내는 흐름을 보였다. 이후 반도체 강세 흐름 속 시장이 추세적으로 상승하였다는 점이 중요하며, 반도체 대장주로 제주반도체를 꼽을 수 있다. 첨부한 제주반도체의 차트를 보면 2023년 11월 첫 기준봉이 발생한 뒤 약 750% 상승하였으며, 2024년 1월부터 시작된 시장 하락 구간과 동시에 추세가 전환되는 모습을 확인할 수 있다. 당시 제주반도체 재료와 관련된 기사는 다음과 같다.

"반도체 바닥 쳤다" 제주반도체, 매 분기 매출 상승

- 「노컷뉴스」 2023년 11월 13일

제주반도체, 내년 온디바이스 AI 등 1,000억 매출 UP '강세'

- 「아이뉴스24」 2023년 11월 29일

첫 번째 뉴스에 따르면 제주반도체의 매출은 매 분기 지속적으로 상승하고 있으며, 올해 4분기와 내년 실적 전망도 매우 밝게 예측되고 있다. 또한, 반도체 시장이 불황에서 벗어나 내년 이후 호황에 접어들 가능성이 크다는 긍정적인 전망도 제시되었다.

두 번째 뉴스는 온디바이스 AI라는 새로운 기술적 트렌드와 함께 1,000억 원의 매출 증가 효과를 기대할 수 있다는 내용이 포함되어 있어, 이는 투자자들의 기대감을 크게 고조시키고 있다.

당시 코스피 시황 분석과 이 두 가지 뉴스만으로도, 제주반도체는 시장, 업황, 재료, 그리고 기본적 분석 측면에서 대부분의 투자자들이 높은 기대감을 가질 수 있는 충분한 요인들을 지니고 있었다. 이제 각 요소별로 세부적으로 분석해보겠다.

먼저 시장 분석이다. 당시 시장 상황을 보면, FOMC 의장 파월의 비둘기적 발언, 미국 증시 상승, 10년 만기 미국 국채 금리 하락, 환율 하락, 그리고 외국인 및 기관투자자들의 코스피 대형주인 삼성전자와 SK하이닉스에 대한 강력한 매수 흐름 등 긍정적인 변화들이 확인되었다(이 중 환율과 국채 금리의 변화는 국내 증시에 큰 영향을 준다는 점을 반드시 기억해야 한다). 이러한 요인들로 인해 투자 심리가 긍정적으로 전환될 가능성이 크며, 시장 상승의 조건들이 상당 부분 충족되고 있다는 것을 알 수 있다. 특히, 이러한 시장 환경 속에서 외국인과 기관의 반도체 대형주 매수는 반도체가 이번 시장의 주도 섹터가 될 가능성을 시사한다고 볼 수 있다.

다음은 업종이다. 금리 인상과 동시에 반도체 업종은 약 2년간 가격 및 기간 조정을 충분히 받았으며, 2023년 상반기부터 서서히 반등하는 모습을 보였다. 반도체 가격이 상승하며 불황에서 벗어나고 있다는 정보는 투자자들의 의심을 확신으로 전환시킬 가능성이 높아 보인다. 이는 매수세에 참여할 확률을 더욱 높이는 역할을 한다.

마지막으로 종목 분석이다. 제주반도체는 온디바이스 AI 시장 개화를 통해 1,000억 원의 추가 매출 증가라는 새로운 성장 동력과 함께, 성장성과 수익성 측면에서 기대감을 일으킬 수 있는 보도자료를 발표하였다. 온디바이스 AI는 아직 투자자들에게 생소한 개념이지만, 기사에서 언급한 바와 같이 1,000억 원가량의 매출 증가 효과는 불확실성 속에서도 성장성과 수익성을 빠르게 현실화할 것이라는 기대감을 증폭시켰다. 따라서 투자자들의 매수세는 추가적인 매수세를 유발하여 주가 상승을 크게 견인할 수 있었다.

정리하면, 시장과 업종, 종목을 복합적으로 사고했을 때 제주반도체는 시장의 우호적인 환경, 반도체 업종의 회복세, 그리고 온디바이스 AI와 같은 혁신적인 기술 도입이라는 세 가지 주요 요인을 감안했을 때 제주반도체는 투자자들에게 지속적인 관심과 기대를 받을 충분한 이유를 가지고 있다. 결국, 이러한 종합적인 분석을 통해 제주반도체의 향후 긍정적인 전망은 더욱 확실하게 부각되며, 이는 투자자들에게 기대감과 이에 따른 매수 가담 가능성이 높다고 볼 수 있다.

TOP DOWN

무조건 이기는
손절의 심리학

왜 우리는 손절하지 못하는가?

주식투자가 어려운 이유는 무엇일까? 바로, 방대한 정보를 연결하여 전략과 행동, 심리적인 요소까지 파악한 후 스스로 행동하고 책임져야 한다는 점 때문이다. 이 과정에서 각자의 기준과 원칙, 방식 등은 모두 다르기 마련이다. 이는 저자 혹은 강사에 따라 교육과정과 전달하는 메시지가 전부 다른 이유이기도 하다. 그러나 딱 한 가지 모두가 동일하게 강조하는 요소가 있다면, 바로 '손절의 중요성'이다.

이 글에서는 시대를 막론하고, 성공한 투자자들이 입을 모아 강조하는 '손절'에 대하여 심리학적인 측면과 동시에 방법론적인 측면에서 접근하고자 한다. 우리가 매매를 복기해야 하는 이유는 무엇일까? 복기하는 과정에서 문제를 발견하고, 문제의 원인을 해석한 뒤 문제를 제거 혹은 수정하는, 즉 '교정'을 하기 위함이다. 트레이더들은 교정이라는 끊임없는 숙제를 안고 해당 프로세스를 반복하면서 투자하기에 최적의 상태를 만드는 과정 중에 있다고도 볼 수 있다.

저자가 전하고자 하는 내용은 해당 프로세스가 비단 교정하는 과정에서만 적용되는 것이 아니라 지식을 축적하는 단계에서도 동일하게 적용된다는 점이다. '손절의 중요성'을 제대로 알려면 손절이 왜 중요한지부터 어떤 이유 때문에 손절이 어려운지 등을 제대로 이해해야 제대로 된 해결책을 모색할 수 있다. 한마디로 우리는 성장하기 위해 다음과 같은 3단계 방식을 거쳐야 한다.

① 문제 인지

② 해결 방법

③ 행동

이 글에서는 인간이 손절을 할 때 심리적으로 어떤 문제를 겪는지, 그 원인은 무엇인지를 살펴본 뒤, 어떤 해결 방법이 있는지를 안내할 예정이다. 손절 문제는 글을 읽기만 한다고 해서 바로 해결되는 수준의 문제가 아니다. 하지만 적어도 손절이 필요한 순간을 마주했을 때 지식이 있어야 스스로의 상태를 객관적으로 살펴보며 올바른 판단과 경험을 쌓아갈 수 있다.

손절이 어려운 이유

투자에 관심이 있는 사람이라면 누구나 손절의 중요성에 대해서는 들어봤을 것이다. 하지만 이론은 알아도 손절을 실제 상황에서 적용하는 건 완전히 다른 문제다. 투자가 어려운 이유 중 하나는 내가 알고 있는 이론과 행동(심리 포함) 사이에서 느끼는 괴리감이 클 때 나타난다. 대부분의 성공적인 투자는 인간의 본능을 역행해야 하는 경우가 많다. 예를 들어 모든 인간은 손절해야 하는 상황을 마주했을 때 다음과 같은 두 가지 심리 상태에 처하게 된다.

① 손실 회피 심리
② 인지부조화

해당 심리에 대해 설명하기 위해 철수의 상황을 가정해보자.

철수의 사례1

2012년 10월 20일, 철수는 나름대로 기본적, 기술적 분석을 한 상태에서 A 종목을 매수했다. 확신이 있던 종목이기 때문에 1차 매수에서 평소보다 높은 비중으로 매수하였고, 5% 하락 시 마지막 2차 매수를 진행할 계획을 세웠다. 당일 해당 종목의 주가는 특별한 움직임 없이 횡보하며 마감하였다.

2012년 10월 21일, 특별한 움직임 없이 횡보하던 주가가 돌연 하락하였고, 2차 매수가 체결되었다. 이후 주춤하던 주가는 다시 매도세가 강해지며 최초 손절 구간을 벗어난 수준까지 하락하였다.

철수의 계좌는 순식간에 -25%가 되었기에 손실 금액이 컸다. 이를 확인한 철수는 극도의 공포감을 느끼며 아무런 생각과 판단을 할 수 없는 상태에 빠졌고, 멍하니 주가의 움직임을 바라보기만 했다. 5분 뒤 정신을 차린 철수는 생각했다.

'지금은 과매도 상태이고, 분명히 주가는 다시 제자리를 찾아올 거야. 그러니 조금만 기다려보자.'

그런데 2012년 11월 24일, A 종목은 그럴싸한 반등 한 번 없이 지속적으로 하락했다. 어느덧 철수의 계좌는 -44%가 됐다. 철수는 다시 생각한다.

'손절 라인은 이미 의미가 없어졌어. 그런데 A 회사는 분명 돈을 잘 벌고 있으니까 장기 투자로 투자 전략을 수정해야겠다. 일단 -50% 구간에서 추가 매수를 진행하자.'

2013년 1월 28일, A 종목은 추가 하락을 거듭한 끝에 철수는 -68% 상태가 되었고, 철수가 버틸 수 있는 손실 금액 임계점을 벗어나며 결국 철수는 뒤늦게 손절을 하였다.

혹시 익숙한 상황은 아닌가? 이 상황을 이제 두 가지 심리적인 측면에서 구체적으로 살펴보도록 하자.

▮▮ 손실 회피 심리

인간은 얻는 것의 가치보다 잃어버린 것의 가치를 크게 평가하곤 한다. 이를 손실 회피 심리(Loss Aversion)라고 하는데, 이해를 위해 아래에 나오는 두 가지 실험에 참여해보자.

실험 1

① 100만 원을 얻을 확률 75%, 한 푼도 얻지 못할 확률 25%

② 60만 원을 얻을 확률 100%

실험 2

① 100만 원을 잃을 확률 75%, 한 푼도 잃지 않을 확률 25%

② 60만 원을 잃을 확률 100%

대부분 높은 확률로 실험 1에서는 ②를, 실험 2에서는 ①을 선택하였을 것이다. 실제 해당 실험에 참여한 대부분의 참여자들이 각각 ②와 ①을 선택하였다. 이 실험 결과로 알 수 있는 것은, 인간에게 본능적으로 손실을 회피하고자 하는 심리가 있다는 것이다. 앞서 말한 철수의 예시를 참고하며 손실 회피 심리에 대해 알아보자.

우리가 주목해야 할 점은 두 가지다. 철수에게는 분명히 정해둔 손절 라인이 있었다는 점과 해당 손절 라인을 벗어난 주가 하락에서 철수가 손절하지 않았다는 점이다. 이때 철수가 손절하지 못한 이유는 바로 손실 회피 심리 때문이다. 손절하는 순간 손실은 확정되지만, 손절하지 않을 경우 손실이 회복될 가능성도 있다. 정리하면 철수가 손실을 확정 짓고 싶어 하지 않는 심리가 손실 회피 심리다.

철수와 마찬가지로 대부분의 사람들이 주가 하락 시 손실을 확정하지 못해 손실을 극대화하는 경향이 있다. 반대로 주가가 상승하는 경우에는 현재 수익을 지키지 못할까 봐 빠르게 실현하는 경향이 있다. 결과적으로 손실은 길게, 수익은 짧게 하여 스스로 손익비가 좋지 않은 게임을 만드는 것이다.

실제로 많은 투자자가 장기 투자를 계획하고 매수한 종목이 아님에도 폭락 이후 손실을 확정 짓지 못하고 방치한다. 시간이 꽤 지난 후 아직도 보유하고 있는지를 물어보면, 마치 자신이 처음부터 의도했던 것처럼 "배당 수익을 계산하니 10년 동안 배당금을 받으면 손실을 메꿀 수 있다"며, 자기 합리화를 하기도 한다.

이런 사례는 주변에서 쉽게 찾을 수 있다. 그러니 매매 과정에서 내가 위와 같은 상황을 겪게 된다면, 차분한 마음으로 현재 본인의 판단이 손실을 회피하고자 자기 합리화하고 있는 것은 아닌지 객관적으로 살펴볼 필요가 있다.

앞선 철수 이야기를 통해 우리가 알 수 있는 것 하나는, 감정이 흔들릴 정도의 상황을 맞이할 때 인간은 '손실 회피 심리'를 가진다는 것이다. '손실 회피 심리'와 더불어 이런 순간에 인간이 지니는 또 하나의 심리적 요소가 있다. 바로 '인지부조화'다.

인지부조화

두 번째 심리적 요소는 인지부조화(Cognitive Dissonance)다. 먼저 인지부조화의 정의를 살펴보자.

> 인지부조화는 우리의 신념 간에 또는 신념과 실제로 보는 것 간에 불일치나 비일관성이 있을 때 생기는 것이다. 인지부조화 이론에 따르면 개인이 믿는 것과 실제로 보는 것 간의 차이가 불편하듯이 인지 간의 불일치가 불편하므로 사람들은 이 불일치를 제거하려 하는 경향이 있다.
>
> –네이버 지식백과

조금 어렵게 느껴질 수 있다. 쉬운 예로 1957년 레온 페스팅거(Leon Festinger)의 '1달러와 20달러 실험'을 살펴보자. 이 실험은 인지부조화 이론을 검증하기 위해 미국의 심리학자 페스팅거가 수행한 심리 실험이다.

실험에서 페스팅거는 학생들에게 지루하고 단조로운 일을 오랜 시간 하게 만든다. 그리고 그 일을 마친 학생들에게 한 가지 부탁을 한다. 바로, 밖에 나가 다음 순서의 친구들에게 이 일이 즐겁다는 거짓말을 시킨 것이다. 절반에 해당하는 학생들에게는 거짓말의 대가로 20달러를 주고, 나머지 학생들에게는 1달러만 줬다. 실험이 끝난 뒤 모든 참가자들에게 일이 재밌었는지를 물었는데, 무척 흥미로운 결과가 도출되었다. 20달러를 받은 학생들은 재미없었다고 답했고, 1달러를 받은 학생들은 재밌었다고 답했다. 분명 이상한 일이라고 생각할 것이다. 대부분 반대로 대답할 것이라고 예상했을 테니 말이다.

여기에는 학생들의 숨겨진 심리가 있다. 1달러를 받은 학생들은 졸지에 1달러 때문에 거짓말하는 사람이 되는 처지에 놓였다. 하지만 겨우 1달러 때문에 거짓말하는 사람이 되고 싶지는 않았기에 이미 일어난 자신의 행동(재밌다고 거짓말한 것)을 바꾸는 대신 자신의 태도(일이 재미가 없다는 것)를 바꿔버리는 인지부조화를 일으킨 것이다.

이미 저지른 거짓말과 질문에 대한 답변의 불일치가 불편하기 때문에 이 불일치를 제거하고자 자신의 거짓말과 자신의 의견을 일치시키는 것이다. 이 실험은 인지부조화를 가장 잘 보여주는 대표적인 예다. 이런 인지부조화를 이해한 상태에서, 철수의 이야기를 떠올려보자.

철수는 손절 라인을 넘어서 지속적으로 하락하는 A 회사를 기존의 매매 전략에서 벗어나 추가 매수하는 전략을 택한다. 손절하지 못하는 자신의 행동과 자신의 신념을 일치시키면서 손절하지 못하면서 발생한 불편한 감정을 제거한 것이다. 그 뒤에는 끊임없는 물타기를 진행한 탓에 끝내 손실이 극대화된 상태만 남았고, 결국 매매는 큰 손실만을 남겼다.

투자자는 비합리적인 경우에도 스스로 객관적으로 보이는 근거를 들며 합리적인 판단을 했다고 생각하기 십상이다. 그렇기 때문에 내 선택이 심리적인 요인으로 이루어진 선택은 아니었는지 끊임없이 고찰할 필요가 있다. 이처럼 손절을 하기 힘든 이유, 즉 문제의 원인을 정확히 알아야 올바른 해결을 도모할 수 있다.

정리하면, 손실 회피 심리와 인지부조화는 특정 사람에게만 발생하는 게 아닌 인간의 본능 같은 심리적 요소다. 따라서 실패하는 투자자의 대부분이 가지고 있는 심리적 장벽을 무너뜨리려는 노력이 필요하다는 점을 인지한 상태에서 매매에 임해야 한다. 이런 심리적 요소를 교정하려면 구체적으로 어떤 노력이 필요할까? 지금부터 그 관점에 대해 자세히 알아보겠다.

손절을 위한 관점

"주식시장은 틀린 적이 없다. 시장은 늘 가야 할 길을 가고 있으며,

틀린 건 언제나 사람이다."

– 천장팅

"주식시장은 틀린 적이 없다"는 말은 "시장이 정답이다"라는 말과 일맥상통한다. '이게 손절이랑 무슨 상관이지?'라고 생각할 수도 있다. 지금부터 이 관점의 차이가 위기의 순간을 극복하는 데 어떤 역할을 하는지 알아보겠다.

👍 관점의 변화: 시장이 정답이다

우리가 살아가는 과정에서 했던 작은 결정과 행동이 10년 뒤, 20년 뒤에는 상상할 수 없는 차이를 만들 수 있다는 것을 알고 있다. 그리고 각각의 그 작은 결정들 안에는 '관점'이라는 것이 상당히 중요한 역할을 한다. 위기의 순간에서는 내가 어떤 관점을 가지고 있는지에 따라 그 위기를 모면할 수 있느냐, 아니냐가 결정되기 때문이다.

'시장이 정답이다'라는 관점을 손절과 연결하는 것은 어떤 의미가 있을까? 바로 매매를 할 때 내가 아닌 시장 중심적 사고로 전환된다는 의미가 있다. 이러한 시장 중심적 사고는 보다 객관적인 시각을 가지는 데 도움이 된다. 즉, 인지부조화를 방어할 수 있는 훌륭한 무기가 될 수 있다는 것이다.

앞서 살펴본 철수의 인지부조화를 살펴보면, 결국 '나는 틀리지 않았다'는 자기중심적인 태도가 스스로를 위로, 합리화하는 근본적인 원인인 것을 알 수 있다. 그런데 만약 철수가 '시장이 정답이다'라는 관점을 일관되게 유지하였다면 사고의 흐름이 어떻게 바뀌었을까? 분명 '내가 틀렸구나. 시장이 아니라고 하네. 매도해야겠다'라는 생각으로 행동했을 것이다.

이처럼 관점은 우리의 사고가 행동으로 이어지는 단계 중 시작점에 위치한다. 시작은 방향성을 나타내기 때문에 매우 중요하다. 시작(관점)이 잘못되었는데, 결과(행동)가 좋을 확률보다는 시작(관점)이 좋았을 때 결과(행동)가 좋을 확률이 훨씬 높다.

그래서 관점이 정말 중요하다. 다만, 이를 이해한다고 해서 즉각적인 변화가 나타나는 것은 아니다. 앞에서도 설명했지만 극단적인 상황(무지, 공포, 절망)에서 인간은 본능을 따를 가능성이 높다. 이 본능을 억제하기 위해서는 일관된 관점을 가지는 것, 그리고 이 관점이 내재화될 정도로 나를 훈련하는 과정이 필요하다.

'관점을 훈련한다?'라는 말이 다소 어색하게 느껴질 수 있다. 이는 시장이 정답이라는 관점을 유지하면서 작은 거래도 계속해서 관점대로 행동(전략대로 손절)해서 이를 체화시켜야 한다는 의미다. 훈련 과정에서 작거나 큰 손실들이 있을 수 있지만, 이런 관점이 온전히 내 것이 되었을 때 위기의 순간 나를 구해줄 유일한 키가 될 수 있다.

① 관점에 따라 사고의 흐름이 바뀐다.

② 사고의 흐름이 바뀔 경우 위기의 순간 올바른 판단을 하는 데 결정적인 역할을 한다.

③ 트레이더라면 '나'가 아닌 '시장'이 정답이라는 관점을 가져야 한다.

④ 위기의 순간, 인간은 본능에 따라 행동하기 때문에 관점 또한 훈련해야 한다.

⑤ 관점의 훈련은 지속적인 '행동'으로만 가능하다.

⑥ 체화된 올바른 관점은 위기의 순간 '나'를 보호할 수 있는 유일한 무기다.

▮▮▮ 관점의 변화: 현재의 나는 과거의 내가 만든 것

또 중요한 관점의 변화는 바른 경험을 쌓는 것이다.

"현재의 나는 과거의 내가 만든 것이다."

이 문장을 달리 해석해보면, 미래의 나를 결정하는 데는 현재의 내가 중요하다고 볼 수 있다. 즉, 나의 현재를 과거 값으로 두고, 매일 바른 판단과 행동을 쌓을 때 이상적인 미래의 내가 만들어진다는 의미다. 한 가지 상황을 가정해보자.

철수의 사례2

철수는 급락으로 인해 패닉에 빠진 상태에서 손실 회피 심리로 아무런 반응도 하지 못하고 있었다. 그때 갑자기 주가가 V자 반등을 했다. 철수는 부랴부랴 본전 근처에서 매도를 했고, 큰 손실 없이 매매를 종료하였다. 철수는 이를 신이 내린 은총이라고 생각하며 다시 평상시 모습으로 돌아왔고, 자신의 판단(주가는 다시 제자리를 찾는다는 희망)이 옳았다는 확신을 갖게 되었다.

이 상황을 철수 입장에서 생각해보면 당장은 좋은 경험이라고 생각할 수 있다. 하지만 장기적으로 봤을 때는 그렇지 않다. 이 경험은 철수에게 독약으로 남을 것이 분명하다. 그 이유는 다음과 같다.

먼저 이 경험으로 철수는 자신이 분석한 종목은 어떤 하락에도 손절하지 않는다는 경험을 마음속에 각인하게 된다. 인간은 경험적 믿음을 기반으로 의사결정을 하기 때문에 앞으로도 같은 상황이 닥쳤을 때, 철수는 '손실 회피 심리'와 '경험적 믿음 체계'가 동시에 작용해 동일한 행동(방관)을 할 것이 분명하다.

여기서 잠깐, 믿음 체계에 대해 짧게 설명하겠다. 마크 더글라스가 쓴 『심리투자 불변의 법칙』이라는 책에는 다음과 같은 내용이 있다.

① 우리는 믿음에 따라 주변 환경을 인식하고 해석한다.
② 우리가 표현하려고 하는 것이나 모든 행동은 우리의 믿음과 일치한다.

간단한 예시를 보자. 영희는 어릴 적 지나가는 개에게 물린 경험이 있다. 이 경험을 통해 영희에게는 '개는 위협적이다', '개는 사람을 다치게 한다'와 같은 경험적 믿음이 각인된다. 결국 나이가 들어도 영희는 개와 친해지기 어려워지고, 개를 만나는 순간 공포감이 들어 그 자리를 회피할 것이다. '믿음 체계'는 예시처럼 경험에 의해 각인된 믿음을 의미한다.

이처럼 사람은 한 번 '믿음 체계'가 생기면 다시 그 믿음에 맞게 행동을 반복하는 경향이 있다. 앞의 철수는 전환점이 될만한 경험(손실 혹은 손절에 대한 좋은 경험)을 하기 전까지는 현실적으로 이미 만들어진 '믿음 체계'를 따라 행동할 것이다. 한마디로 지속적으로 손실을 회피하는 행위를 반복할 가능성이 높다는 말이다.

즉, 손절하지 않았을 때 생기는 잘못된 '믿음 체계'를 생각해보면 '손실 회복' 혹은 '손실 방치'라는 모든 경우에서 얻을 수 있는 것은 없다. 이 내용을 기반으로 올바른 관점과 행동이 무엇인지를 인지하고 그 관점을 바탕으로 현재를 쌓는 작은 경험들이 미래의 내 모습을 결정한다는 것을 항시 기억하길 바란다.

체로키 인디언의 두 마리 늑대 이야기

할아버지가 어린 손자를 무릎에 앉히고 말했다.

"얘야, 사람 마음속에서는 항상 두 마리의 늑대가 싸우고 있단다. 한 마리는 악하고, 노여워하며 욕심과 교만, 자탄과 허세와 우월감으로 가득 찬 늑대지. 그리고 다른 한 마리는 선하고 겸손하며 참을 줄 알고 화평, 사랑, 베푸는 마음이 강한 늑대란다."

"할아버지, 그 둘이 싸우면 어느 쪽이 이기나요?"

할아버지는 그윽한 눈길로 아이를 바라보며 대답했다.

"그것은 네가 평소에 어느 늑대에게 먹이를 잘 주느냐에 달려 있단다."

자동 감시 주문

투자와 투기의 차이는 뭘까? 트레이더 알바트로스의 『돈을 이기는 법』에는 다음과 같은 내용이 나온다.

"투자와 투기의 차이는 무엇이라고 생각해?"

"전에는 날려도 상관없을 정도로 베팅이 들어가면 투자고, 이거 날리면 한강 가야 한다 하면 투기라고 생각했죠. 그런데… 지금은 좀 달라졌어요. 이미 저는 베팅에 실패해도 한강에 가지 않아도 되는 상황이 되어버렸거든요. 그래서 요즘은 투자와 투기의 기준을 조금 바꿨습니다. 자신이 멈춰야 하는 상황을 정해놓고 시작했다면 투자고, 자신이 멈춰야 하는 상황을 전혀 모른 채 시작했다면 투기라고 생각해요."

이게 바로 투자와 투기의 명확한 차이다. 알바트로스는 자신이 멈춰야 하는 상황을 정했는지 여부로 투자와 투기를 구분했다. 그는 단 한 번의 매매 실패로 수십억의 손실과 빚을 얻고 파산한 적이 있다. 이후 스스로를 믿을 수 없다는 생각과 함께 시스템 트레이딩으로 전향하며 다시금 재기에 성공했다.

그가 하고 싶은 이야기는, 국내 최고의 트레이더도 단 한 순간의 실수로 파산할 수 있는 곳이 시장이라는 점, 그리고 이러한 대가를 치른 후 스스로를 믿지 못하여 마침내 '시스템'을 선택하게 됐다는 점이다. 그는 활용할 수 있는 시스템으로 '자동 감시 주문'을 말한다.

　지금까지 설명한 심리적 요인을 이해했다면 사람들이 손절하지 못하는 이유는 인간의 본능이라는 사실을 다시 한번 깨달았을 것이다. 또 이 글을 읽는 것만으로 우리가 원리원칙을 지키고 알맞게 손절하는 일이 있을 수 없다는 것을 깨달았을 것이다. 따라서 이러한 문제를 해결하기 위해서는 인간이 아닌 시스템이 개입하도록 해야 한다.

　앞에서도 언급한 것처럼 변화(성장)를 위해서는 '문제 인지 → 해결 방법 → 행동'이라는 세 가지 프로세스를 반드시 거쳐야 한다. 인간이기 때문에 손실을 회피하려는 심리를 거스르기 어렵다는 것을 인정한다면, 그에 따른 해결책으로 시스템에 의존하는 것은 지극히 합리적이다. 이제 손실 회피 심리와 인지부조화를 방어하기 위한 '자동 감시 주문' 시스템을 활용하는 방법에 대해 알아보도록 하자.

🔊 키움증권 MTS 자동 감시 주문

이후 설명하는 자동 감시 주문은 키움증권 MTS를 기반으로 작성했다.

키움증권 MTS 자동 감시 주문

① 주문 항목에서 위 혹은 아래의 자동 감시 주문 탭으로 이동

② 매도 조건 추가 클릭

③ 매도 감시하고자 하는 종목 선택

스탑 로스 기능

스탑 로스 기능의 설정 화면은 다음과 같다.

스탑 로스 자동 주문 매도 설정

기준가

매입단가, 직접 입력, 현재가, 전일 종가 중 선택한다. 보통 매입단가로 설정하는 편이다.

이익 실현

기준가 대비 목표가 이상으로 상승했을 때 매도 주문을 내도록 설정한다.

예) A 주식을 10,000원에 매수, 기준가를 매입단가로, 이익 실현 5% 상승 시로 설정

　→ 10,500원을 초과하면 매도 주문 실행

이익 보존

말 그대로 이익을 보존하기 위한 방법으로, 이익 실현 목표가까지 도달하지는 못하였지만, 이익이 나고 있을 때 사용한다.

예) A 주식을 10,000원에 매수, 기준가를 매입단가로, 이익 보존 3% 상승 시로 설정
→ 주가가 10,300원을 초과한 뒤 다시 10,300원으로 떨어지면 매도 주문 실행

예) A 주식을 10,000원에 매수, 기준가를 매입단가로, 이익 실현 5%, 이익 보존 3% 상승 시로 설정
→ 주가가 10,300원을 초과한 뒤 10,500원에 달성 시 이익 실현 매도 주문 실행
→ 주가가 10,300원을 초과한 뒤 10,500원에 달성하지 못하고, 다시 10,300원으로 떨어지면 이익 보존 매도 주문 실행

손실 제한

추가적인 손실을 방지하기 위해 손절 주문을 내는 것을 말한다.

예) A 주식을 10,000원에 매수, 기준가를 매입단가로, 손실 제한 2% 하락 시로 설정
→ 주가가 9,800원으로 내려오면 매도 주문 실행

매도 주문 설정

종류, 수량, 가격 등을 설정할 수 있다. 설정에 따라 분할매도 역시 가능하다. 보통 시장가 매도로 설정하는 편이지만, 평소 호가층이 얇은 종목인데 많은 물량을 들고 있다면, 시장가 매도(혹은 매수)는 추천하지 않는다.

유효기간

최대 90일까지 유효기간을 설정할 수 있다.

자동 주문 설정 확인

예를 들어 그림처럼 이익 실현을 5%로 설정하면 기준가에 따라 가격은 자동으로 계산
된다. 이 설정대로라면 가격이 30,550원을 달성할 시 내가 들고 있는 모든 주식을 시장가
에 매도하도록 주문을 낸다.

📊 트레일링 스탑 기능

트레일링 자동 주문 매도 설정

기준가

매입단가, 직접 입력, 현재가, 전일 종가 중 선택한다. 보통 매입단가로 설정하는 편이다.

목표가 사용

특정 목표가에 도달하면 트레일링 스탑 기능을 활성화한다.

트레일링 감시 중 항목

목표가에 도달한 이후 최고가 기준 얼마나 하락하면 매도 주문을 낼지 설정

예) A 주식을 10,000원에 매수, 기준가를 매입단가로, 목표가 5%로 설정, 2% 하락 시
    스탑 주문 설정

　　→ 10,450원까지 달성하고 가격이 내려오면 트레일링 스탑 기능 작동하지 않음

　　→ 10,550원까지 올라간 뒤 10,339원(최고가인 10,550원 × 98%) 이하로 가격이 내
　　　려올 시 매도 주문 실행

손실 제한, 매도 주문 설정, 유효기간은 스탑 로스와 동일하다.

‖‖‖ 본능을 믿지 말고 시스템을 믿자

활용해보면 시스템이 상당히 구체적이고, 직관적이라는 것을 알 수 있다. 한 번 이해하고 적용해보면 누구나 쉽게 활용할 수 있는 수준이다. 정작 문제는 주식 자동 감시 주문 시스템을 알지만, 사용하지 않는다는 것이다. 시스템을 신뢰하지 않고 '나는 다를 거야'라고 생각하는 경우가 가장 문제다. 이 글을 통해 인간의 본능과 연관된 심리를 이해하고 손절이 힘들다는 것을 인정하여 스스로를 방어할 수 있는 시스템 활용, 즉 행동으로 이어가길 바란다.

지금까지 손절이 어려운 심리적 원인부터, 생각의 변화, 해결 방법에 대해 알아봤다. 앞에서도 설명하였지만, 올바른 변화는 문제를 인지하고, 해결 방법을 모색하고, 행동까지 이어지는, 세 가지 과정 중 어느 하나도 빠지면 불가능하다. 이 점을 반드시 유의해야 한다.

이미 다 아는 내용이어도 좋고, 새롭게 알게 된 내용이어도 좋다. 결국 그 끝에는 행동

이라는 작은 변화가 있어야 하고, 이 작은 변화들이 쌓여야 상상했던 내가 '현실'이 될 수 있다. 끝으로『중용』의 구절을 살펴보며 습관의 중요성을 다시 한번 떠올려보자.

작은 일에도 최선을 다하면 정성스럽게 된다.

정성스럽게 되면 겉에 배어 나오고

겉에 배어 나오면 겉으로 드러나고

겉으로 드러나면 이내 밝아지고

밝아지면 남을 감동시키고

남을 감동시키면 이내 변하게 되고

변하면 생육된다.

그러니 오직 세상에서 지극히 정성을 다하는 사람만이

나와 세상을 변하게 할 수 있는 것이다.

— 중용 23장 중

트레이딩 전략의 우위성: 승률과 손익비

'승률과 손익비의 중요성'에 대한 글을 시작하기에 앞서 개인적인 경험담을 바탕으로 이 글을 시작하려 한다. 대부분의 사람은 주식시장에 입문할 때 부푼 꿈과 희망을 갖고 시작했을 것이다.

> "유명 트레이더의 매매 기법만 내 것으로 만들 수 있다면
> 금방 부자가 될 수 있겠지?!"

이런 생각에 비싼 강의료를 마다하지 않고 지불해서 열심히 강의를 듣고, 실전에서 활용해보는 과정에서 수익이 발생하기도 했을 것이다. 하지만 특정 기법에만 매몰되어 수익이 지속적으로 이어지지 않거나 손실이 발생할 경우 '매매 기법'의 문제라고 판단하여 더 좋은 기법 혹은 전략을 찾는 과정을 반복하기도 한다.

이 내용을 통해 저자를 포함하여 대부분의 사람들이 갖고 있는 문제점을 알 수 있다. 불확실성이 가득한 주식시장에서 손실이 없는 매매 기법 혹은 전략은 있을 수 없다. 따라서 우리는 트레이딩에 있어서 '손실'을 당연하고, 자연스러운 것으로 받아들이는 마음가짐을 지녀야 이를 더 적극적으로 제어할 수 있고, 나아가 계좌가 안정적으로 우상향할 수 있는 구조를 찾을 수 있다.

주식시장을 포함한 금융시장은 본질적으로 불확실성을 내포하고 있다. 시장에 대한

완벽한 예측은 불가능하고, 예상하지 못한 사건이나 변수 등이 시장에 큰 영향을 미칠 수 있기 때문에 우리는 이러한 불확실성을 항상 인식해야 한다. 따라서 우리가 주식시장에서 하고 있는 '투자'라는 행위는 확률로 접근해야 한다. 수익을 내기 위해서는 시장을 상대로 확률적 우위를 가져야 가능하다.

그동안 종목 선정 과정까지의 확률적 우위를 갖기 위한 사고로 '탑다운 사고방식'을 강조했다. 이번에는 트레이딩 관점에서 확률적 우위를 갖기 위해 알아야 하는 '승률'과 '손익비'에 대한 개념을 설명하려 한다.

월스트리트 유명 트레이더인 마크 미너비니(Mark Minervini)는 2020년 한 방송에서 본인의 평균 승률에 대해 언급한 적이 있다. 당시 그는 2020년 4월부터 8월까지 총 4개월간 평균 승률은 약 44% 정도였다고 밝혔다. 마크 미너비니 외 실제 미국 유명 트레이더들의 승률 통계 자료에서도 최고의 수익률을 기록한 투자자의 평균 승률 역시 60%가 최대치였다.

10번 트레이딩을 진행했다면 6번은 수익이지만, 4번은 실패했다는 말이다. 마크 미너비니의 경우 오히려 손실이 난 횟수가 더 많았다. 실제로 국내 증권사가 진행한 실전투자대회 상위권자의 승률 역시 50%~60% 정도로 우리가 생각한 것보다 승률이 높지 않다. 그럼 어떻게 성공한 트레이더들은 장기적으로 수익을 낼 수 있었을까?

이들은 과거의 데이터에 매매 전략을 적용(백테스트: Backtest)하고, 자신이 진행한 트레이딩을 복기하는 등 매매 전략에 대한 우위성을 확보하기 위해 수없이 고민했을 것이다. 이러한 과정을 통해서 자신의 매매 전략의 '승률'과 함께 '손익비'에 대한 데이터를 알 수 있다. 이때 우리가 생각하는 것보다 낮은 승률로도 높은 손익비와 조화를 이룬다면 결국 장기적으로 계좌가 우상향 할 수 있다. 데이터를 통해 얻은 통계적 유리함을 무기로 반복해서 트레이딩을 진행하여 수익을 내는 것이다.

우리가 트레이딩으로 전략적 우위성을 갖기 위해서는 '엣지'가 필요하다. '엣지'라는 것은 우리가 트레이딩을 할 때 내게 확률적으로 유리한 포인트가 있다는 것을 말한다. 이는 트레이딩에서 가장 중요한 요소로 계산하는 공식은 아래와 같다.

- Trading Edge(TE) = Hit Ratio×Avg.Profit - (1 - Hit Ratio)×Avg.Loss
- 트레이딩 엣지(TE) = 승률×평균 수익 - 패율(1 - 승률)×평균 손실

매매 전략에 엣지가 있기 위해서는 엣지의 값이 '0'보다 커야 한다. '승률'뿐만 아니라 '평균 수익'과 '평균 손실' 역시 이 값에 영향을 미친다. 대부분의 많은 투자자들은 승률에 집착하는 경향을 보이는데, 이는 굉장히 잘못된 생각이다. 승률만큼 중요한 요소가 바로 '평균 수익'과 '평균 손실'인 것이다.

이해를 돕기 위해 축구 경기에 베팅을 한다고 가정해보자.

- 베팅금액: 5,000원
- A 팀: 이길 확률 65%, 배당금 2,500원
- B 팀: 이길 확률 35%, 배당금 10,000원

위 내용에서 트레이딩 엣지의 값은 A 팀 -125원, B 팀 +250원이다. 승률이 더 높은 A 팀보다 B 팀의 엣지 값이 더 높은 것을 알 수 있다. 이처럼 트레이더는 승률뿐만 아니라 수익과 손실을 함께 고려해야 한다. 이는 '손익비'라는 개념을 명확히 이해해야 가능하다.

- 트레이딩 엣지
  → 승률×평균 수익 - 패율×평균 손실 〉 0
  → 승률×평균 수익 〉 패율×평균 손실
  → 평균 수익 / 평균 손실 〉 패율 / 승률

트레이딩 엣지 공식은 이렇게 변형할 수 있다. 마지막 공식에서 알 수 있듯이 '평균 수익 / 평균 손실'인 '손익비'는 '패율 / 승률'보다 커야 한다. 예를 들어 나의 트레이딩 승률은 30%, 손익비가 3이라고 가정해보자. 이때 '패율 / 승률'은 2.33으로 손익비가 더 크기 때문에 30%의 낮은 승률에도 불구하고 장기적으로 계좌는 우상향할 수 있다. 이처럼 어떤 관점에서는 승률보다 더 중요한 개념이 '손익비'일 수 있다.

손실이 나지 않는 승률과 손익비 기준

승률	10%	20%	30%	40%	50%	60%	70%	80%	90%
손실이 나지 않는 손익비	9.00	4.00	2.33	1.50	1.00	0.66	0.43	0.25	0.11

이 표는 손실이 나지 않을 수 있는 각각의 승률과 이에 따른 손익비로 우리에게 최소한의 기준점이 되어줄 수 있다. 이를 통해서 우리의 전략이 '엣지(Edge)'를 갖춘 전략인지 확인할 수 있다. 이처럼 트레이딩 전략의 핵심은 승률과 손익비의 함수다. 이 둘을 따로 떼어놓고 전략을 검증한다는 것은 '어불성설'이다.

앞에서 잠깐 언급한 것처럼 국내외 성공한 트레이더들은 '전략'을 갖고 있었기에 장기적으로 이 험난한 시장에서 살아남을 수 있었다. 그들은 트레이딩에 임하기 전 매수 시점 그리고 수익과 손절에 대한 시나리오를 명확히 수립한 후 전략대로 행동했기 때문에 시장에서 확률적 우위를 가져갈 수 있었다.

한편 대부분의 사람은 전략 없이 1차원적인 사고 과정을 통해 매매를 임한다. "오! 이 재료(테마)는 못 참지!", "여기서 사면 되겠지?" 이런 매매는 당연히 결과도 좋지 않을 확률이 높다. '전략'이 없는 투자자는 주가의 작은 변화에도 일희일비하게 되고, 이성적인 판단을 하기 힘든 상황이 되어 악순환을 반복하게 된다. 이처럼 트레이딩에 임하기 전 전략의 유무는 우리의 심리에 지대한 영향을 미친다.

매수 시점 그리고 수익과 손절에 대한 전략이 있는 상태라면, 손절이라는 결과도 받아들이는 것이 한층 수월하다. 이때 손절은 '자동 매수·매도'와 같은 시스템을 활용해서 감정의 개입을 최소화하면 좋다.

손익비 실전 스터디

　트레이딩은 확률 게임임을 다시 한번 강조한다. 세상에 손실이 나지 않는 기법이나 전략은 있을 수 없다. 따라서 우리는 트레이더로서 항상 확률적 관점을 지니고 있어야 한다. 주식투자로 일확천금을 얻을 수 있을 것이라는 생각은 버리고, 장기적으로 계좌가 우상향 할 수 있도록 나만의 전략을 끊임없이 고민해야 한다. 다음 실전 스터디를 살펴보면서 어떻게 손익비를 투자에 접목할지 고민해보자.

씨앤씨인터내셔널 5분봉

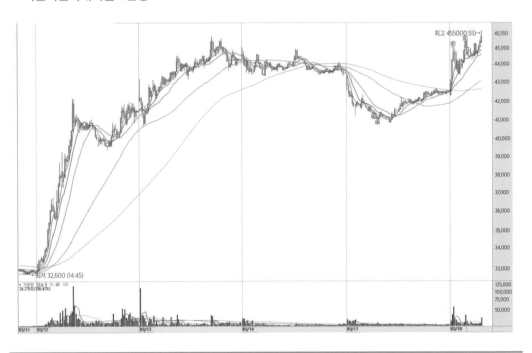

씨앤씨인터내셔널은 화장품 관련주로 색조화장품 전문 ODM 기업이다. 시장 조정 구간 속 '실적'의 키워드를 갖고 있는 화장품 섹터는 시장에서 재차 부각 받을 가능성이 높을 것으로 판단할 수 있어, 주요 구간에서 2%~3% 손실을 감수하고 진입할 수 있었다. 이후 1차 목표가인 전고 부근 위치에서 주가의 흐름을 확인하며 수익 실현할 수 있었다. 손익비는 약 1:4 정도인 것을 알 수 있다.

대동스틸

대동스틸 5분봉

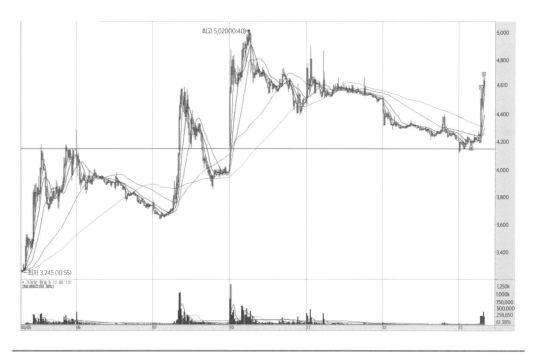

　　2025년 3월 5일 '美, 알래스카 LNG 사업 수조 달러 투자' 소식에 대동스틸은 시장에서 관련주로 부각 받으며 상승했었다. 해당 시점 시장은 조정 구간에 위치한 상태로 해당 재료인 'LNG'의 키워드와 대동스틸이 흐름을 같이 할 수 있다고 판단하여 이 종목을 선정할 수 있었다. 다만, 저시총주이기 때문에 변동성을 충분히 고려한 상태에서 접근했다. 매수 시점은 주요 고점과 피보나치 기준 0.5가 중첩된 구간으로 예상 손실률은 2%~3%, 예상 수익률은 약 11%로 손익비는 1:4 이상을 기대할 수 있었다.

무조건 이기는 루틴

데이 트레이딩이 중요한 다섯 가지 이유

들어가기 앞서 무조건 이기는 루틴에서 설명하는 데이 트레이딩의 필요성과 원칙은 데이 트레이딩을 통한 수익 창출 목적이 아닌 투자 성장을 위한 훈련을 목적으로 한다는 점을 명시한다. 자칫 '수익'을 목적으로 데이 트레이딩을 접근할 경우 치명적인 계좌 '손실'로 이어질 수 있기 때문이다.

이제 막 트레이딩을 입문한 사람도 TV나 유튜브에서 나오는 트레이더처럼 몇 분, 몇 시간 만에 수백, 수천만 원을 벌 수 있을 거라는 희망을 갖고 있다. 하지만 어느 정도 공부와 경험이 쌓인 투자자라면 그것이 절대 쉽지 않다는 것을 분명히 알 것이다. 목적을 밝히는 이유 또한 이와 같다.

입문자 혹은 성장하는 과정에서 '수익'을 목적으로 아래 루틴대로 진행할 경우, 이 루틴의 핵심이 데이 트레이딩이기 때문에 빠른 속도로 자산이 감소할 수 있다. 다만, 훈련을 목적으로 아래와 같은 원칙을 진행할 경우 우리는 어떤 경우에도 흔들리지 않는 좋은 마인드와 습관, 원칙을 체득할 수 있다. 따라서 올바른 목적과 관점을 갖고 따라오길 바란다.

데이 트레이딩이 중요한 이유는 다음과 같다.

① 데이 트레이딩은 극기력을 향상시켜준다.
② 데이 트레이딩은 학습의 결과값을 제공해준다.
③ 데이 트레이딩은 시장의 메커니즘을 이해시켜준다.

④ 데이 트레이딩은 문제 인지와 시장 해석 능력을 높여준다.

⑤ 데이 트레이딩은 체계적인 학습 과정의 시작이자 원동력이 된다.

데일리 루틴은 명확한 가이드와 원칙을 가지고 있다. 그러기에 누구나 따라 할 수 있다. 하지만 꾸준히 지속하는 사람은 거의 없다. 부디 끝까지 이 책을 믿고 따라온 뒤 진정한 트레이더로 거듭나길 바란다.

■■■ 극기력 향상

극기력이란 자기의 감정이나 충동 따위를 스스로 눌러 이기는 힘을 말한다. 매매는 인내력보다는 극기력이라는 단어가 더 적합하다. 그 이유는 다음과 같다.

분야(선물, 주식, 채권 등)를 막론하고 시장의 대가들에게는 공통점이 있다. 바로 확신이 드는 구간에서만 매수를 한다는 것이다. 이 내용을 조금 더 살펴보면 매매 횟수를 극도로 제한한다는 것이다. 실제 마이클 마커스(Michael Marcus)의 이야기가 도움이 될 것 같다.

1969년 존스 홉킨스 대학 재학 중 존이라는 뚱뚱하고 흐릿한 안경을 쓴 친구에게 2주마다 돈을 두 배로 불려주겠다는 제안을 받았다. 대신 주당 20달러와 감자칩 그리고 콜라를 제공하는 조건으로 존을 고용하고 함께 매매를 시작했다. 하지만 시드 금액 1,000달러를 모두 탕진한 후 마커스는 존을 해고했다. 이후 마커스는 500달러를 모아서 다시 도전했지만 다시 모든 돈을 잃었다. 마지막으로 아버지가 돌아가시며 남긴 생명보험 3,000달러까지 현금화하여 재도전을 했다. 이때부터 마커스는 제대로 된 공부를 시작하여 옥수수 선물 매수를 하였고, 옥수수 병충해가 터지면서 해당 매매에서 3,000달러를 30,000달러로 만들었다.

이후 박사 과정을 시작하였으나 공부가 손에 안 잡혀서 결국 그만두고 뉴욕으로 가서

백수 생활을 시작했다. 이듬해 봄 다시 병충해 소문이 돌아서 다시 30,000달러와 어머니의 20,000달러를 빌려 옥수수에 모두 베팅하였으나, 당시 월스트리트 저널 기사에서 '중서부 옥수수밭보다 시카고 거래소 내에 더 많은 병충해가 있다'는 기사와 함께 옥수수 가격이 폭락하며 큰 손실을 보았다.

마커스는 이후 구직 활동을 했으나, 하향 지원에도 번번이 면접에서 탈락했다. 그러다가 결국 상품 동향을 연구하는 애널리스트로 취직하였다. 문제는 애널리스트는 매매가 금지되었고, 그는 고통스럽게 구경만 하다가 결국 사규를 위반하며 몰래 계좌를 열어 매매를 진행했다. 하지만 지속적인 손실을 보며 깊은 우울증에 빠졌다.

그러던 중 에드 세이코타(Edward Arthur Seykota)를 만나고 참을성을 배우게 되면서 마커스의 투자 인생이 바뀐다. 기회가 올 때까지 기다리며, 이기고 있는 매매를 놔둘 줄(추세 추종) 알게 되면서부터 수익을 보기 시작한다.

마커스는 당시를 회상하며 상황이 명백히 정의될 때까지 기다리는 충분한 참을성이 없었던 것 같다고 언급했다. 여기서 참을성이라는 단어가 매우 중요하다. 해당 내용을 자세히 읽어보면 마커스는 실제로 매매 중독 수준으로 매매에 몰입해 있던 사람이었다. 무분별한 매매는 손실로 이어졌으며, 손실은 절망으로 이어지는 악순환의 연속이었다.

이때 에드 세이코타라는 인물이 나타나며 그에게 전환점을 주었고, 전환점의 가장 큰 울림을 주었던 것을 하나의 단어로 요약하면 '극기력'이라고 할 수 있다.

▥▥ 학습의 결과값 제공

데이 트레이딩의 가장 큰 장점은 체계적이라는 것이다. 체계적인 학습이 될 수도 있고, 습관이 될 수도 있다. 또 하나는 나의 성장을 수치화하여 체계적인 증액과 감액이 가능하다는 점이다.

쉽게 설명하자면, 100만 원의 시드를 세팅해둔 데이 트레이딩의 계좌를 주별, 월별 데이터로 보면서 현재 본인이 성장하고 있는지 혹은 정체되어 있는지를 판단할 수 있다. 만약 성장하고 있다면 계좌는 주, 월 단위로 우상향하고 있을 것이다.

우상향하며 3개월을 유지하고 있다면 투자 레벨이 높아졌다는 것을 의미하며 이때 계좌의 시드를 2배로 증액한다. 이후 지속적으로 우상향하고 유지가 될 경우 같은 방식으로 또 한 번 증액을 하고, 만약 반대로 우하향 유지를 한다면 다시 감액하는 방식이다.

주식시장에 눈먼 돈이 많은 이유는 자격에 대한 제한 없이 누구나 참여할 수 있다는 점과 절대 평가가 없기 때문에 자신의 수준을 가늠할 수 없다는 점 때문이다. 자신에 대한 객관적인 인지가 없다는 것은 주관적이고, 감정적으로 행동할 가능성이 높다는 의미이기도 하다.

따라서 제대로 된 투자를 하려면 데이터를 기반으로 자신의 객관적인 평가가 지속적으로 이루어져야 한다는 점이 중요하다. 이를 데이터화할 수 있는 유일한 방법은 원칙을 지키는 방식의 데이 트레이딩을 통해 찍힌 숫자를 토대로 할 수밖에 없다. 데이 트레이딩의 데이터는 본인의 학습과 태도에 대한 결과값이라는 점을 인지한 상태에서 객관성을 유지하길 바란다.

🎚️ 시장의 메커니즘 이해

데이 트레이딩이 시장의 메커니즘을 이해시켜준다는 말은 이렇게 이해하면 된다.

"데이 트레이딩과 스윙은 전부 동일한 메커니즘으로 움직인다."

즉, 스윙의 타임 프레임을 극단적으로 줄일 경우 데이 트레이딩이 되는 것이다. 예를 들어 스윙을 할 경우 시장과 업종 종목으로 연결시키고 기술적 분석에서 월봉, 주봉과 일봉 위주로 볼 것이다. 스윙이라는 관점 자체가 단기냐, 중장기냐에 따라 월봉, 주봉과 일봉 사이에서도 중요도가 달라질 것이다. 이런 관점에서 적절한 매수 구간은 일봉 혹은 1시간봉으로 디테일하게 전략을 수립할 수 있다.

데이 트레이딩은 같은 관점에서 시간을 압축시켜 놓은 것이다. 주간 시장의 흐름을 예상한 상태에서 일간 시장의 흐름을 예상하고, 장초 시장의 방향성과 방향성에 맞는 주도 업종, 종목을 연결하여 일봉과 분봉을 보면서 매매 전략을 수립하는 것이다.

결과적으로 데이 트레이딩은 시장의 메커니즘을 이해하는 데 큰 도움을 줄 수밖에 없으며 데이 트레이딩을 잘한다면 스윙도 자연스럽게 잘할 수밖에 없는 구조가 된다.

📊 문제 인지와 시장 해석 능력 상승

먼저 데이 트레이딩은 본인이 어떤 공부를 해야 하는지와 하고 있는 공부의 효과가 있는지를 알 수 있다. 문제를 해결하기 위해 가장 선행되어야 할 것은 '인지'다. 데일리 루틴은 복기와 데이터 등을 통해 자신의 부족함과 효과적인 요소들을 인지할 수 있는 루틴이다. 결과적으로 부족한 부분을 채우고, 잘못된 것을 교정하며, 좋은 부분을 유지할 수 있는 장점이 있다.

또한 시장의 흐름을 읽는 힘을 길러주며, 시장의 방향성(상승, 하락, 횡보)과 상관없이 꾸준함을 지켜줄 수 있는 루틴이다. 워런 버핏은 투자 인사이트로 이런 말을 던진다.

"수영장에 물이 빠지고 나면 누가 벌거벗은 채 수영하고 있었는지 알 수 있다."

– 워런 버핏

데일리 루틴을 정상적으로 하고 있다면 현재의 구간(추세)에 대한 이해가 높을 수밖에 없으며, 시장을 이해한다는 것은 옳은 선택을 할 확률이 높다는 의미이기도 하다. 따라서 시장의 방향성과 상관없이 구간에 맞는 전략적 포지션 구축이 가능하다.

ᴵᴵᵖ 체계적인 학습 과정과 원동력

대부분의 투자자들이 실패하는 이유는 준비되지 않은 상태에서 너무 쉽게 행동할 수 있는 시스템에 있다. 주식투자는 투자할 돈과 클릭만 할 줄 알면 누구나 참여할 수 있는 쉽고 편리한 시스템이다. 반대로 쉽고 편리하기 때문에 무분별하게 투자할 수 있고, 손실을 볼 가능성이 높다는 의미일 수 있다.

통계 자료에 따르면 개인 투자자 중 94%~97%의 사람들이 손실을 보고, 3%~6%의 사람들만이 수익을 본다고 한다. 다른 통계도 살펴보겠다. 동일한 목표를 가진 경쟁 집단에서 실행으로 옮기는 사람은 10%이고, 이 중 성공하는 사람은 10% 중에서도 소수라고 한다. 앞서 언급한 3%~6%의 사람들은 실행을 통해 끊임없이 문제를 교정하여 결국 성공한 투자자의 궤도로 오른 사람들이다. 그 길은 결코 쉽지만은 않은 길이었을 것이다.

이 이야기를 하는 이유는 '공부를 하겠다'는 의지도 중요하지만 그것보다 더 어려운 것이 실행이며, 설사 실행으로 옮기더라도 당장 드라마틱한 변화를 기대할 수 없는 게 주식투자라는 것이다. 그것이 주식 공부를 하기 가장 어려운 점이다. 보이지 않는 목표를 위해 매일 최선을 다한다는 것은 쉬운 일이 아니다. 그럼에도 불구하고 체계적인 방법으로 투자를 공부하고 실행해보고 싶은 분들은 데이 트레이딩을 꾸준히 하면 된다.

데이 트레이딩의 일곱 가지 원칙

데이 트레이딩에는 아래와 같은 일곱 가지 원칙이 있다.

① 하루 최소 한 종목에서 최대 세 종목만 매매할 것

② 매매 가능 시간은 오전 9시~10시, 오후 14시 30분~15시 20분

③ 100만 원(잃어도 되는 수준의 돈) 내에서만 진행할 것

④ 단 한 번의 매수만 진행할 것

⑤ -3% 손절 원칙을 지킬 것

⑥ 탑다운의 사고와 기술적 분석으로 도착한 종목만 매매할 것

⑦ 시장이 준 정답과 내가 선택한 종목을 반드시 복기할 것

일곱 가지의 원칙은 하나하나가 각각 다른 의미를 가지고 있다. 이 원칙에 대해 순서대로 상세히 알아보자.

ᵢᵢᵢᵢ 하루 최소 한 종목에서 최대 세 종목만 매매

하루 최소 한 종목에서 최대 세 종목만 매매하는 이유는 종목을 극단적으로 제한했을

때, 종목을 선별하기 위해 본인의 사고 능력을 최대치로 끌어올릴 수밖에 없기 때문이다. 해당 훈련의 장점은 사고 능력을 길러주면서 최종적으로 판단력을 높여준다.

이를 다시 이야기하면 시장과 나와의 간격을 좁혀준다고도 할 수 있다. 트레이더라면 시장은 늘 옳다는 전제에서 시작해야 한다. 만약 손실을 보고 있다면 본인과 시장 사이에 간격이 넓은 상태라고 볼 수 있고, 수익을 보고 있다면 본인과 시장 사이의 간격이 밀착되었다고 볼 수 있다.

이 간격을 좁히는 과정에는 독서, 사유, 매매 등 다양한 것들이 존재하는데 위 원칙은 이런 간격을 좁히는 행위이자 원칙이라고 생각하면 된다.

ılıı 매매 가능 시간 오전 9시~10시, 오후 2시 30분~3시 20분

두 번째 매매 가능 시간의 제한은 '변동성'에 관한 것이다. 영화 「타짜」에서 평경장의 대사 중 이런 대사가 있다.

"세상이 아름답고 평등하면 우린 뭘 먹고 사니?"

이를 트레이더 관점에서 해석하면 변동성이 없다는 것은 트레이더에게는 기회가 없는 것과 마찬가지다. 즉, 변동성은 트레이더에게 기회를 제공해주는 것이고, 준비된 소수의 트레이더들에게 변동성은 자산을 증식할 기회다.

따라서 데이 트레이딩은 변동성이 큰 시간대에 매매를 해야 하고, 변동성이 적은 시간대는 매매를 최대한 피해야 한다는 결론에 도달할 수 있다. 변동성이 큰 시간대인 장 초(09:00~10:00)와 장 마감(14:30~15:20)은 매매 가능한 시간대고, 변동성이 줄어드는 시간(10:00~14:30)은 매매를 멈춰야 하는 시간대다.

통상적으로 초보자들은 기본적인 원칙 없이 무분별한 매매를 하는 문제가 있다. 이는 단순히 매수와 매도뿐만 아니라 시간대도 마찬가지다. 시간대를 지키는 것 또한 원칙 중 하나이며, 이 원칙을 하루하루 지키는 습관이 올바른 학습의 시작이라는 점을 명심해야 한다.

100만 원 내에서 진행할 것

금액은 개인의 여유 자금에 따라 다르기 때문에 예시일 뿐이다. 중요한 것은 해당 자금의 규모가 자신이 잃어도 전혀 지장 없는 수준의 금액이어야 한다는 점이다. 그렇다고 지나치게 소액은 의미가 덜하다는 점도 참고해야 한다. 금액의 제한은 두 가지 중요한 의미가 있다.

첫째, 평정심을 유지하면서 매매에 임할 수 있다. 대부분의 매매에서 가장 큰 문제는 감당하기 어려운 금액을 욕심 때문에 덜컥 매수해버린 뒤 이후 하락할 경우, 손실 회피 심리가 생겨 손절하지 못한다는 점이다. 이렇게 매매가 꼬이게 되면 평정심을 유지하기가 어렵고, 불안한 심리 상태는 연쇄적으로 잘못된 판단과 행동으로 이어질 확률이 높다. 투자자라면 누구나 한 번쯤은 경험해보았을 것이다.

따라서 매매의 평정심을 유지하기 위해서는 다양한 요소가 있지만, 그중 하나가 투자 금액이다. 적은 금액으로 평정심을 유지하여 올바른 심리 상태를 익숙하게 한 뒤, 학습과 사고 과정에만 몰입하는 것이다. 몰입은 평정심이 선행되어야 하기 때문에 반드시 심리적인 편안함을 유지해야 한다.

둘째, 연속된 손실에서 손실률이 자동으로 줄어들 수 있다는 점이다. 예를 들어보겠다. 100만 원으로 연습을 진행할 시, 당연히 처음에는 손실과 수익 중 손실의 비율이 높을 수밖에 없다. 100만 원일 때 -3%에 손절하면 -3만 원이지만 60만 원일 때 -3% 손절은

-18,000원이다. 금액이 줄어드는 만큼 손실의 폭 또한 줄어드는 개념이다.

📊 단 한 번의 매수만 진행할 것

단 한 번의 매수만 진행하는 원칙은 최적의 매수 시점을 사고하는 훈련이다. 해당 원칙의 이면에는 기술적 분석 공부가 포함되어 있다. 최적의 매수 시점을 사고하기 위해서 가장 먼저 해야 할 것은 기술적 분석에 대한 지식을 쌓는 것이다. 이론이 정립되지 않은 상태에서 그저 감으로 매수를 한다는 것은 도박과 다름없다.

기술적 분석이 유의미한 이유 중 하나는 시장 참여자들의 심리와 행동이 변하지 않고, 이는 시장에서 늘 반복된다는 데 있다. 또한 과거에 발생했던 패턴이나 규칙을 토대로 확률적 사고의 근거를 제시하는 데 의미가 있다.

기술적 분석 파트를 보면 알겠지만, 나의 매매가 도박이 되지 않으려면 끊임없이 다양한 근거를 찾으려고 노력해야 한다. 단 한 번의 매수 원칙은 극단적인 매수 제한으로 공부와 경험을 통해 맥점을 찾고자 하는 훈련 과정이다.

📊 -3% 손절 원칙을 지킬 것

에드 세이코타는 훌륭한 매매 요소로 1번도 손절, 2번도 손절, 3번도 손절이라고 강조했다. 그는 이 세 가지 규칙을 따르면 기회는 반드시 온다고 말한다. 언급한 에드 세이코타 외에도 폴 튜더 존스(Paul Tudor Jones), 마이클 마커스 등 시대와 분야를 막론한 대가들이 공통적으로 언급하는 것이 바로 '손절'이다.

주식투자에 입문하면서 손절의 중요성을 익히 들었겠지만, 실제로 행동하는 분들은 많지 않을 것이다. 앞서 '손절의 심리학'에서 살펴본 것처럼 손절을 하지 못하는 것이 인간의 본능이라는 점이 중요하다. 본능이란 어떤 생물체가 태어난 후 경험이나 교육에 의하지 않고 선천적으로 가지고 있는 억누를 수 없는 감정이나 충동을 의미한다.

사전적 의미에서도 알 수 있듯이 본능을 억제하는 것은 인간이 한순간 마음먹는다고 바로 억누를 수 있는 것이 아니다. 큰 손실을 본 뒤 "이제부터 반드시 손절할 거야"라고 다짐해서 교정되는 것이 아니라는 의미다. 먼저 손절에 대한 이해를 한 뒤, 시스템적 제한과 연습을 통해 습관으로 발전시켜야 한다.

-3% 손절 원칙은 습관과 함께 최초 매수하는 시점에 자동 매도 -3%를 설정하여 강제적으로 시스템 제한을 두는 것이다. 이러면 손절이라는 것을 매매에 자연스럽게 배어나도록 할 수 있다.

치열하게 분석한 근거를 기반으로 매수를 하였는가?

그렇다면 시장이 답을 알려줄 것이다. 매수한 순간부터 시장과 나 사이에 내가 개입하는 것은 단 하나 '손절'뿐이다. 꼭 기억하기를 바란다.

▮▮▮ 탑다운의 사고와 기술적 분석으로 도착한 종목만 매매할 것

이 원칙은 첫 번째 원칙의 사고 과정 훈련과도 같은 맥락이며, 해당 사고 과정의 디테일한 원칙이라고 생각하면 된다.

이 책은 탑다운 사고방식의 추세 추종을 지향하는 책이다. 왜 탑다운과 추세 추종을 지향하는지에 대한 설명이 위 원칙에 대한 설명이 될 것이다.

탑다운은 말 그대로 '시장 → 업종 → 종목'으로 연결되는 사고 과정이다. 『브라질에 비가 내리면 스타벅스 주식을 사라』는 책 내용에서도 나오지만 시장의 구간별 특징과 강세, 약세 업종에 대한 이해도는 탑다운 트레이더가 기본적으로 갖고 있어야 하는 소양이다.

당연히 해당 사고 과정이 없는 상태에서 개별 종목을 좇을 경우 성공률이 낮을 수밖에 없다. 또한 탑다운 트레이딩은 이 책의 독창적인 방식이 아닌 월스트리트 대가들의 방식이며, 시대를 막론하고 검증된 방식이다.

전설적인 투자자 마이클 마커스는 훌륭한 매매는 세 가지 조건이 갖춰졌을 때라고 하였다.

① 기본적 분석
② 기술적 분석
③ 시장 분위기

해당 내용이 의미하는 바 또한 앞에서 말한 것과 유사하다. 다양한 요소들이 하나의 방향성을 가리킨다는 것은 근거의 중첩을 의미하며, 이는 확률적으로 우위에 있다는 것이기 때문이다.

마지막으로 추세 추종은 말 그대로 추세를 추종하는 것이다. 추세를 역행하지 말라는 말을 많이 들어보았을 것이다. 매우 심플하지만 중요한 내용이다. 먼저 추세를 이해하기 위해서는 경향성에 대한 이해가 필요하다.

경향성이란 현상이나 사상, 행동 따위가 어떤 방향으로 기울어지거나 쏠리는 성향을 의미한다. 이를 그랜빌의 법칙에서 관성으로 표현하기도 하였는데, 결국 주식시장에서 추세라는 것은 '상승, 하락, 횡보' 이 세 가지 움직임을 지속하는 경향성이라고 볼 수 있다.

추세를 역행하지 말라는 의미는 반대로 추세를 따르라는 이야기이며, 주식투자에서 돈을 벌 수 있는 방향성은 오직 상승 추세뿐이다. 결국 트레이더라면 상승 추세를 따르는 것이 기본이 되어야 한다는 의미이며, 먼저 추세를 읽고, 이후 다양한 기술적 분석으로 접근하여 근거의 디테일을 다듬는 과정으로 매매에 임할 경우 성공률이 높아질 수밖에 없을 것이다.

▐▌▐ 시장이 준 정답과 내가 선택한 종목을 반드시 복기할 것

마지막으로 시장이 준 정답과 내가 선택한 종목을 반드시 복기한다는 원칙이다. 이전까지는 매매 이전부터 실행까지의 원칙이었다면 마지막 원칙은 실행 이후의 원칙이다. 해당 원칙에서 중요한 점은 시장이 준 정답에 있다. 대부분 매매일지를 작성할 때 자신이 매매한 종목에 대한 복기만 하게 되는데, 초보자라면 해당 복기는 50점짜리 복기이다. 왜일까? 이유는 정답일 가능성이 낮기 때문이다. 아직은 이해가 안 될 것이다. 예를 들어보자.

어떤 학생이 기출문제의 해설집을 보고자 한다. A해설집은 출제자의 해설이고, B해설집은 어느 학생의 해설이다. A와 B 중 어떤 것을 선택하겠는가?

누구나 당연히 A를 선택할 것이다. A는 시장이 선택한 종목이고, B는 내가 선택한 종목이다. 이제 이해가 되겠는가?

예를 들어 시장은 오늘 희림을 선택했고, 나는 우리기술투자를 선택했다. 그럼 매매 일지에는 당연히 희림과 우리기술투자 2개의 종목이 복기가 되어야 한다. 시장이 선택한 희림의 경우 내가 만약 이 종목을 놓치지 않았다면, 어느 시점에 매매를 해야 했고, 왜 이 종목이 선택을 받았으며, 왜 놓쳤는지 등 다양한 관점에서 질문과 답변을 정리하는 것이다.

결론은 시장이 선택한 종목은 말 그대로 정답을 복기하는 것이고, 내가 선택한 종목은 오답을 복기하는 것이다. 위에서도 언급했듯이 우리는 시장과 나 사이의 간격을 좁히는 훈련을 하는 중이다. 정답을 복기하며 시장과 가까워지고, 오답을 복기하며 시장과 더 친화적인 나로 발전하는 것으로 정리하면 될 것 같다. 내가 선택한 종목이 무조건 오답이라는 의미는 아니다. 내가 선택한 종목이 시장이 선택한 종목과 겹칠수록 종목을 선별하는 눈이 높아지고 있다고 생각하면 된다.

TOP DOWN

10%만이 실행하고 1%만이 성공한다

긴 글 읽느라 고생하셨다! 지금까지 읽은 투자법은 누구나 따라 할 수 있지만, 끝까지 유지하는 사람은 10%도 되지 않는다. 가이드가 명확하기 때문에 누구나 하루, 이틀 정도는 따라 할 수 있다. 그러나 매일 공부하고, 장을 준비하고, 시장에 참여하고, 복기한다는 것은 절대로 쉬운 일이 아니다. 관련하여 김연아 선수의 인터뷰 중 인상 깊은 내용이 있다.

"무슨 생각을 해… 그냥 하는 거지."

피겨 여왕 김연아 선수에게는 스트레칭하는 순간에도 무언가 특별함이 있을 것 같아 질문하였지만, 돌아오는 답변은 그저 아무 생각 없이 자신의 할 것을 할 뿐이라는 답변이었다.

투자를 공부할 때 처음에는 낯선 이론과 정보를 이해하는 것이 가장 어렵다고 생각할 수 있다. 하지만 정말 어려운 것은 꾸준함이다. 김연아 선수가 말했듯이 그저 자신에게 주어진 것을 묵묵히 하루하루 해내는 것. 가장 어렵기 때문에 가장 가치 있는 일이라고도 생각할 수 있다.

이 글을 읽는 분 중 10%만이 실행할 것이고, 그중 소수만이 이를 유지할 것이다. 그 소수의 트레이더가 이 책을 통해 나오길 기대한다. 어려운 길에는 그만한 보상이 따르는 법이니, 포기하지 말고 함께 성장하길 바란다.

"머리를 맑게 하고 스스로의 판단을 신뢰할 수 있도록 갈고닦아라.

이것이 지금까지 이야기한 모든 거래의 기본 원칙이다."

— 『예술로서의 투기와 삶에 관한 단상들』 중

무조건 이기는
탑다운 주식투자

초판 1쇄 인쇄 2025년 4월 24일
초판 1쇄 발행 2025년 5월 17일

지은이 | 29PER
펴낸이 | 권기대
펴낸곳 | ㈜베가북스

주소　　 | (07261) 서울특별시 영등포구 양산로17길 12, 후민타워 6-7층
대표전화 | 02)322-7241　　　　**팩스** | 02)322-7242
출판등록 | 2021년 6월 18일 제2021-000108호
홈페이지 | www.vegabooks.co.kr　**이메일** | info@vegabooks.co.kr
ISBN | 979-11-94831-00-6 (13320)